08

中国国家博物馆
NATIONAL MUSEUM OF CHINA

中国国家博物馆国际博物馆学译丛

中国国家博物馆国际博物馆学译丛

《实操问题：什么成就了优秀展览》

编者简介

葆拉·马林科拉（Paula Marincola），毕业于美国锡拉丘兹大学艺术史专业，Phi Beta Kappa 学会（美国大学优等生荣誉学会）成员，现任美国皮尤艺术与遗产中心执行主任（2008 年起）、费城展览计划主任（1997 年起）。在中心任职之前，她曾担任美国宾夕法尼亚大学当代艺术研究所助理所长和策展人、阿卡迪亚大学美术馆馆长。由她编辑的中心出版物《实操问题：什么成就了优秀展览》（*What Makes a Great Exhibition?*）、《当下策展》（*Curating Now*）、《表演的意义》（*In Terms of Performance*）、《现场阅读：七位策展人谈他们的标志性展览》（*Site Read: Seven Curators on Their Landmark Exhibitions*）等，涉及对当代文化实践至关重要的主题，极大地促进了美国和国际艺术家、策展人和文化从业者群体的专业和艺术发展。作为《艺术论坛》（*Artforum*）的艺术评论家，她在国际上发表了大量作品。

译者简介

李楠，英国纽卡斯尔大学跨文化交流与国际管理硕士，瑞士国际管理发展学院（IMD）工商管理硕士，现就职于中国国家博物馆国际联络部。曾受雇于香港艺术发展局和香港 M+ 视觉文化博物馆，参与筹备、策划和组织第 56 届威尼斯双年展开幕周期间香港馆系列活动。参与翻译《中国国家博物馆馆藏精粹（中英文版）》、《中美交往两百年》、《Art Collection of the United States Embassy》（by the U.S. Department of State）等。

QUESTIONS OF PRACTICE

实 操 问 题

什么成就了优秀展览

〔美〕葆拉·马林科拉——编

李楠——译   彭锋——审校

中国出版集团 东方出版中心

图书在版编目（CIP）数据

实操问题：什么成就了优秀展览／（美）葆拉·马
林科拉编；李楠译. — 上海：东方出版中心，2024.1
（中国国家博物馆国际博物馆学译丛／王春法主编）
ISBN 978-7-5473-2302-1

Ⅰ.①实… Ⅱ.①葆…②李… Ⅲ.①博物馆-陈列
设计 Ⅳ.①G265

中国国家版本馆CIP数据核字（2023）第225836号

What Makes a Great Exhibition?, edited by Paula Marincola was first published
by the Philadelphia Exhibitions Initiative at The Pew Center for Arts & Heritage,
in association with Reaktion Books, London, UK, 2006.
Copyright © The Pew Center for Arts & Heritage 2006
本书中文简体版专有出版权经由中华版权代理有限公司代理授予
东方出版中心有限公司。

上海市版权局著作权合同登记：图字09-2023-1095号

实操问题：什么成就了优秀展览

编　　者　[美]葆拉·马林科拉
译　　者　李　楠
审　　校　彭　锋
丛书筹划　刘佩英　肖春茂
责任编辑　肖春茂　郑李脉
封面设计　钟　颖

出 版 人　陈义望
出版发行　东方出版中心
地　　址　上海市仙霞路345号
邮政编码　200336
电　　话　021-62417400
印 刷 者　徐州绪权印刷有限公司

开　　本　710mm×1000mm　1/16
印　　张　20.5
字　　数　236千字
版　　次　2024年1月第1版
印　　次　2024年1月第1次印刷
定　　价　88.00元

编辑委员会

总 序

中国国家博物馆馆长　王春法

　　博物馆是保护和传承人类文明的重要殿堂，是连接过去、现在、未来的桥梁，在促进世界文明交流互鉴方面具有特殊作用。中国博物馆肇始于20世纪初学习西方先进文化的时代背景中，迄今已经走过了百余年的发展历程。中华人民共和国成立以来，中国博物馆事业作为党和政府领导的国家文化事业的重要组成部分，积极从国家和社会需要出发，主动承担历史、时代、民族、国家赋予的使命，在收藏和保护文物、举办展览、开展社会教育活动、满足人民精神文化需要、向世界展示中国形象等方面发挥了重要作用。特别是党的十八大以来，习近平总书记多次到博物馆考察调研，对博物馆工作作出一系列重要指示批示，博物馆事业高速发展、空前繁荣，在促进人的全面发展、引导社会主义核心价值观和社会全面进步方面的作用不断凸显，作为文明交流互鉴窗口和平台的作用也日益突出。

　　当今世界正经历百年未有之大变局，面对"世界之变、时代之变、历史之变"，博物馆在推进人类文明进步、社会发展中的地位作用从未像现在这般重要，博物馆之间的交流合作从未像今天这样迫切、频繁和形式多样，博物馆从业人员既要关注自身的发展，也要从更广阔的视野来深入思考博物馆的社会功能，准确把握博物馆发展的新特征新变化，主动回应博物馆发展面临的挑战，在时代巨变的洪流中坚守博物馆发展的初衷和方向。当下的博物馆发展更加突出以观众为本的价值理念、更加突出作为主责主业的展览展示、更加突出作为博物馆核心权力的文化解释功能、更加重视周边产品的延伸活化功能、更加突出信息技术手段催生的跨界融合作用、更加突出文化客厅的重要作用、更加突出社会公众形象的塑造提升、更加突出征藏展示活动的评价导向功能，也面临着如何更充分地留存民族集体记忆、如何更好地推动文化传承发展、如何更紧密地促进文明交流互鉴、如何更有效地处理保存历史与技术应用之间的关系，以及如何更多地创造分享社会发展新知等挑战，新时代博物馆事业发展呼唤理论创新、实践创新、制度创新。

中国国家博物馆作为留存民族集体记忆、传承国家文化基因、促进文明交流互鉴的国家重要公共文化机构和国家文化客厅，始终立足中国、放眼世界，并把学术研究作为立馆之本、发展基石。此次国家博物馆组织翻译《中国国家博物馆国际博物馆学译丛》（以下简称《译丛》），就是要坚持全球视野、面向世界一流水平，以兼收并蓄、海纳百川的学术态度，分享世界博物馆学研究动态，推介优秀学术成果，借鉴优秀实践经验，助力中国博物馆学的理论创新和建设发展实践，更好地推动构建中国特色博物馆学学科体系、学术话语体系，为新时代博物馆事业高质量发展作出积极贡献。

《译丛》兼顾当代博物馆学发展的规范性、理论性、反思性等趋势性特征，同时凸显博物馆学多学科交叉融合的特点。《译丛》选编不仅包括博物馆基础理论、展览策划、管理运营、藏品管理与保护、博物馆数字化、公共教育等领域的研究成果，而且选取了部分将博物馆学这门人文学科与更广泛的社会背景联系起来的研究成果，涉及全球变暖、殖民主义、种族主义、可持续发展等更为复杂的社会问题，集中反映了当下多元文化共存的复杂国际环境和大范围深层次的创新变革下，博物馆学的研究对象和研究范式随着博物馆功能、职责和定位的拓展而发生的转变。《译丛》不仅包含最新基础理论著作，也涵盖与实践紧密相关的应用研究，收录著作体裁十分丰富，包括研究专著、学术论文集、文献综述、演讲集、以及普及性读物，既能满足博物馆从业者和研究人员的需求，也适合一般博物馆爱好者阅读。规模之大，在我国博物馆行业尚属首次。

《译丛》的出版凝聚了国内文博界老中青三代学者的力量，中国国家博物馆的中青年学者承担了繁重的翻译工作，国内资深博物馆专家和高校学者作了多番审校，其中不乏学界耆硕不顾高龄、亲力亲为的身影。他们的学术精神和敬业作风令我们深为感动。需要说明的是，《译丛》收录的首批著作都是在新冠肺炎疫情发生之前完成的，我们将在后续翻译出版工作中更多地关注经历全球疫情之后博物馆的可持续发展与突破性研究。

衷心希望《译丛》的出版能为中国博物馆学和博物馆事业的发展贡献一份力量。

是为序。

2023 年 9 月

纪 念 一 位 策 展 人 的 策 展 人

沃尔特·霍普斯（Walter Hopps），1984 年，照片由玛丽·斯威夫特（Mary Swift）提供。

亨利·考特尼·塞卢斯（Henry Courtney Selous，英国，1811—1890），《维多利亚女王于 1851 年 5 月 1 日为万国工业博览会揭幕》（The Opening of the Great Exhibition by Queen Victoria on 1 May 1851），作于 1851—1852 年，布面油画，82³/₄ 英寸 × 111³/₄ 英寸（210 厘米 × 282.5 厘米；镶框）。伦敦维多利亚与艾伯特博物馆。沃伦·德拉鲁（Warren de la Rue）捐赠。图片来源：维多利亚与艾伯特图片 / 维多利亚与艾伯特博物馆。伦敦维多利亚与艾伯特博物馆版权所有。

导 言：实践出真知

葆拉·马林科拉（Paula Marincola）

    展览是连接艺术家、作品、机构、公众的重要结点。展览起着关键的作用，充当着主要的传播者。展览将艺术不断变化的含义以及艺术与世界的关系变成短暂的焦点，并将其提供给观众，不仅要使观众获得愉悦，还要让观众进行思考并受到教育。评论家兼策展人布鲁斯·弗格森（Bruce Ferguson）给出了展览的定义，即"机构与策展人向自己和我们所讲述的艺术故事的中心说话主体"[1]。

    那么，成就优秀展览的因素有哪些？费城展览计划（PEI）是为视觉艺术展览及其配套出版物提供资助的授权项目，其使命蕴含在这一通俗而又听起来稚拙的问题中。尽管如此，正是这个看似简单的问题，确定了费城展览计划的评价标准，并将重点放在这上面；毫无疑问，在我们的评判过程及其他专业能力建设计划中，我们反复重复这一概念。当然，人们可能这样辩解，"优秀"存在于观看者的眼睛及其他感知器官，而最终是任意且主观的价值，因此难以下定义。然而，为了获得我们的资助，费城展览计划年复一年地挑战我们的艺术专业人员，来设计具有高艺术价值的展览。因此，尝试明确和理解构成展览的要素、实践和一些偶然因素（我们可以称之为策展的技术与程序）是如何形成一个明显大于其各部分之和的整体，这似乎是合理的。

费城展览计划即将迎来五周年纪念日，我最初的想法是制作某种文集来纪念这一时刻，现在这个念头变得极具诱惑力，主要原因有两个：在那一年我们的小组评审中，我们正在审议的申请的质量与之前相比，在概念与组织范围方面已经有了明显改善。显然，此地区的艺术机构认真听取了费城展览计划的忠告，扩展自己的艺术规划延伸，使其超出了"正常业务"范围，并取得切实的成果。此外，我们还刚刚结束了策展实践方面的重要研讨会——"当下策展：想象实践/公共责任"。对此活动及其会议记录出版所作的反应，有力地说明了此领域需要围绕策展实践问题进行持续讨论与记录。我自问，费城展览计划如何既能成为一个方案上的里程碑，又能在我们发起的"当下策展"的对话基础上再接再厉。

考虑到我们的使命及组织时机，答案似乎不言而喻。为什么不委托一组策展人根据他们的特殊专业实践与经验，来考虑这个直接相关却又普遍的问题——造就伟大展览的因素有哪些？因为展览为观察和思考艺术提供了可变的框架，我认为，这些文字可能会起到跟展览本身类似或平行的作用，我希望它们能够进行自我展示。因此，《实操问题：什么成就了优秀展览》以一种比较务实的方式被构思出来。

由此产生的原始冲动，并不是对展览的本质展开理论或学术的探究。这些尽管在我们乐于称为"围绕策展实践"的论述中占据着重要位置，却并非本选集的预期目的。《实操问题：什么成就了优秀展览》不仅仅是一种实验；重要展会的实现，和任何其他重大成就的取得一样，不是"入门"手册中"遵从指令"就能完成的简单事情。《实操问题：什么成就了优秀展览》强调并主张如何通过经验教训来筛选策展相关概念的价值，这些经验教训来源于重复表现、思考与行动，或者更准确地说，是来源于基于行动的思考。正是在实践中，先验假设与严密论证的理论遇到了经验与偶然事件的阻力。各种因素使得大多十分看重的观念与设想落空，而许多这些因素超出了策展人的控制能力，仅举几例——预算不足、出借人难以协调、空间限制、机构相互冲突的紧急事项与优先事项、辅助资源或者辅助资源缺乏。通过有效地解决与调节这些在大多数展览制作过程中不可避免的限制条件，策展人的智慧、发明、即兴创作与灵感得以发展并完善。在《实操问题：什么成就了优秀展览》阐明与反思展览实践的结构、方法与条件过程中，形成了内容丰富且有依据的评论纲要。可以这样说，实践使不完美最大限度地得到改善。

随着对这些问题的调查，《实操问题：什么成就了优秀展览》开始成型，编写出了第一份来自一线的报告。我认为最好由展览制作者来解决成就伟大展览的因素这一问题。因此，我重点关注几乎每日都参与现场工作的同行以及策展人的文字，这些策展人处于自己的职业生涯成熟期[2]，在过去均取得了重大成就，方便我们检验和提出不同意见。我对每一位撰稿人都无限尊敬和钦佩。其中一些人之前与费城展览计划之间存在着工作关系，同时在我确定本选集参与者的可能人选时，专业活动使我有幸接触到了其他人。[3] 许多人有特定的展览模式或者类型——个人性；主题性或者推理性；设计；电影／视频；或公共艺术项目，例如——他们已经完成了大量此类项目，有时它们成为该领域的基准。总体来说，他们是当代视觉艺术的策展人，但他们在文字中提供的教训、见解和例子也与历史性展览直接相关，并适用于历史性展览。

本书的部分撰稿人目前或曾经就职于相关机构，这种极具知名度与影响力的平台优势使得他们能够在这里展示自己的工作成果。无论好坏，机构背景都为展览的创作和接受提供了一个重要的框架。而这些策展人工作过的一些机构构成了这个领域寻找标准和线索的特殊实践基地。然而，很明显，独立工作的策展人以及那些隶属于小型画廊、博物馆或其他类型的展示空间（alternative spaces）的策展人也作出了开创性的努力，因为在这些地方，更快的反应时间、更多的策展自主权以及较少的财务负担，使得他们有更强的实验和承担风险的能力。因此，本选集也确认了一个经常被忽视的事实——至少从机构上来说，越大并不一定越好。

在向这些作者提出最初问题——"什么成就了优秀展览"时，我的策略是询问更多其他人。推论性询问来源于各种考虑事项，而这些考虑事项是各种类型的展览所特有的，同时也是对共同构成展会的各部分以及展会影响进行的分析所特有的。我也有兴趣进一步调查与各种项目有密切相关的观点，这些项目是费城展览计划在其每年选择过程中考虑的项目；因此，我还选择了行业内有争议的问题来进行讨论，这是因为这些有争议的问题在此地区的展会名册之中出现了交叉。作为疑问提出的这些问题，必然要求放大、限定，甚至是抵制——这是各位作者能够探索其给定主题的出发点。在提出这些问题时，我也试着找到合适的专业的解答者；警觉而专注的读者不久就会发现这些我满怀希望的安排，并会判断这些安排是否成功。"引出更多问题和一些答案的问题清单"见封底，而且再次采用书签形式。因此，构建文本的概念性架构就可以被看到，并有助于为阅读这本选集提供信息。

在回答我提出的问题过程中，一些作者作出了直接回应，其他作者则作出了较为隐晦的回应，而一些作者则完全忽略了这些问题——所有作者均依据自己对为他们所安排的限定因素的理解。这种作者的"特权"延伸至他们文章的格式与要旨中，他们的文章范围很广，从正式文章到生动与坦率的对话，甚至是给编辑的充满激情且有点幻想的信件。那么，时限、机会与策展人的主观性共同造就了此选集，这与我作为谈话者最初可能想提出的设计一样。

在展览实践有关的文献，更准确地说是策展有关的文献快速出现的过程中，《实操问题：什么成就了优秀展览》占有一席之地。正如迈克尔·布伦森（Michael Brenson）不久之前告诫我们的那样，我们生活在策展人的时代，正在推动着学术项目与出版物整个行业的发展。在我们编写此文集的过程中，与此主题有关的书籍层出不穷[4]；其他书籍毫无疑问也紧随其后。考虑到不断发展的，并非完全没有问题的行业专业化，我们可以肯定的是，在此舞台上我们仍然有许多事情要说、要做。

当然，我们花了比最初计划更长的时间来制作这本书——我们刚刚被授予了我们的第九个周期的资助。然而，《实操问题：什么成就了优秀展览》的开始和出版，是费城展览计划在其作为区域资助者的角色之外，在其深耕的文化实践领域的另一种重要投资。我们希望能与我们的作者的慷慨相匹配，我们以同侪合作的精神提供与他们同样具有激发兴趣和激活效果的见解，并继续努力促成对该领域的进一步调查和写作。尽管酝酿已久，我们认为这仍然是一个非常值得的冒险。

此外，费城展览计划积极寻求鼓励和保持对策展创新的开放性，并伴随新事物的发展促成一个考虑新事物的环境。我们计划继续作为该领域的资源，为艺术专业人士和感兴趣的公众服务。从日常展览制作的实践中产生的问题显然会随着该实践的条件和定义的变化而变化；我们的工作通过提供一个可以形成和回应这些问题的友好场地而变得更加充实。

目 录

第一章 展示与讲述

罗伯特·斯托尔（Robert Storr）

在写策展人的工作时，通常使用单数的英文单词exhibition（展览）来涵盖实际上是复数的类别。这样一来，公众的经验与判断就会出现很多混乱。在语法上，展览并非采用一种复数形式，而是采用"许多""更多""更少"等形式来描述其发生时间、情况、观众，而最重要的是符合其内容。这些形式都是不理想的，而且没有一种形式能够详尽论述重要艺术的潜在意义。就展览的主题而言，称一个展览为"好的展览"绝不是最好的定论。相反，展览应该是对所选作品的一种巧妙构思及深入体会的解释。通过组织与布置，展览可以通过多种角度来确认所陈列的材料——更不用说那些可能包含而未包含在内的物品了，而且早晚有利于对所述艺术进行其他可能的理解。

简而言之，好的展览有一个明确但不确定的观点，邀请人们不仅是对艺术，而且是对展览制作者在评估展览时使用的特定权重和措施进行认真分析和批判。"展览制作人（exhibition-maker）"这一术语最近才开始被使用，尽管其涵盖范围较广，在这里它比"策展人"更为可取，但这是有前提的，即展览制作人承认具体且高度复杂学科的存在，而且将策展人主要关心的事——艺术的维护或者保护，从易变的展示中分离出来。许多好的展览制作人都是自由职业者，或者为无永久收藏品的机构工作。与拥有丰富藏品的博物馆有联系的那些人，有权定期重新布置其展厅，从而在展示他们所负责作品多元性的同时，打破典型悬挂式的单调性。尽管人们普遍认为，这些历史收藏品应该在其主要作品和趋势的基本布置中维持一定程度的连续性，定期重新布置该整体布局中较大或较小的部分，可使常访客以及偶尔来访者对熟悉或过于熟悉的作品看起来有新鲜感。可以肯定的是，"翻腾"收藏品与炒股一样，为骗局与欺诈创造了可能性。但是，那些被这种可能性所吓倒的人，或者只是过于保守，无法想象他们所喜爱的杰作的官方价值在与其他作品一起流通时，只是其真正价值的一小部分，他们不是防止重要艺术被廉价滥用的捍卫者，而是那些最严重地低估其持久重要性的人。

最近争论不休的博物馆藏品的主题和时间装置的选择——除了在反对变革的意识形态的人心中，这两种选择都没有完全排除另一种选择——只是构成了阶段性总结展览（survey show）这个大类别中的两个子类型（subgenre）。反过来，这是诸多群展变体中的一个，而在群展中，不同流派的作品按照给定前提被放置在一起：展览国家遗产、艺术或者文化传统、一个时代、一场运动、一种风格、正在实施的美学原则，或者仅仅是当前制作的整体介绍。这些展览的场地、规模、持续时间与主要公众均为展览发展的因素。然而，毋庸置疑，作品以及展览制作人对作品的把握，自始至终都是展览呈现过程中的决定性标准。对任何其他考虑因素的让步，都会干扰展览制作人基本意图的完整性，即使观众没有意识到这些缺陷产生的原因，这些缺陷也难以逃脱观众的眼睛。

有人宣称这样的绝对标准是不切实际的，这也往往成为一种托词，旨在逃避赞助人与机构要承担的责任，而赞助人与机构要承担的责任是，对他们给予展览制作任务的人员提供全面支持。有经验的从业者会创造性地利用限制条件，但是当提到重点时，从业者将不会妥协或者至少应该为他们负有主要责任的艺术而毫不妥协。一个人借助于空的阁楼空间以及几千美元，就有可能举办一个好的展览。同样，在不浪费的情况下，一个人也可以投入数万平方英尺的空间，再花费几百万美元来达到相同的目的。（由于根本缺乏创意或者过多混乱的创意，也很容易造成失败。但是，这里主要关注可以避免的失败。）在一个特定命题的框架内偷工减料而不歪曲作品的意义是做不到的。归根结底，对这类危险的评估必须委托给那些最了解此工作的人员。

路易丝·劳勒（Louise Lawler），《客厅角落，由老伯顿·特里梅因先生与太太布置，纽约（史蒂维·旺德）》［Living Room Corner, Arranged by Mr. and Mrs. Burton Tremaine Sr., N.Y.C.（Stevie Wonder）］，1985 年，彩色照片与白亮色边缘上红色标记，由艺术家及米特罗影片公司提供。

　　同样，建筑布局与作品排序有关的所有决定，应该取决于展览制作人，以及下列各项有关的最终决定——灯光、标识、贴展签、宣传册、文本面板设计与内容、排印、墙壁颜色的有无，及所有其他细节、尺寸大小，而上述各项有关的决定真正地决定着观众与作品之间的相遇。根据自身条件，展览制作人在这些方面的了解与掌握程度不尽相同。在许多方面，都需要依赖专家的专业知识来获取技术建议，以及针对具体问题的富有想象力的解决方案。这里的关键问题不是必要的投入——这是很重要的——而是要防止管理上的和有时被市场驱动的，由委员会策划展览的趋势。这就导致了官僚主义的分工，将整个企业的各部门交给各领域的专业人士：设计（即形式）交给设计师，教育与沟通（即内容）交给教育者与新闻发布官，等等。

　　这类专家可能理解，也可能不理解，他们实际上是被要求向观众创作和描述。很多人了解，但也有很多人不了解，在这些或任何级别的艺术系统中，很少有人可以被期望欣赏到大多数机构现在所涵盖的所有广泛的作品。在这种情况下，展览制作人的核心作用正是来自对艺术的深入了解，以及其在特定情况下带来的对整体的看法。这方面的一个推论是，展览制作者必须避免处理他们没有卓越洞察力的材料，无论这个工作可能多么诱人。总而言之，展览组织者占据或应该占据一个类似于电影导演的位置，他与其他参与电影制作过程的人合作，尽管有各种反面的压力，他仍能保证影片的最终版本。

同样的规则也适用于其他类型的展览，其他大多数展览都是为一个人的艺术而举办的，其中包括委托"项目"，这种项目已经成为当代博物馆、艺术馆（Kunsthalle）及其他类型的展示空间的重要内容。目前此领域最常见的类型包括电影、视频、装置、表演、参与性行动或者场景，以及作为展览的出版物，但是油画、绘画与雕塑的组合也符合这一描述。此外，还有对艺术家作品的早期与中期调查，摘要式或者全面的作品回顾，晚期的更新，死后作品回顾展，或者对艺术家作品基于主题或者时间的重新审视。

每一种子类型本身都有自己的机会与问题。例如，委托项目要求展览组织者在清晰、策略与坚定方面达到极致。最好的这类展览来自这样的艺术家，即能够试验之前未尝试过的想法、媒介与背景的艺术家。最糟糕的情况是，艺术家的幻想与有限的财务与技术资源严重不匹配，对物质与社会"场地"的误解，或者较晚认识到艺术家的前提根本不足以创作出真正让人感兴趣的作品——但是这一切都太迟了。展览制作者的职责是根据他对艺术家、他的作品以及他被要求与之抗争的前提条件的研究，计算出一个或另一个结果的概率。因为承担风险极为重要，对万无一失的成功的渴望成为展览制作人的克星，相应地，合乎情理的失败必须受到尊重，而且失败的教训还应该给予重视。一个恰当的例子是，克里斯·伯登（Chris Burden）在 1999 年将一个巨大的玩具飞机发射装置放置在了泰特不列颠美术馆（Tate Britain）的主厅。很少有飞机使用过这一发射装置。但是，这种鲁布·戈德堡（Rube Goldberg）①装置面临的明显困境以及机械性的坠毁频率，共同成就了一件比装有发条的精密设备更具象征意义的作品——有点像美国航空航天局（NASA）时代的航空泰坦尼克号。这也就是说，经验不足且不能提出令人信服的假设的艺术家已经陷入了困境，原因是和他们一起工作的展览制作人，没有对艺术家最初概念的基本有效性及时提供批判性的回馈，也没有警告艺术家不要提出明显不可行的方案，或者没有坦白地表达出自己认为艺术家在某种程度上一开始就是错的这种直觉。对年轻艺术家或者打破陈规的艺术家的热情，并不意味着要消极地默许那些考虑不周的计划。尊重有时最好是通过友好的怀疑态度来体现，而灾难有时是通过一个明确的"不"字和清晰的理由来避免。在目前的环境中，相当多的展览制作者同时低估和高估了他们与艺术家的关系。这种混乱显示出展览制作人目前的职业困境。展览制作人的行为与他们了解或者应该了解的所有一切背道而驰，而似乎艺术家总是对的；然后，展览制作人已经放弃了他们作为专家的权威，在他们活动的其他方面声称，从根本上说，自己实际上也是艺术家，而且应该受到特别的尊重。但是，展览制作人并非艺术家，在以共享信息与激情为基础的任何往来中，敬重夹杂着嫉妒是一种不健康的倾向。当在前文说到展览制作人应该具备等同于电影制作者的最终剪辑权时，这并不是说他们所做的事情的结果在审美方面是可比的，只是在这两种情况下，一个连贯的结果取决于对需要做什么的整体概念和确保所做的事情尽可能符合这一概念的压倒性权力之间的等价关系。或许，区分这两种不同职业的一种方法是：如果一个电影制片人搞砸了，他会得到一个坏的评论。如果一个展览制作人搞砸了，得到差评

---

① Rube Goldberg 装置以美国漫画家 Rube Goldberg 的名字命名，由手工制作，利用连锁反应来完成一项简单的任务。它以一种令人困惑和过于复杂的方式完成一项非常基本的工作，有许多可笑和滑稽的步骤。——译者注

的很可能不是他，而是艺术家，而且如果他一开始就确定他选择了代表一位极具才华的人，这更是他的错。

在单人展览的几乎所有其他情况中，展览制作人就接触到已经存在的，或者在展会开幕之前将会完备的材料。在这方面，判断的失误甚至更加沉重地落在了展览制作人的肩上。由于这种展览是公众了解艺术家作品的途径，也是形成其意见的基础，目的模糊、缺乏批判性、解决问题的习惯、对展览的场合、机会和限制的不切实际的感觉，再加上组织者在必要时不愿意坚持自己的意愿，都会对艺术产生严重而持久的影响。这些陷阱似乎是不言而喻的，规避它们也很容易，但人们不需要刻意去看，就能看到由于一个或多个原因而导致展览处理不当的例子，人们只需阅读普通的展览提案就能看到这些弱点的早期迹象。

不过，从根本上说，由于这种失误是初级的，所以问题可归结为两点。第一点是做好充足准备，即使进入了展览制作过程，也要为"战术演习"尽可能预留最大富余，用来重新考虑工作设想、对艺术的现场反应以及展览中的现场创造。第二点，从第一点出发，是在一开始就尽可能明确自己的目标，以及需要多少时间、专业支持和资金资源。这也包括对展览制作者的权力和其他参与者的角色的严谨理解。任何方面的不明确的期望，再加上不明确的权力界限，都将导致做展览过程中的痛苦，而且几乎可以保证将是一个糟糕的结果。展览制作者必须了解自己的想法，然后向所有相关人员，包括其雇主，他们在所有结构层面的同事，以及最重要的——艺术家，清楚地解释这个想法。就像任何在自己选择的方向上领导他人的人一样，他们必须拥有或获得预见的能力，预测他们和其他人所做的事情的影响，并表现出敏捷性，以符合他们商定的目标的方式快速处理未预见的挑战。他们还必须有能力承认错误并纠正他们的路线。这些说法似乎也是不言而喻的，但犹豫不决、不适当的即兴发挥、绝望的后退和填补、意志力和脾气的痉挛性表现，以及其他毫无准备和不安全的迹象在现场比比皆是。它们使每个人都感到失望，而且，尽管有点过分强调，他们对艺术家来说是最令人不安的，因为艺术家的成就应该被放在首位。

与团体或主题展览一样，个人展览也有几种类型和规模，与艺术家阶段性总结展一样，组织者对尝试哪一种展览感到困惑，这在公众、艺术家和批评人士心中产生了许多问题。这些差异有些是由机构的范围和规模决定的，有些则是由机构的范围和规模造成的。因此，对于大型博物馆来说，要举办相对较小的艺术家作品展览，而不使这种"小"显得是对艺术家的一种评判，往往是很困难的：会引起人们明说或不明说"如果他们真的支持这个艺术家，展览就会很大"，或者"如果这个艺术家真的很好，展览就会很大"。同时，中小型机构是不可能举办大型展览的。那些否认这一事实的组织者，为了追赶大机构的"数量"而在一个特定的空间里塞进太多的材料，可能会因为急于取悦艺术家而反而背叛他。一个选项——这对主要城市和中小城市里的中小型空间都有价值——是由两个或更多这样的机构来分担材料并进行合作。鉴于一些艺术家的不同作品，这是一个有吸引力的解决方案，换句话说，因为它允许在各种特别有利于一种或另一种材料的情况下，将不同的作品集合进行分拆。这在现在的大型艺术史专题展中很常见，但在单人展的情况下却很少被尝试，但是如果该艺术家是灵活的，并且看到了他的作品在各有其独特特点的不同场地出现的好处，就很容易被设想。越来越多的人认为，这种空间组合和机构的联盟对于个展组织者来说是至关重要的，因为值得举办这种展览的艺术家的数量大大超过了能够举办这种类型的单一地点项目的大型博物馆或艺术厅的数量，特别是在美国。就当代艺术而言，这种作品的分布／分散，虽然并不总是合适的，但可能被证明不仅是一种需要，而且是一种打开格式的时机，并积极改变对这种"摘要"展览的理解，实际上是强调艺术家兴趣和实践的多元性，而不是他们整齐划一的框架。

这就是说，如今许多首次亮相博物馆的阶段性总结展、职业生涯中期展览和回顾展，特别是那些由艺术家成就的实际规模、作品以"自然"方式展开以及观众的吸收能力所决定的展览，以任何标准来看都过于庞大和/或材料过于密集。这个方向的压力是多方面的。第一，机构体制上对创作一个重量级的展览（blockbuster shows）的需要，以及与之密切相关的填充宏伟建筑姿态的渴望，对于许多与博物馆有关的人来说，这些已经变得比它们可能包含的艺术更重要。第二，艺术上的自负有两种常见但不普遍的形式：一方面是一种自我挫败的信念，认为更多便是更好，基于同样有问题的假设，即艺术家所创作的一切本质上是好的。另一方面，有一种竞争的本能，推动着即使是谦虚的艺术家也想与近期举办了大型展览的同行平起平坐或超越他们，特别是当他们紧跟在一个不管出于什么原因，被允许或鼓励举办一个大型展览的同行后面时。第三，与展览制作者的自我价值感有关，他们忘记了自己的角色，试图通过在他的赞助商会同意的范围内靠占据尽可能多的面积和出版尽可能多的目录来打响知"名"度。就像发生在一些艺术家身上的一样，展览制作人与最近在他的项目之前办展的策展人的竞争往往促成这种误判。

自律并非雄心壮志的对立面，而是表达了长期做令人难忘的展览的意愿，是对第三类压力的唯一答案。一个人或拥有或养成了自律，或者不自律。在自律的基础上，展览制作者的挑战是给机构和艺术家带来类似的自律。这并不意味着对机构与艺术家发号施令，而是要评估艺术家作品的固有范围，并为作品在当前形势下可能产生的影响提供强有力的论据。决定结果的主要因素包括，出借作品的实际可用性，展厅重新布置的可能性以及艺术家已有的曝光度。一些重要的艺术家已经被过分曝光，最好的办法是举办相对紧凑的展览；而那些不太为人所熟悉的艺术家则受益于更丰富的展览，这些展览揭示了他们成就的完整结构以及针对其艺术的许多其他考虑因素。

或许看待展览制作者与机构和艺术家的关系的最简单方法是与文学

编辑进行类比，后者代表可以实现的"最佳"作品版本与出版商和作家进行谈判。在某些情况下，编辑会收到一份已经写好的大稿件——用托马斯·沃尔夫（Thomas Wolfe）或者杰克·凯鲁亚克（Jack Kerouac）的小说来继续进行比较——并谨慎地从根本上塑造或重塑它。在其他情况下，完成的工作是如此完整和自成一体，以至于只需要或只适合编辑作出微小的决定。在这两种情况下，以及在所有介于两者之间的情况下，展览制作人是第一个、最挑剔的观众，就像一位优秀的编辑是第一个、最挑剔的读者一样。展览制作人必须获得艺术家的信任，而只有对艺术家所做的一切进行最严格的审查，而且对艺术家创作中涉及的所有事物形成一种本能的感觉，才能赢得艺术家的信任。基于对作品的真诚投入，以及对艺术家方法与动机的欣赏，展览制作人获得了坦率发言的权利，并毫不犹豫地将他的专业知识贡献给这项工作。

挑选是最初的谈判阶段，而在许多方面也是最敏感的谈判阶段，原因是挑选不可避免地意味着要阐明喜好。但是，在此领域，并非所有的意见分歧只取决于品位，如果不如此，所有的分歧都会使展览制作者与艺术家在前者不喜欢而后者提倡或维护的问题上发生冲突。有时，情况会发生逆转，展览组织者必须"哄骗"艺术家让别人看到他因尴尬或沮丧而放弃的早期或离经叛道的作品。在艺术家的作品广为人知的情况下，这种劝说可以以重要的方式引起对他的成就的重新思考，或者至少使展览看起来不像是教科书上的叙述。相比之下，艺术家有时会突然决定，某些经典作品已经被看得太多了，并推动将其排除在外。在这种情况下，组织者有责任提醒他，很大一部分非专业的公众可能从未见过这些作品，而让他职业生涯中的"无畏号""退役"的唯一选择是用一定比例的其他"船队"包围它们①，以使这些经典作品无法掩盖其他作品的价值。

---

① 译者注："无畏号"原指第一次世界大战时期的海上霸主：无畏号战舰。此处比喻成名艺术家的经典代表作。"其他'船队'"指该艺术家的其他作品。

路易丝·劳勒（Louise Lawler），《你可以听到老鼠在棉花上小便——查利·帕克》，1987 年，银色染料漂白印刷，由艺术家及米特罗影片公司提供。

人们普遍认为，最好的个展或多或少都是由该艺术家最知名的作品组成的。对于那些置身事外的人来说，为这样的展览选择作品似乎确实是"不费吹灰之力"，展览制作者所做的只是把该艺术家常见的名作或代表作放在一起。恰恰相反，这是一件费脑筋的事，因为首先，已知一些甚至许多名作或代表作都无法取得，其次，典型作品的展示，尽管它可能令人印象深刻，但也意识到仅此而已，这种展示并没有揭示相关艺术的潜在含义（subtexts）。这就好比一个人拍了一部情节完全可以预测的电影，而且只有明星在演拿手戏，在这种情况下，没有任何东西可以给那些被一致认为是"伟大"的作品以维度或细微的差别，但当它们被放在一起的时候，可能就会显得苍白无力。这些作品被一致认为是"伟大的"，但当它们并排摆放时，可能会显得苍白无力，或者像"杰作"那样，使人们盲目而不是睁开眼睛，因为这种地位所带来的名气或魅力——这些因素通常被展览广告和关于稀有性和成本的不经意的谈话所吹捧和加剧，也就是说，有关"寻宝"的话语。对于一个个展来说，那些体现艺术家的感觉和发展的关键方面的次要但实质性的作品与无可争议的主要作品一样，对个人展览是同样必要的。一批这样分散的作品往往凭借其突出的和容易接近的品质，首先吸引观众。这些品质，在最初相对孤立的情况下，教会观众在更复杂或更稀有的作品中寻找什么。大量夺人心魄的艺术作品会使展览"失去心魄"。

其他有关选择的问题与经销商、收藏家和赞助人的既得利益有关。不止一个最近的回顾展被艺术家、他的遗产（管理组织）、或他的代理人强加给展览制作者的过多作品稀释到了极度平淡的地步。利用回顾展来提升未售出的作品（身价），或者仅仅是为了清理仓库，这种冲动并不令人惊讶；但短期的好处可能只是短暂的，而在艺术家声誉上造成的最终代价可能是毁灭性的。展览制作者不是在做生意，但有时对这种策略的危险性提出商业化的警告可以帮助抵御这种压力。然而，如果迫不得已，那么展览制作者必须拒绝屈服，而要有效地做到这一点，必须依靠机构的支持。如果压力来自他们工作的机构的赞助人，那么他必须得到存在着明确的权力分立的保证，无论（他人）是多么友好或坚持地建议他在展览中加入某些作品，最后都要由展览制作人而不是其他人来决定。就像艺术家有时会帮助展览制作人从一个尚在犹豫的来源获得贷款一样，他们也可能帮助展览制作人拒绝一个过于热切的来源。交易的错综复杂构成了艺术外交的内部运作，对此没有可靠的参考脚本。值得重申的是，在这种情况下，展览制作者对其总体目标的专注、透明和坦诚，无论如何都比在这一领域的掩饰和欺骗要好。然而，在这些方法之间永不固定的界限的任何一边，敏捷和幽默都是重要的。有时，收藏家想让某作品参展，但如果为他的最大利益着想，收藏家是不应该有这个想法的。一旦他如愿，（其实）是有不利影响的。因此，与对待经销商和艺术家一样，准确评估这种不利影响，对展览制作者来说是完全有利的。（例如，）可以作为一个有用的论点使用的是：温和地指出，收藏家拥有的某特定作品可能跟其他被选中的作品放在一起显得格格不入——而不用"冗余的"或"次要的"的字眼。我们可以在那些被大量改动的展览中找到展品的教训——当它们到达第二和第三站时，当地的专业人员成功地游说增加了一些与清单上已有的东西重复的作品，结果发现在最初选择的作品和附加的作品之间的直接比较暴露了后者的弱点。由于这种比较会在脑海中留下深刻印象，因此，对于拥有好的但不是最好的作品的自豪的收藏家来说，这种风险是不值得承担的。对于参展博物馆的作品，也是如此。如果有人想用本馆藏品取代原定的展览中的某些作品，或插入别的作品，即使这些馆藏在其藏品中可能确实拥有骄傲的地位，但在为十年一次的回顾展而收集的顶级作品面前却显得苍白。总而言之，展览制作者有责任与艺术家一起商定一个不可复制但也不可夸大的作品组。之后，为了整体的一致性，也为了阻止那些可能想把"额外"的作品挤进去却发现它像个酸痛的大拇指一样突出的人，所有各方都必须把任何篡改已选好的作品组的行为视为严格意义上的禁区。展览制作者的选择并不总是正确的，但当他们屈服于特殊请求时，他们几乎总是错误的。

现在说说最基本的。"解释"一个艺术家的作品的主要手段是让它呈现自己。展示就是讲述。空间是视觉上表达想法的媒介。装置既是展示又是评论，既是记录又是解释。展厅是段落；墙壁和地板的正式细分是句子；作品群是句子；而单个作品，在不同程度上以名词、动词、形容词、副词工作，而且往往根据其上下文具备不止一项这些功能。如果你不介入的话，普通人对他们周围的环境和其中的东西都很敏感。基于这种基本能力，如果你带领他们进入和通过充满东西的空间，鼓励他们注意他们有意识或潜意识地收集的线索，即展览制作者为他们留下的线索，他们已经或能够具备视觉艺术的解读能力。

路易丝·劳勒（Louise Lawler），《我还没有想好标题，也许我们应该举办一个比赛？》，2002/2003年，银色染料漂白印刷（博物馆盒子），由艺术家及米特罗影片公司提供。

　　人们一般都害怕不熟悉的东西，当涉及艺术时，他们最害怕的是出现不懂的尴尬。这很正常，但这不应该导致展览制作者低估他们的基本智力或学习能力。展览制作者也不应该忘记，人们来博物馆或展览的原因是为了让自己有分寸地暴露在这种不确定事物是什么或对它们的看法的感觉中。简而言之，他们喜欢艺术所带来的疏离感，只要他们不是毫无必要地措手不及。展览制作者的工作是安排人们与他们所困惑的事物之间的这种相遇，使他们能从中获得最大的利益和乐趣——即从展览的特殊性中获得利益——也就是说，从作品的特殊性、他们自己的不确定性以及他们最大限度地利用自己的想象力和智力资源的内在驱动力中获得最大的利益和快乐，并从新的经验中获得一些东西。

　　为了尊重观众的需求和愿望，展览制作者应该尽可能避免在观众有机会用自己的眼睛去看它，用自己的头脑去参与它之前，就抢先说明作品的情况——这绝不是仅仅一次展览/活动/娱乐的问题。如果人们看展签而不是看作品，那是展览制作者的错，而不是他们的错；他把展签做得太突出，太丰富，太多文字，太引人注目，或以任何其他方式在一般视野中太"有趣"。因为这种情况，我们都目睹了博物馆里的人们在退后看贴有展签的作品之前就跑去看展签，然后在真正看到第一件作品之前就去看下一件作品。如果这种行为模式持续下去，他们就会在一个又一个的展示艺术作品的房间里走来走去，而这在很大程度上本应作为一系列具体的发现而非主要以一种景观来体验的。策展人决不应该鼓励，而是应该尽全力打断这种收集信息、抹杀艺术的"舞步"。

相应地，语音导览已经成为展览的祸害，它不公平地争夺观众的注意力，在他们应该使用眼睛的时候，把话语塞进他们的耳朵。在展厅的环境中，声音几乎总是胜过视觉。此外，由于音频导览的功能是将听众引导到展厅中适当标记的"关键"作品上，它们会使人们在这些作品前造成拥挤，使人们无法以任何认真或持续的方式细看作品。更糟的是，它们会刺激人群忽略非"关键"的一切。再引人入胜的作品顺序都会被这种羊群效应打败，这意味着观众几乎没有机会把装置"读懂"为一系列发现的集合。这些发现的位置和节奏相互影响，并通过实例指导观众如何"读懂"整个展览。同时，这种指导的声音低语代替了观众之间的对话和争论，而权威的录音——无论是艺术专家还是醇厚的演员——淹没了观众头脑中努力表达自己的想法和感受的声音。

使用语音导览的理由是它们帮助公众进入艺术家的世界，但事实是它们更有可能把他们挡在外面，不仅掩盖了作品，也掩盖了观众的自发反应。表面上看是民主的装置，但实际上恰恰相反，因为它们一劳永逸地打断了对艺术的关键性的初次认识，并把综合感觉和思想的工作分配给一个没有实体的解释者。人们可以根据自己的意愿，在自己的时间里拿着小册子或信息表进行咨询。语音导游设置了自己的议程，并使携带它的人着迷，因为它是如此"用户友好"，以至于不使用它似乎是一种浪费。声音和移动图像的结合超越了所有其他类型的图像，因此展厅里的互动视频屏幕成为房间里不可避免的核心，有点像客厅或酒吧里的电视。信息对于理解艺术是必不可少的，但是第一手的经验先于它，并且在教学法放弃对公众注意力的要求时，也重新确立了它的权力。事实上，经验是艺术的主题，并确立了观众的主体地位。任何取代它的东西，不管它本身多么有价值，或者提供者多么用心良苦，最终都是艺术的克星[5]。

一个展览的前几个展室里作品的排序，对于读懂其他随后也许更复杂的作品来说，相当于一个入门指南。喧闹的开端或庄重而沉思的开头为整个装置设定了一个基调，这个基调可能被后面的作品所证实，也可能与之相矛盾。然而，一旦这个基调在观众的脑海中确定下来，就会影响到他们对所有其他东西的看法。展室密度的变化设置了一个节奏；通过将关键的作品放置在意想不到的或戏剧性的位置来打破这个节奏，突出了展览内容的某些方面。也就是说，观众应该可以有多个方向绕行一个展室，而不是按照一个固定的陈列顺序整齐划一地前进。在建筑允许的情况下，也应该有可能从多个角度进入一个展厅，并仍然能领略展厅内容。实际上，沿着这些备用路线，观众能以不同的有趣方式掌握展室的内容。一个展室或者一套展室的布置，无论按时间顺序还是其他顺序条理分明地展开，都不应仅指向前进，观众也不应该感觉到他们是在遵循着规章制度从一件作品前进到下一件作品。事实上，大多数错综复杂的展览倾向于像迷宫一样，那么，就像忒修斯（Theseus）在迷宫中寻找弥诺陶洛斯（Minotaur）①一样，观众应该有办法在任何关头回溯他的来路。然而，铺设绳子来标记进出路线是展览制作者的责任，而不是观众的责任。或者，回到电影的比喻，观众应该能够在任意时候对展览"倒带"，重拾之前未曾细细品味的"故事"，或者欣赏几帧画面的效果，然

①　译者注：源于希腊神话，忒修斯为民除害，找到并杀死了藏在迷宫里的牛头人身的怪物弥诺陶洛斯。忒修斯手持线团走入迷宫并依靠线团走出迷宫。

后随意快进，重新感受展览的主线。如果可能的话，任何一个展厅，也许从不止一个展厅，都应能看到前面的展厅和后面的展厅里的展品。并且，从不同的视点来看，对照观众所处的展厅里的展品，门和走廊构成不同作品的外框。这样，艺术家作品的潜台词——例如反复出现的主题和图案，或者被作品的渐进式演变所抹平的鲜明对比——被建筑的跳跃式切割所揭开。

展览通常被称为"讲故事"。在个展中，它们往往遵循一种传记式的叙述方式，或者一种目的论的形式；他首先创作了这个，然后创作了那个；或者，媒介首先这样发展，然后那样发展。在大多数这样的情况下，所讲述的故事预示着一个必然的结论或高潮，艺术家的胜利（也许是悲剧性的死亡），或者一个主导的美学思想的胜利（似乎是不可避免的）。展览制作者可以做任何事情来阻止匆忙的结局，来偏离主要的事件，以便集中在作品特征中被忽视的方面，从而，最后，避免结束，以便在离开展览时，观众不会想到它是如何结束的（即使在艺术家死亡的情况下），而是它如何继续下去，或者在进一步发展显性特征和隐性特征后如何发展。像杰克逊·波洛克（Jackson Pollock）这样的艺术家也许最容易被呈现在强调戏剧性结局的轨迹中。然而具有讽刺意味的是，他创作的最后一些作品清楚地表明，有人试图为一个重要的风格上的重新分离（redeparture）获得注意力。换句话说，他个人痛苦的叙述构成一个故事，而他混乱和不稳定的作品的叙述构成一个相关但本质上不同的故事。前者是一个人在地狱般的心理死胡同里的故事；后者是一个艺术家在探寻创作僵局的出路时发现他面前有各种选择。第二种，没有结论的故事才是波洛克展览应该讲述的故事[6]。艺术家越是年长，展览制作者就越是要提防出现神化现象，（因为）这意味着艺术家的作品已经完成，观众只是参加了对实现了的承诺的公开庆祝。好的艺术家总是有更多的工作要做，而伟大的艺术家则会带来惊喜。1982年，70岁的路易丝·布儒瓦（Louise Bourgeois）在纽约现代艺术博物馆举办了一次回顾展。在此后的 20 年里，她在世界各地举行了无数次的其他职业（生涯）展览，其中大部分都是在 1980 年以前的旧作和 1980 年以后的新作之间平均分配。明智的是，这些展览没有一个是以布儒瓦在总结、走向一个可预测的方向或准备安于现状的想法为前提的。由于她年事已高，她比任何人都坚持认为她的展览是开放式的。

这就是一个个展应该有的样子。在任何情况下，展览制作者应该不惜一切代价，避开那些旨在对作品得出最终结论的展览的诱惑——特别是对在世的艺术家，即使是对已故的艺术家亦应如此。造成轰动的回顾展最常因傲慢而出错。夸大这种展览的规模，并代表组织者或主办机构对其历史重要性提出不适当的要求，通常是这种问题的根源。观众不应该抱着他们即将有一个千载难逢的体验的想法而来，而应该把展览看作对某人或某物的重新认识的开始，你可以花很长的时间来熟悉它，但永远不会完全了解它。相应地，观众在离开展览时应该是精力充沛的，并且相信还有更多的东西可以看，还有其他看的方法，而不是筋疲力尽的。因此，关于"不要做客时间太久而不再受欢迎"即不要过度逗留的古老谚语适用于展览，就像它适用于社会接触一样，"留下渴望而不是厌恶"。

顺便说一下，这一原则也适用于图录（catalogue）。与重磅展览相当的编辑工作，就是相当于纸砖的厚本展览图录。虽然这些书中有一些装帧很精美，信息量很大，但由于它们的体积很大，对森林构成了威胁，而它们光鲜亮丽、（过于）自我设计的内容也不过是具有知识性的茶几书而已。没有人读的书对艺术和艺术家是不利的。过大的书让潜在的读者望而生畏，甚至可能在身体上造成障碍，这对真正的参与是一种阻碍。一般来说，尽管出版这些书需要大量的补贴，但它们的价格也过高，而这些补贴往往是对整个展览预算的消耗，这使情况更加复杂。准确地再现展览中的作品，以及有用的补充图片就足够了，尽管最近一些展览目录被扩展为作品全集，效果非常好，主要是因为制作适度，适合这种艺术类型，而且信息研究得很好，有说服力，简洁明了[7]。

一个核心和决定性的问题是，展览目录是为什么样的观众（区别于市场）制作的。虽然有些展览主要是为爱好者准备的，这是很正确的，但大多数展览都是为普通和多样化的公众准备的。因此，目录应该反映这种多样性，用普通读者能够理解的语言来写，并尊重普通读者对即将看到的艺术的可能的了解。优先考虑这样的读者不是民粹主义的拉拢，而是民主的尊重。他们是来看展览的，然后坐下来了解他们所看到的东西——这总比像以前所争论的那样，站在画廊里被训话或被要求读太多东西要好。因此，作者不应该沉溺于排他性的讨论，不应该把任何基本的事实或理论结构视为理所当然，不应该不去找（适合）争论的舞台，而利用这个机会与其他作家进行内部斗争，也不应该沉溺于使用术语的职业恶习。在等式的另一面，作者不应该对读者说三道四，或者过度简化困难的问题，限制读者对造成这些问题的美学、文化或社会复杂性的最终把握。正如现代主义作曲家和精辟的报纸评论家弗吉尔·汤姆森（Virgil Thomson）在谈到为一般发行的出版物写作时所说："永远不要高估你的读者所拥有的信息，但永远不要低估他们的智力。"在向公众介绍一位艺术家的问题上，在代表一个以前都是以片段或章节的形式出现的庞大而复杂的作品体系的问题上，一个清晰的观点对于目录和它所依据的展览来说是至关重要的。通常情况下，这意味着一个具有独特和吸引人的作家风格的单一作者。如果情况需要多个作者来处理不同作品的不同方面，或者从不同的理论立场来处理有争议的问题，那么，展览制作者与主要作者或编辑（主要作者或者主要编辑可能是同一个人，不然的话就是展览制作人本人）必须召开这个研讨会或者以一种允许读者掌握其原理的方式辩论，并在对所讨论的艺术及其在世界范围内的普遍理解的背景下审视会议的进程。即使目录撰稿人和编辑旨在打破或取代上述提到的普遍理解，也是如此。

为了确保个展的目录不成为或不被认为是对相关艺术和艺术家的

不加批判的证明，展览制作者和目录作者/编辑应该对其设计和内容保持完全的权威。如果艺术家有做书的天赋，他们可以让他参与目录的构思或布局。但他们决不能放弃自己作为项目协调人和最终仲裁者的角色，更不能按要求交出自己的任何部分控制权。目录不是虚荣的出版物，也不是主要为了满足艺术家的审美而制作，相反，它们的存在是为了在另一种媒介中以最佳方式传达展览的基本主旨。艺术家可以要求批准关于他们的出版文字，但他们不应该被授予该权限。目录作者也不应该自己去寻求这种批准。展览制作者/目录编写者和他们投入精力的艺术家之间的友谊可能会在展览制作过程中得以延续，也可能不会——最佳的情况是会加深——但为了项目的完整性，前者必须坚持在某些领域保持专业上完全的分离。如果情况需要，他们必须准备为更好的结果牺牲简单的关系。如果艺术家不信任代表他或她工作的专业人员，那么任何看似存在的个人联系都是单方面的或虚幻的。鉴于人的本性，在出版前以任何形式将文章交给艺术家都是不明智的；一个好的编辑会注意到需要检查的事实，这些可以由编辑或作者逐个细节处理。传递意见和解释不是艺术家的特权，或者说，哪些事实得到关注也不是艺术家的特权。[8]

　　艺术家参与展览的安装也遵循同样的准则，但却是一件更微妙的事情。有些艺术家在悬挂或安放作品的方法上非常好，很灵活，很有创意。相当多的艺术家不是这样，但其中只有一些人意识到了这一点。假设展览制作者善于安装，或者说，他有足够的能力来安装，或者，他对自己想要的东西有明确的想法，并有熟练的准备人员和设计师来实现它，在与艺术家讨论了为项目提出的策略，以及在选择后备方案时应参考的原则，或解决当展览的草图或模型被安排在物理空间时不可避免地出现的问题后，安装工作应该由展览制作人独自完成。在解释他们的计划时，展览制作者应该注意到这样一个事实，即他们比艺术家更了解他们的"房子"或场地建筑的来龙去脉，他们和艺术家之间的许多可能的分歧可能来自这一现实。显然，向艺术家解释感知格式塔①和展览所在空间的有利或不利的怪癖，是非常重要的。一个好的展览不会忽视其场地的特异性：它要么利用它们达到意想不到的效果，要么在可能的范围内让它们消失。在制订这些计划之前，如果没有反复勘查和绘制展厅的地图，对展览制作者来说是一种自杀行为，如果要为这个场合建造特殊的墙壁、底座和其他结构，密切监督——必要时当场修改——同样是最重要的。观众的注意力松懈可能是由于展览制作者不注意这些问题的结果：对于一方和另一方来说是一样的，细节上表现出了不耐烦。

除非艺术家应展览制作者的邀请积极参与安装过程，否则应礼貌地告诉他，在展览完全到位和开启照明之前，他不能到场。作为一个经验法则，确实参与安装的艺术家应该从头到尾都在现场，这样就不会在他们缺席的情况下做一些事情，造成偶然的摩擦。理想的情况是：在这种情况下，展览制作人和艺术家之间的对话很像两个音乐家的即兴交流，同意或不同意，建议和变化几乎完全通过声音来处理，或者在讨论的情况下，通过可见的例子。对于许多展览制作者来说，安装是对他们所有其他劳动的真正回报。它不应该因为其他方面的侵入或猜测而成为一种折磨，但最大的乐趣是与作品的创作者和谐地朝着同一个目标工作。罗伯特·赖曼（Robert Ryman）就是一个例子，他把自己作为一个艺术家的全部精力都用在了绘画的安装上，但作为一个前爵士乐手，他完全欣赏与他合作的展览制作人的贡献，他的展览之间的细微差别都归功于这种反应和合作的感觉。9在任何情况下，艺术家都应该明白，如果他们同意做一个展览，他们就与展览制作者及其机构签订了合同，而这个合同是不能被零散地改写的。如果他们对展览制作人的手艺和批评方向缺乏信心，就不应该签署同意展览。如果艺术家确实缺乏信心，展览制作

---

① 译者注：格式塔（gestalt）由德文音译而来，意思是"完型""统一的整体"，格式塔理论是一个心理学的概念，即：在人眼看到一组物体时，会先关注到主体，然后才会关注到部分。

人不应该与其合作。

有人说，政治是一种可能性的艺术。虽然展览制作本身不是一种艺术形式，但它同样是一个充分利用必要性、机会和灵活性的问题。如果说展览制作的政治性主要集中在展览制作者与他所合作的艺术家、为项目提供资源的机构以及为其提供专业知识的专家之间所协商的行政和审美契约上，那么最重要的合同则存在于展览制作者与公众之间。它是不成文的，但该合同一旦被违反，则立刻显而易见。对艺术和所有致力于艺术的人来说，首先是公众，其后果极为严重。

关键是作品的意义，以及由谁来决定它。不是为所有时间，也不是为所有人，而是在个人直接接触到它的现在时态中，以及他对所见事物不断变化的回忆和对再次见到它的不断发展的期望的过去及未来时态中，以及随后对这些心理痕迹的确认或纠正。尽管许多人认为，而且有些人仍然认为，每件艺术作品都有一个基本的意义，要么属于文化理想和习俗范畴，要么属于媒介的历史范畴，要么属于材料及其精神或形式的要求范畴，要么属于艺术家的意图范畴，但这种不可简化的本质被不同的群体判断为存在于上述如此不同的地方，这一事实表明，该不可简化的本质在某种程度上存在于所有这些东西里，而不是绝对地属于其中一个。尽管关于意义的分歧曾经落在官方——国家、学院、大学训练出的学者以及在博物馆或新闻界担任崇高职务的白手起家的有品位的男人和女人身上，或者有时直接交给艺术家，但作为一个实际问题和原则问题，最终的决定是由观众作出的。展览制作者的工作是尽其所能，使这些决定是基于充分的信息作出的、根植于感知，并且从积极的意义上说，是没有定论的。借用当代文学话语的术语，这意味着赋予读者与作者同等的权力，作者并没有像理论家们所说的那样"死了"，因此应该听取作者的意见，但他们不能再声称对自己作品的意义有绝对的权威，也应该避免站在作品和读者之间。由于创作者和观众之间这种平衡的转变是由展览制作者提供舞台上演的，因此，这本身就是一种中介行为，展览制作者有责任使这些干预尽可能透明，也就是说，不言自明，同时在他的展览的整体概念的主旨下，尽可能不引人注目。最重要的是，展览制作者不能篡夺这一动态中任何一方的自主权，或建议以另一方的名义或以一个总体权威的名义与他们中的任何一方对话。展览制作者召集各方，并提供关于意义的建议，但他们不能自以为是地将其强加于人。

如果艺术真的很重要，它必然很多方面会引发很多思考。它可能引发的反应和可以从中汲取的教训，随着前来观看的人数、人们这样做的次数、提供给他们的展品的数量、如果被呈现出来的方面的数量以及鼓励他们查看的角度的数量而相应变化，正如时间的推移和世界环境的变化一样。数学是简单的；总和是无限的。展览制作者通过促进这种意义的扩展而不是控制它来作出贡献。鉴于无限是不可能被思考的，他们通过将注意力集中在具体细节上来帮助观众，同时提醒同一观众，他们只是一个更大的整体中的一小部分。如果他们慷慨地做到了这一点，从而通过使观众更敏锐和更有鉴别力来提高对艺术的兴趣，那么他们已经做了很多。

第二章

代替更高境界

琳内·库克（Lynne Cooke）

在副标题"艺术家与策展人之间的隐秘斗争"下，伦敦皇家艺术学院策展研究 2003 届的毕业生在揣测，是什么日益侵犯着策展人的传统角色。这些人认为，最新艺术实践会不断侵占自己的专业自由与效率。而通过确认这些最新艺术实践，这些毫无经验的人断言"一场微妙、未宣战的区域战争正在进行之中……急于进行权力划分"。然而，为时未晚：表面上将专业领域与权威转让给当代艺术家，这可能是一种策略。这些毕业生在目录介绍中总结道："策展人的角色实际上已经悄悄地转移到了更高境界，策展人的能力从直接选择和展示展品，转移到生成叙事与指导一系列体验的能力。"[10] 这句话中隐含着这样一种观念，即不再需要由艺术作品本身，或他们的选择与布置来生成那些关键叙事。相反，展览的主题和存在的关键——"主题"不再是合适的术语——将通过策展人来通过各种渠道传达阐释，尤其是通过身临其境的环境体验的编排。今后，概念结构与后勤实施都要服从于展览，而展览被视为对接受者即观众而编写的剧本。访问的前台设置作为综合性的场合，不同组成部分的连接对其十分重要。在这些组成部分之中，一组艺术作品的汇编与展示只是其中之一，其他辅助机制包括展览设计、社会互动与辩论、银幕放映、表现、纪念品及开幕庆典。单个作品在传统上形成了观众体验的基础，在这一基础上，观众可能会思考更大的问题或者控制上的形而上学。而取代面对面接触单个作品顺序的包罗万象的世界观，目前提供了一个观众接触艺术作品及相关活动的出发点。随着策展人对接受者的反应进行磨炼，展览制作本身对当代文化争论中被视为核心的问题进行了理论化。[11]

目前，对这种主张的传播和有效性的接受，造成了官方认可的策展人到新作品主管的根本性的转变，因为这重新定义了一致同意的活动关系，而这些活动曾构成了策展人与艺术家之间的关系。策展人官方认可的角色转变为主办方（提供展厅或机构空间）或者制作人（提供资源、资金等）的角色，但是最重要的是转变为宣传人员（提供文本叙事）及经理人（精心安排展览活动）的角色。在新作品的策划与展示之中，与传统对话有关的许多东西被抢占，新作品的策划与展示以相互信任为起点，而相互信任的基础是策展人对艺术家作品的深刻了解与尊敬，对方案的密切监控和监督，然后是艺术家作品的制作与布置：根据此新模型，这些问题占据相对次要，甚至是附属的位置。

尽管艺术实践的转变在很大程度上加剧了对规范性策展人职能的排斥，这与博物馆学的压力也有着重大关系。如今，越来越多年轻艺术家的实践归入"后工作室"（poststudio）名下，这些年轻艺术家倾向于像电影导演一样来创作作品。年轻艺术家很少完全决定作品的技术演示（因为这往往超出了他们的能力范围，而且需要聘请专家来完成这项任务），也很少能进行作品预演（因为他们缺少足够的工作室空间或者设备来私下测试作品）。在这个所谓的后期制作（postproduction）艺术实践的时代，艺术家与策展人在展览开幕之时，往往会首次遇到绝对伪装下新委托的作品。在许多产生所谓的"体验经济"的相同压力之下，机构也越来越致力于举办一系列相互连接的吸引人的休闲之地，以补充与增强展览体验。和自行保护一样，策展人在面临自己能力内的这类潜在限制时，已经采用"关系美学"（relational aesthetics）相关的艺术家所采用的方法——策展人在为了构建体验而深入研究社会/机构领域方面，可以与这些艺术家相提并论。[12]

根据这些条件委托艺术家的新作品，要求在策展人的技能与能力运用方面出现根本转变——从20世纪70年代后期委托新项目开始的那些技术的一种转变，当时这种技术如果不是被严格要求的，至少也是非常理想的工作方式。在这十年里，可以追溯到一些关键的发展，在这期间委托新项目被认为是最重要的选择之一，同时也是当代策展人可以经营的最具吸引力与最具挑战的领域。此趋势的巩固与经典化可以追溯至三次（到目前为止）明斯特雕塑展（Skulptur Projekte Münster）。在1977年，明斯特雕塑展首次发起，采用了一种由八个户外项目组成的简单形式。到了1987年，此展览才成为城市环境中包含大约50项新干预措施的展览。此后，此展览在1997年再次扩大，在开幕狂欢活动中，向一大群艺术世界狂热爱好者、旅行者、当地居民与各类外国人揭幕了大约80个项目与小模型。最初受限且具有探索性的风险项目选择了相当传统的户外公园场地，而第二次的全市性展示邀请了更多艺术家，带来了更具自我意识的实验作品。这些作品在范围上更具有代际性，也更具有国际性。这些艺术家比第一批参与者反过来更严格地测试了特定场所的边界与假设。这些艺术家密切关注自己场所及项目处于最好状态时的细节，并对社会、宗教、文化、政治、历史、经济，及塑造这座德国小城市结构与基础设施的其他因素作出有力的回应。委托策展人的工作是多种多样的；委托策展人对展览进行概念化，确定介入的机会，搜索潜在场地，选择艺术家，监督提案，与相关当局谈判，处理资助，监视单个作品的实现，并协调公开展示。两位策展人卡斯珀·柯尼格（Kasper Konig）与克劳斯·巴斯曼（Klaus Bussmann）都非常熟悉这座城市及其历史与基础设施。城市环境对于改善与帮助这场最具雄心且有韵律变化的展会有着巨大优势。观众不再容易被控制，而是被激发来寻找那些以前所未有的方式揭示、批判与提出地方与场所有关问题的艺术作品；而且，项目为工作室艺术家提供了新的途径，以规避正常的机构限制。叙事由与单个作品的多层接触编写而成。面对这些作品时没有长篇大论，也没有预先制定日程。而且，没有要求将这些艺术作品视为集合体，没有压力来千方百计地追踪在城市及之外传播的每一个作品。"理想的展览参观者并非国际艺术旅游的参与者，"委员争辩道，"而是悠闲地漫步明斯特，追寻艺术与城市互动的闲逛者。"[13] 他们摒弃了传统目录的学术机构，将主要手册制作为巡回或者指南，其中只包含简短的前言，来自无视了所有启发与教学目的的组织人员的自辩书，从非附属同行征集来的介绍性文章，然后是对各项提议数量不多的详细文本。作为闲逛者，观众往往自行安排自己的个性路线，从所提供的东西中找到自己的消遣，并猜测主要的叙事。

本出版物更为详尽的变体包含1997年展览的姐妹篇，以及赞助人的序言，有关公共艺术与参加城市主题有关问题的理论文章，以及单项提案的条目。在其第三次重展中，明斯特雕塑展的重点扩大到了壮观的媒体事件，这成为许多作品的主题，因为艺术家们直接回应了其他不断变化的情况，包括观众数量的增长以及人口结构变化，媒体越来越多的调节，前两次展览的遗留问题，包括其在若干年里又产生的问题。

这一开创性的策略迅速扩散与变化，迅速成为首选的范式，可以在各种情况下应用，无论户内户外，制度性还是临时性，大还是小。除了给艺术家带来的新挑战之外，这种策略还证明了自由策展人的一种理想——毋宁说是迫切需要。自由策展人因此有权从概念化的最初时刻起到实现过程的延伸上，以几乎前所未有的程度让艺术家参与其中。

在原型实例中，策展人扮演促进渠道发展的角色，随后变为多层面活动的发言人，同时是权威与威权主义的。即使社区是神话般的统一体，多层面活动的要求与辩解与其说是个人艺术贡献，不如说是对社区假设的赎回或者补偿收益。考虑到这些目标，约束艺术家与委员的关系再次发生了变化，直至发生最极端的情况，即策展人同时充当保护社区关系的保护者，还是监督经证实的干预策略的审查员。[14] 观众不再是愉快的闲逛者，而是经过细心监督与准备的参与者，接受了社会参与式的说教教育。然而，所有这些企业都要有这样的信念，即在传统博物馆大门之外举办的、宏大的当代艺术展会要求委托艺术作品，而且是针对这些情况而特别制作的作品，以确保足够的重点关注与观众到场人数，而这是当前衡量成功的标志。

20 世纪 80 年代中期，在新场所有关作品委托方面，策展人与艺术家之间形成的紧张的"亲力亲为"（hands-on）合作关系，标记着包含以前多个时期的历史的特殊瞬间。在之前，需要大量资源及特殊情况的宏大项目的实现，往往不太依赖于策展人，而是依赖于赞助人。先锋艺术家的实践同时将他们带出了传统的制度体系，而进入了通常被称为"后工作室制作"阶段，20 世纪 70 年代的当口标记了这一转变中的关键时刻。可以说，没有哪一位艺术家的实践能比罗伯特·史密森（Robert Smithson）更为巧妙与大胆地记录与解释这些易变的相互关系。

从 20 世纪 60 年代早期创作的油画与绘画，到后来不久受极简主义先例启发的雕刻，史密森创作的早期作品用于传统巡回展览以及艺术品交易：展厅、收藏家与博物馆。然而，在 60 年代中期，史密森开始创作短暂性作品或者旨在通过其他渠道来发行的多样作品，尤其是在艺术杂志及更多主流出版物的文章。同时，史密森以"非场所"（non-sites）形式重新构思自己面向展厅的创作：图解、文本、摄影及与其他位置密切相连的基于地图的作品。这些位置是这些作品引用及通过文献手段，而非通过依赖传统的艺术表现模式记录的位置。还有其他一些作品在公共领域采用短暂干预的方式：《部分埋没的木棚》（Partially Buried Woodshed），1970 年应创意艺术节的邀请在俄亥俄肯特州立大学（Kent State University, Ohio）创作，随后由艺术家捐赠给该机构；《残缺的圆圈》（Broken Circle），1971 年在荷兰埃门创作，第二年进行了更大规模的制作，委托给松斯比克（Sonsbeek）展览。史密森拒绝了挑选者提议的公园场所，寻找更远的未开垦的景观，而最终选择了全面运转的采砂场。在该组织的资助下，史密森开创性的土方工程作为临时设施十分受欢迎，以至于当地市民投票决定来将其作为永久性设施加以保护。而在其他场合，史密森指挥或者接受策展人的角色，如他与弗吉尼亚·德文（Virginia Dwan）在 1968 年在其纽约画廊中创作的地标性展览《大地之作》（Earthworks）一样。史密森怀揣着更大的梦想，于 1967 年在竞标建造达拉斯-沃思堡地区机场的工程公司之一担任顾问，在其同事卡尔·安德烈（Carl Andre）、罗伯特·莫里斯（Robert Morris）与索尔·莱维特（Sol Le-Witt）的作品之外提出了自己的空中艺术作品。仍有其他项目依赖于赞助人的捐赠，如《螺旋防波堤》（Spiral Jetty），史密森的画廊主为这一土地艺术作品的实现提供了资金。其姊妹篇电影也起名为《螺旋防波堤》，于 1970 年在德文（Dwan）画廊首映，自此被转为视频，并免费分发给教育及其他机构。就在其英年早逝的 1973 年，史密森开始与多家矿业公司进行谈判，他认为这些公司很可能成为开创性项目的赞助商，这些开创性项目涉及土地开垦和 / 或污染工业荒地的再使用。

德文或者罗伯特·斯卡尔（Robert Scull）等个人，或者迪亚艺术基金会（Dia Art Foundation）等私人实体向史密森及其同事尤其是沃尔特·德马里亚（Walter De Maria）与迈克尔·海泽（Michael Heizer）提供赞助，使得原本不可能实现的作品成为可能。这些赞助人曾经是或者曾经有段时间是画廊主，这也许不是偶然的。但是无论有无利害关系，这种类型的赞助提供了独一无二的机会。对比起来，委托通常是在特定情况下执行的：场所、活动、项目。因此，从 1987 年开始，迪亚艺术基金会一旦成为一个公共机构，它就放弃了直接的赞助，转而委托作品在新购置的展览设施——纽约市的一个旧仓库中展出。和在私人赞助支持下已实现的其先例一样，这类委托不仅要求具有远大抱负或者特殊性的提案，而且再次鼓励那些原本可能没有构思出来的提案。原来临时项目一般是在偏远或外围地区永久实现的，而这种政策转变授权根据规定的日程表，针对指定情况以及在大都市场馆中出现的展览计划创作一系列作品。与使得海泽 1969 年的《双重否定》，或者拉蒙特·扬（LaMonte Young）与玛丽安·扎泽拉（Marian Zazeela）1979 年的《梦之屋》（Dream House），德马里亚（De Maria）1977 年的《纽约土室》（New York Earth Room）及约瑟夫·博伊于斯（Joseph Beuys）1982 年的《7000 棵橡树》（7000 Oaks）得以实现的关系相比，机构对迪亚在纽约西 22 街项目的委托有明确规定。[15] 现在不仅艺术家同意在一系列预定限定因素范围之内工作，而且这预计会成为一次性的参与，与之前许多赞助中不可缺少的持续性或开放性的情况不同，在这种情况下，艺术家可能有望得到赞助人的持续支持。研究员要寻找艺术家，发出邀请，而且项目一旦商定，要监控与推进项目。在此过程中，机构所扮演的角色与赞助人所扮演的角色截然不同，赞助人的忠诚被认为是明确给予的，不受无论是实践、后勤或者财务方面任何附加审美考虑的限制，因此是无利害关系的。忠诚通常都是来自远方，保持有恭敬的距离。相比之下，作为机构委员，策展人充当艺术家与机构之间的中介：对二者各自作出回应，并对其负责，充当渠道、调解人与公断人。

即使像上述内容大致描述的那样，这两种模式显示出一系列微妙却又显著的差异。自 1987 年以来，迪亚借助于场所相关展示作为临时展览，已经承担了一系列持续的个人委任。尽管取决于场所特有的感性、社会与文化现象并将其表现出来，大多数这些委托仍然认为此场地在主题或者概念上是不确定的，也就是说，将其视为白立方美术馆的变体：中性、隔绝、自主。[16] 对比起来，在 1987 年与 1997 年，明斯特雕塑展在临时组织的保护下见证了这种高度合作关系的全面发展。这种合作关系对于大量不同地点的特定场所公共工程的形成至关重要，每个场地都被构思为独立于所有其他公共工程，并与当地条件及主题有关。

自 25 年前明斯特雕塑展的第一次迭代以来，支撑委托的标准已经发生了显著的变化。如今，场所有关的委托不再发挥曾经的核心作用，它仍然是一系列假定任务与角色的标准与主要组成部分。无论是双年展还是美术馆、博物馆，发起机构都很少能够提供巨额的预算与复杂的技术制作。制作方式逐渐来自其他地方，或者来自公共资源的战略联营，或者来自不仅更为灵活且有财政资助而且可以预售作品的商业画廊，或者来自艺术家本人。越来越多的艺术家充当自己大型多媒体创作的制作人。赞助人发挥代理赞助人的作用，制定越来越多的自我推销规划，而收藏家也变得越来越冒险，以至于他们直接代表自己发起委托。逐渐地，许多艺术家的实践几乎完全集中于大型项目之中。以前以各种理由进入场地的机会相对稀有，艺术家应对单独的挑战，而现在则疲于应对太多类似的邀请，迫于对日益苛刻的日程安排的压力作出回应，并被诱使来解决主流观众的感觉需求。作为大型多媒体艺术形式的制作人，艺术家要负起协调与发挥展览物潜力的几乎全部责任。在赞助的支持之下，委托往往会转变成一场媒体活动；这种现状在皮埃尔·于热（Pierre Huyghe）令人难忘的《河滨日愚行》（Streamside Day Follies）的复杂变形过程中可以得到最好的例证。[17]该项目及相关项目通常需要巨大规模、戏剧形式、高可视性与严格责任，这往往意味着委员会选择这样的艺术家，即要有可靠的业绩记录，曾经展示出这种抱负、韧性，以及有成功地解决这些风险必需的修辞技巧；在过去四年里，在泰特现代美术馆（Tate Modern）中庭中联合利华（Unilever）系列展会上公布的项目，提供了对已经获得批准的人给予特权的经典案例。这种固有的保守性提出了这样的问题，即基于委托的项目在多大程度上仍然是可行的。例如，明斯特雕塑展继续下去是否还有必要或者合理？除了文化旅游给这个城市带来的经济收益之外，明斯特雕塑展在 2007 年还有什么目标吗？明斯特雕塑展如何而且应该怎样使自己区别于一般的文化节日，或者临时主题公园呢？同样地，如果在迪亚最近进行的委托原则上可能在别的地方实现，也就是说如果这些委托可以在类似的情况下展示，而不一定有相同的延长持续时间，这类的委托目前可以为处于职业中期的艺术家提供什么呢？如果该方案不太迎合曾被视为主要受益人的艺术家，而是更多地迎合观众的感觉需求，那该如何确定这些需求——通过引入叙述，编排身临其境的体验，这些体验几乎自动在观众和艺术作品之间互相渗透，事先确定与协调观众与艺术家创作的任何作品之间的关系？这样的根本转变将不可避免地突出策展人的角色，从以前被置于舞台中心的艺术家手中夺取权威与权力。

在这四分之一个世纪中出现的与上述两种模式相同的、更有成效的替代策略中，有一些是基于合作关系概念的冒险，一种将艺术家和策展人结合在一起的共同事业，与第三个元素，即一个或多个预先存在的作品有关。这种结盟的萌芽始于 20 世纪 70 年代末产生的一种展览模式。在这种模式中，邀请艺术家来展示博物馆藏品，以使观众能够在新的观测关系中体验自己长期以来熟悉的手工艺品。在 70 年代末，伦敦国家美术馆举办的《艺术家的眼睛》（The Artist's Eye）由大量曾担任策展人的英国资深艺术家进行一系列展示。这些艺术家包括著名的理查德·汉密尔顿（Richard Hamilton）、布里奇特·赖利（Bridget Riley）与安东尼·卡罗（Anthony Caro）。尽管这些经验丰富的艺术家中有许多选择将自己的一件作品样品放置在这些古代绘画大师作品的旁边，有几个艺术家却没有这么做。这种特定场所委托模式后来转为各种形式的对机构的批判，其代表为类似的温和系列《艺术家的选择》（Artist's Choice），由纽约现代艺术博物馆在 1989 年启动。在这种不定期的系列中，一些参与者与其英国同行相比扮演着更为积极的角色。例如，伊丽莎白·默里（Elizabeth Murray）利用这次机会挖掘出被忽视的女性艺术家，这些女性艺术家的作品几乎从未被展览过。而斯科特·伯顿（Scott Burton）在 1989 年的首场展览中探讨了布朗库西（Brancusi）的底座被解读为雕塑的可能性。作为最早参与被称为机构批判（institutional critique）的艺术家之一，汉斯·哈克（Hans Haacke）在自己针对鹿特丹博伊曼斯·范伯宁恩美术馆（Boijmans van Beuningen in Rotterdam）的 1996 年项目《观察事项：楼上》（Viewing Matters: Upstairs）中，对机构持更具倾向性的立场。在更近的 2001 年，当哈克从维多利亚和阿尔伯特博物馆的一些部门重新安置物件到附近的蛇形画廊时，他对收藏品制作及机构本身建立所依据的底层意识形态进行了尖锐的批评。在其他情况下，类似的策略使策展人能够通过艺术家的媒介与声音来探索支撑策展人自己机构的前提与假设，因为艺术家可能拥有策展人自己没有或者不希望采用的解释许可。这种潜藏口述方式的范例是《发掘博物馆》（Mining the Museum）——在重新安置收藏品中，由弗雷德·威尔逊（Fred Wilson）参与其中，外部策展人莉萨·科林（Lisa Corrin）代表马里兰州历史学会（Maryland Historical Society）在 1992 年进行委托的项目。其他更受限制的合伙企业已经将展览的布置而非挑选的工作委托给了艺术家，这和 1987 年的情况一样，当时迪亚邀请伊米·克内贝尔（Imi Knoebel）在其位于曼哈顿的新展览设施中来监督其首次展览。因此，克内贝尔布置了《致纽约市民》（*To the People of New York City*），这是布林奇·帕勒莫（Blinky Palermo）在自己早逝前完成的最后一件作品。在同一栋楼另一层的独立展厅里，克内贝尔随后布置了一组作品，也是迪亚的收藏品，由克内贝尔以前的老师与指导者约瑟夫·博伊于斯创作。在三楼，他举办了自己的作品展，所有的作品都再次来自迪亚的藏品。在 1991 年的一次类似任务中，雷米·佐格（Remy Zaugg）受邀布置在巴黎市现代艺术博物馆①（ARC in Paris）举办的贾科梅蒂（Giacometti）回顾展。在 2002 年，瑞士二人组菲施利与魏斯（Fischli and Weiss）负责皮卡比亚（Picabia）回顾展的呈现，并再次与为该展挑选展品的艺术史学家进行商议。

　　最具创造性的合作委托当属邀请艺术家承担一些传统上由策展人行使的职能。詹姆斯·科尔曼（James Coleman）和艺术史学家合作，共同策划 2003 年夏天在巴黎卢浮宫博物馆举行的达·芬奇（Leonardo da Vinci）绘画和手稿展览，即是一次这种重演。对这一令人难忘和富有启发性的干预至关重要的是，科尔曼既没有将他自己的标志性作品插入选题中，也没有改变本来是一个标准的学术活动中由专业组织者选择和安排作品的表现形式。罕见的是，科尔曼进入了年轻的皇家学院毕业生认可的"更高境界"，创作（替代）叙事与编排视觉体验。在机构批判

---

　　① 译者注：巴黎市现代艺术博物馆（Musée d'Art Moderne de la Ville de Paris/ ARC）。

的框架范围来看，科尔曼对委托的反应是双重的。在每个展厅中，科尔曼在墙上插入一组三个微型监视器。而且，他还与策展人和技术人员合作，投射达·芬奇的杰作，壁画《最后的晚餐》（Last Supper）中最难以琢磨与短暂的大型画面。当最终证明无法从米兰圣玛丽亚感恩教堂获得实时数字反馈时，科尔曼将该作品的各种类型的复制品，包括学术书籍和咖啡桌出版物用作原始材料，然后，一台电脑驱动的投影仪随机扫描这一片段的详情，而这一片段在硕大的投影中持续数小时。展览的最后一个展厅里应他的要求铺上了地毯，因此提供了一个舒适的舞台来观看这些画面，一片片美丽的发光色彩在屏幕上缓缓移动。这种催眠式的投影不仅为学者、狂热爱好者以及宗教信徒和普通观众提供了信息，而且还提供了他们无法获得的体验，无论是出于技术、财务、概念还是事务上的原因。痴迷地沉浸在电影幻想中能够让人想起好莱坞铺张华丽的表演，科尔曼将这种沉浸状态与法医式的艺术历史考察研读进行对比，使观众脑海中出现了一种在壮观（画面）与教学之间处于微妙平衡的诱人体验。因此，科尔曼讨论了高度居间的比喻，即庆祝非凡天才的轰动展览，同时使用反比喻，即通过草图、原稿与试画中的私人审美语言揭示模范公众人物的私密创作过程，并通过添加微型发光监视器加以放大。

以缩影形式展示一件作品，因此再次使用的尺寸与原始作品的尺寸有着巨大差异，选择监测器作为再造手段凸显了这样的事实，即这些手段代表着一些不可用、不存在和概念性的东西。利用转喻的方式召唤出无法呈现的东西，以及只能在想象中感知的东西，不仅强调了挑选的（必要）偏爱，而且也强调这一事实，即达·芬奇几乎从未完成过一件作品，而且他的大多数设计要么是未完成，要么是变为其他作品，或者成为较大探索片段中的一个元素；简而言之，有限的小工艺品与他自己的制作过程以及千变万化的思想是相对立的。然而，这些微妙的干预最终如何影响主要的策展叙事以及如何暴露其确定方法，是留给观众提供或者推测的。[18] 科尔曼的杰出贡献满足了目前讨论的后期制作工作的原则，

豪尔赫·帕尔多（Jorge Pardo），门厅翻新项目，2000 年，迪亚艺术中心：纽约切尔西（Chelsea），装置分为三部分：书店视图，由迪亚艺术基金会提供。

豪尔赫·帕尔多，《项目》（Project），2000 年，迪亚艺术中心：纽约切尔西，休息厅细节，由迪亚艺术基金会提供。

因为他把预先存在的文化艺术品作为他的原材料，此外，他还以包含展示和演示的方式运用这些材料。通过对组织者的叙述方式进行调整，他创造了元文本（metatexts），狡猾地揭示了当经典学术方法论被应用于一个单一的案例研究的具体细节时的局限性。而且，通过在最后一个展厅的壮观的、戏剧性的和有远见的干预，科尔曼精心安排着观众的体验，通过书店与纪念品销售点为观众（从舞台）退场作准备。如果通过这些手段，他可以说是达到了"更高的境界"，那么他这样做的方式具有很强的讽刺性，甚至有可能颠覆了他在长达近六个月的时间里完全沉浸在其中的冒险。

如果科尔曼确实认为他对本次展会的贡献本身就是一件作品，也就是说，是自己全部作品之一，那么他在这里的作用与某些年轻艺术家的作用有着密切联系，这些年轻艺术家的实践涉及服务的提供。凯里·扬（Carey Young）的项目是这些策略中的例证，凯里·杨习惯性地承担审美以外的职能任务，如为机构提供管理和公共关系培训，以回应其委托，同2002年发生在慕尼黑艺术协会（Kunstverein München）的情况一样。豪尔赫·帕尔多的贡献也与此有密切关系。豪尔赫·帕尔多应迪亚的邀请来改造迪亚艺术中心的休息厅，设计书店并参与迪亚2000年的展厅计划。帕尔多不仅同等看待所有这三个组成部分，通过对各区域中的地板和圆柱采用颜色鲜艳的瓷砖将三者融合起来，而且利用玻璃镶板取代坚固的内墙，从而创造了一个从一部分到另一部分的连续视野。对于门厅与书店的设计，帕尔多咨询了迪亚的有关人员，以解决他们负责的必要职能。在展厅的第一个装置中，他与迪亚的策展人合作，展示了一个新的甲壳虫汽车模型，以及阿尔瓦尔·阿尔托（Alvar Aalto）在1932年设计的疗养院的衣柜。帕尔多继续以各种方式参与随后的展示，有时是他自己的作品，有时是其他艺术家的作品，尤其是格哈德·里希特（Gerhard Richter）和吉尔贝托·佐里奥（Gilberto Zorio）的作品，从一个正在进行的展览项目中编织出话语叙事。[19] 就像科尔曼的卢浮宫博物馆委托一样，艺术家与机构之间的合伙关系逐渐发展，并将所谓机构批判的限制参数引入更广的论坛——每个人都用辩证的或苏格拉底式的提问方式取代了在这种情况下经常可预见到的对抗关系。然而，科尔曼的干预最终在最好的情况下被解读为一种元叙事，对当今展览制作中固有的协议和前提进行批评。相比之下，帕尔多的记录是多声部的：成员的角色和关系仍然是模糊的，叙事密不可分地交织在一起。

在不同的方面，科尔曼和帕尔多的项目可以说是对话语的特权，同时又将其嵌入一个引人注目的物质主义的伪装中，因为每种模式都涉及质疑性的讨论、合作和谈判，与旧模式下产生的典型共识性互动相去甚远。如果在这些例子中，艺术家已经误入了曾经传统上赋予策展人的领域，那么这必是在策展人的邀请下和授意下。这是，也应该是，一个单向的过程：策展人应该抛弃成为艺术家的想法，而把自己放在赞助人的位置上。相反，通过这样的合作，策展人可能会获得一个搭档，这个搭档和策展人一样，也希望按照其他的规则行事，并设计其他的范式。

第三章

你在跟我说话吗：策划让观众有机会参与其中的群展

拉尔夫·鲁戈夫（Ralph Rugoff）

在开始写这篇文章之前不久，我询问了一位艺术家，他认为策展人需要考虑到一些因素，以便组织有吸引力和刺激性的群展。他提出策展人为了组织迷人且富有活力的群体展览，需要考虑的因素。"嗯，这是一件明摆着的事情，"他回答道，"你所要做的就是把一些真正好的艺术作品展示在一起。"

至少最初看来，这是一个似乎令人无法反对的答案。毕竟，你有多少次听到有人抱怨一个群展包括太多杰出的艺术作品？然而，对策展人来说，为展览选择引人注目的作品只是第一步（尽管这一步往往比听起来更难）。虽然一连串的明星作品无疑会给观众带来一系列有益的体验，但它不一定会成为一个令人难忘的展览。一个以不相关的艺术作品为特色的展览，无论它们有多好，都会有点像听 Top 40 广播：它让你无事可做，最后只能站在那里欣赏它是多么的奇妙。

另一方面，一个伟大的群展，要求观众建立联系。就像一场狂欢，它使事物以刺激和不可预测的方式组合在一起。它使我们沉浸在一种视角变化但又相互联系的体验中，并达到了多重高潮。它将一些作品并列在一起，这些作品重叠的关注点产生共鸣，从而改变我们对它们的体验。它邀请我们去探索一个看似新发现的艺术领域，其中包含的内容比我们的头脑在任何一个时刻所能容纳的都多。它为我们提供了一个背景，增强并帮助我们欣赏展出的作品的能力，它使我们与每件物品的接触变得复杂、被放大和生动活泼起来，同时鼓励我们寻找它们作为碎片一起构成更大的拼图中的组合方式。简而言之，它增加了情节的丰富性，让我们这些观众在观看和鼓掌之余，还可以做些别的事情。

因此，尽管一个充满精彩艺术的展览可能奇怪得不那么令人满意，但也有可能做出一个包括一些不那么出色的作品的非凡的展览。事实上，精心策划的展览的共同标志之一是，它似乎提升和丰富了我们对它所展示的所有艺术的体验。它为较小的作品提供了一个可以绽放光彩的环境，在这个环境中，它们最有趣的、有时被忽视的方面被清晰地照亮了。（对于策展人来说，这种现象的一个潜在危险后果是，当我们在一个挑衅性地策划的群展中看到某件作品时，我们可能会被引导对其价值作出过于慷慨，甚至是误导的评价。）

　　所有这些都不是说策展是一门神秘的科学，也不是说一个好的群展需要与小说的复杂性相媲美［正如第11届德国卡塞尔文献展的策展人奥奎·恩佐（Okwui Enwezor）曾经提出的那样］。相反，我认为可以在消费者包装领域找到与策展人的工作最接近的比喻。我提供这个比较并不是为了贬低策展人的工作（尽管我认为我们当然可以在策展人的问题上作一些不那么高调的讨论），相反，恰恰是因为我对我们在各种包装面

奥拉夫·尼古拉（Olaf Nicolai），《像哭泣水仙一样的艺术家的肖像》（Portrait of the Artist as a Weeping Narcissus），2002年，悉尼双年展（Sydney Biennale）中安装视图，2002年。纽约艺术家权利协会（Artists Rights Society, New York 简称 ARS）/ 波恩 VG 图片库（VG Bild-Kunst, Bonn）版权所有。

前的脆弱性有着深深的敬意。比起投机哲学家的胡思乱想，消费者研究行业已经证明了我们对一个物体的体验，以及我们随后的解释，是由我们相遇的背景框架所决定的——即使这个背景不过是瓶子上的标签和它所产生的所有关联。（在消费者研究行业的一个经典实验中，不知情的受试者将完全相同的白兰地从不同设计的容器中倒出时，通常会赋予其巨大的质量差异。）

不论好坏，我们的艺术体验都不能免于我们对包装力量的敏感性。而主题展览最终也是一种包装。但与商业产品的包装不同，这种形式并不只是为了吸引我们的注意力或唤起我们的欲望（尽管如果展览没有做到这两点，它们显然是辜负了我们）。虽然主题展览不可避免地影响了我们对它所包装的作品的理解，但它也能促使我们不只是简单地消费，而是对所提供的经验提出质疑。

维托·阿孔奇（Vito Acconci）也提出了类似的观点，他谈到了建筑中不可避免的"法西斯主义"——尽管设计师的意图是自由的，但我们居住的空间往往会塑造我们的感知和行为。然而，阿孔奇也坚持认为，建筑师还是可以为我们提供指示，告诉我们如何摆脱这种对我们经验的限制。我认为展览同样可以为我们提供漏洞和逃生口，让我们摆脱它们强加给我们与艺术的接触的包装。

要做到这一点，群展的包装方式需要让参观者扮演重要角色。一个不争的事实是，群展中的不同作品应该相互对话，但经常被忽视的是你的观众如何与你的展览进行对话的问题。与其寻求通过一个特定的展览来发表声明，不如说，策展人最好记住，虽然一件艺术品可能是一个交流的行为，他们的展览本质上是沟通的结构，也是体验的舞台。从根本上说，一个展览不是一个既成事实（fait accompli），它的工作（不是）一旦被安装在展厅里就完成了；相反，这正是它的工作开始的时候。令人振奋的群展不是呈现一种预先消化的文化经验，而是传达一种感觉，即它正在重塑我们对艺术的思考方式，无论规模有多小，每个参观者都

米格尔·安吉尔·里奥斯（Miguel Angel Rios），《托洛奇：头脑映射 #1》（Toloache: Mapping with the Mind #1，2002 年，悉尼双年展中安装视图，2002 年）。

参与其中的协商。简而言之，群展的目的是提醒我们，正如马塞尔·杜尚（Marcel Duchamp）所坚持的那样，在创造艺术的意义方面，观众要负责一半的工作。

在这方面，策展人可以通过跟随艺术家的脚步而获益。艺术家为我们提供的非常有价值的礼物之一是他们在建立意想不到的联系方面的天赋。他们这样做主要是通过提出问题，而不是想当然地看待事物。同样，展览也需要提出有趣的问题，甚至是无法回答的问题，而不是给我们提供整齐的答案。一个成功的群展绝不会暗示策展人已经完成了令人兴奋的发现工作，而观众所需要的只是阅读和理解墙上的展签，并将我们的视线投向指定的方向的能力。相反，这个群展本身的质疑精神使参观者有一种被允许探索的感觉，通过艺术作品的组合规划自己的路线，并自由地提出问题，追求他们认为最吸引人的联系。

然而，在过去的十年里，这些关注在很大程度上被国际双年展的

苏珊·希勒（Susan Hiller），《见证》（Witness），2000 年，悉尼双年展中安装视图，2002 年。纽约艺术家权利协会／伦敦设计与艺术家版权协会（Design and Artists Copyright Society, London 简称 DACS, London）版权所有。

崛起所掩盖，成为大型当代展览的主导模式。［弗朗切斯科·博纳米（Francesco Bonami）选择将他的 2003 年威尼斯双年展（Venice Biennale）的副标题定为"观众的独裁"（The Dictatorship of the Viewer），这是一个我至今仍无法理解的讽刺。］通常情况下，这一时期的国际双年展都是围绕着一种假设，即展示一种普遍主义的伦理，或以联合国的形式代表艺术世界，是任何真正严肃的当代艺术展览的唯一可信的存在理由。从这个概念上来说，这样的展览往往表现为范围太大，不能局限于单一的主题。相反，它们跨越了一系列不同的关注和问题。它们越来越多地成为关于世界政治的复杂和深奥的策展声明的平台（一个用来描述第 11 届文献展前的一些预备活动的术语）。而作为一项普遍规则，它们似乎更多考虑的是构建一个全球形象，而较少参与考虑个体观众在特定艺术作品面前的体验。

与国际双年展的宏大抱负相比，单一主题的展览可能显得不必要的简化或限制。在过去的十年中有时很流行的，是反对这种展览的部分论点，有关它们减少了我们对特定艺术品的可能解释，迫使我们通过特定的（和有限的）主题过滤器来审视它。换句话说，这种思路认为，主题展往往使主题本身的重要性超过我们对它们所包含的艺术的思考。

然而，这种批评主要是在适用于"关于"一个特定主题或问题（基因、战争、人权等）的群展时才有效。在这样的展览中，艺术被简化为只是作为一个更广泛的主题的说明。那些"关于"一个主题的展览——而不是关于它们带来的不同艺术作品之间的联系——也往往是令人沮丧的不连贯。这些展览中的作品往往彼此没有关系，只是因为它们都涉及一个特定的主题而联系在一起。因此，我们对展出的艺术感到惊讶的可能性大大减少：我们一读到展览的标题，就已经对我们要考虑的有限领域有了清晰的认识。

也许真的是这样，主题展几乎不可避免地在参观者中造成了预先存在的期望，就像大多数国际双年展一样。但是，上面描述的那种批评——它认为主题展削弱了观众接触艺术的理解环境——是建立在一个理想主义的神话之上的，即我们可以从一个完全开放的位置接近一件艺术作品。当然，这是很荒谬的。我们与艺术的相遇从来都不是没有期望和预设的，我们也具备不同艺术类型在历史上是如何被归类和分类的知识。

作为一般规则，大多数类型的成功主题展都没有限定我们对其所展示的艺术品的潜在反应范围。相反，即使是在遵循一个集中的策展议程的同时，这些展览通常是通过检查一个主题的变化来发展的。这些展览通常通过研究一个主题的变体来发展，在曲折中进行，并阐述多种子潮流，最终开启我们对个体作品的解读。这样的展览在展出的作品中建立了共鸣的回声，所以我们遇到的每一个新的艺术对象都会影响我们对刚刚看到的作品以及接下来看到的作品的理解。通过这种方式，群展可以创造出一种强大的积累效应，让观众沉浸在一种似乎很宽广的体验中，同时也响应了观众自己探索新世界的欲望。因此，最好的群展具有装置艺术的某些特质：与其说是一个思考孤立物体的机会，不如说是让我们参与到一个隐含的、难以捉摸的叙事中去，当我们在展览中移动时，我们最终会自己把这些叙事拼凑起来。

最后，也是最重要的一点，好的主题展会在如何吸引观众方面冒险。我对令人难忘的展览的一部分定义是，它一开始让我有点困惑，但不会让我简单地感到被排斥或被排除在外，好像我的困惑只是无知的结果。相反，这样的展览鼓励我积极寻找不确定性，而不是简单地保持不确定性。而正是在我们对某事不确定的时候，我们的好奇心才会被激发，然后我们倾向于更仔细地看待它，更仔细地考虑它，最终更强烈地体验它。

当我（作为一个非常偶然的顾问）参观 2002 年悉尼双年展（Sydney Biennale）《（世界可能是）奇异的》[（The World May Be）Fantastic]时，我正好有这种遭遇。由理查德·格雷森（Richard Grayson）策划的这次双年展，关注的是受日常文化和信仰体系的幻觉和幻想方面启发的艺术实践。在一个又一个的展厅里，艺术家们提供了另一种历史的愿景、想象中的社会、发明的宇宙论和传记、异见的物理学理论以及无法解释的现象的证据。累积起来的效果具有压倒性的说服力。展览作为组织起来的一套命题，而不是对当前艺术状况的诊断，鼓励我暂停怀疑，这延伸到暂停我对艺术的一些习惯性的反应方式。最重要的是，也许它促使我通过不确定性的镜头来看待整个世界（包括艺术世界）；换句话说，在我们通常认为是"客观"的事物和话语中看到"游戏"的元素——偶然性以及创造性。在理论上谈论"主叙事的终结"是一回事，但在观看这个展览时，我对这种后现代陈词滥调的后果有着非常切身的体验（则是另一回事）。

在这方面，它让我想起了我所见过的最令人惊叹的迷失方向的群展：《小丑绿洲》（Clown Oasis），艺术家杰弗里·瓦兰斯（Jeffrey

牧师伊桑·阿克雷斯（Ethan Acres）《作为小丑的亚当与夏娃》（Adam and Eve as Clowns），《小丑绿洲》中安装视图，罗恩·李（Ron Lee）的小丑世界。

杰弗里·瓦兰斯（Jeffrey Vallance），《祈祷的小丑》（Praying Clown），罗恩·李（Ron Lee）的小丑世界《小丑绿洲》中安装视图。

Vallance）于 1995 年在拉斯维加斯郊外的罗恩·李的小丑世界（World of Clowns）策划的展览。瓦兰斯在展览中展示了当代艺术——其中包括特里·艾伦（Terry Allen）、吉姆·肖（Jim Shaw）、伊森·阿克雷斯牧师（the Reverend Ethan Acres）和瓦兰斯本人等与小丑有关的创作——以这样一种方式，巧妙地融入了周围环境。在充斥着锡制小丑雕像、小丑壁画和专业小丑纪念品的画廊里，他策划了一个本质上等同于隐秘的展览。诚然，一些比较特殊的作品可能会引起普通游客的注意，但作为一个整体（我用这个词取其最好的意思，而不是说它们杂乱或低劣），这个展览在其华丽的环境中显得很自在——事实上，艺术对象和其周围环境之间的界限已经消失。展出作品的地位似乎是不确定的，几乎是小丑式的，因此，我对它的态度也开始动摇。我仿佛发现艺术正在变成另一种东西，但又是什么呢？瓦兰斯的方法创造了一个激进的、多产的、怀疑的空间。当我离开展览时，我的脑子里充满了关于如何——或者在什么情况下——将不同分类的人工制品指定为艺术的问题。这些问题构成了我的经历中最令人愉快的部分，在瓦兰斯的展览中，它们似乎与展览中的物品处于同等地位（其中许多物品本身就令人难忘得不安和具有挑衅性）。

这两个展览以截然不同的方式完成了群展策展人所担负的关键任务，即为艺术作品提供一个环境，使它们能够让观众猝不及防，引发意想不到的想法和见解，并引发惊喜和愉悦的时刻。一个富有想象力的群展可以部分通过破坏我们的期望，并使得我们关于艺术是什么或艺术做什么的假设和公认想法失去支持来做到这一点。它可以通过阐明一种新兴的审美模式来帮助我们以全新的眼光看待艺术，这种模式使看似截然不同的艺术家的作品有了新的意义。通过让我们在一个新的背景下面对每件作品，一个群体展览也可以突出个人作品的关键方面，而我们在个展中可能很容易忽略这些方面。简而言之，群展不是关闭我们可能的反应范围，而是创造一个环境，促使我们重新想象和反思我们已经知道的艺术。

出于这个原因，我倾向于将策展人的角色设想为一个照顾者。我们试图提供一个有意义的环境，让我们工作的对象能够茁壮成长——让它们的意义能够被充分发掘，甚至被放大。我们还试图构建一种环境，让我们的观众也能茁壮成长，但鉴于大多数博物馆空间的不友好和令人生畏的性质，这并不是一件容易的事。然而，这样做的一个方法是创造展览，鼓励观众认识到他们的提问本身可以是审美行为和扩展及阐述他们的艺术体验的方式。总而言之，群展中个体艺术家的劳动通过其公开展示转化为我们所有人都参与的文化活动。这就是为什么只有当我们成功地让观众感到他们也是群体的重要组成部分时，我们的群展才算真正成功。

第四章

不稳定的机构

卡洛斯·巴苏阿尔多（Carlos Basualdo）

1531 年，提香（Titian）在威尼斯北面靠近潟湖的地方，买了一座带花园的房子。在晴天，提香可以从这里看到环绕自己家乡皮耶夫迪卡多尔的群山。位于圣坎西亚诺教区的比里格兰德（Biri Grande）已经不复存在。沿岛的北边是半英里（1 英里 ≈ 1.609 3 千米）长的码头，在艺术家去世几年后，新丰达芒特努瓦（Fondamente Nuove），就在它的位置上建成了。对于沿着码头行走而毫无准备的行人来说，有机会看到阿尔卑斯山纯粹是一件有趣的幸事。可以肯定的是，烟雾与阴霾似乎"串通一气"，使得所看到的风景只有圣米歇尔公墓里意大利柏树的优美轮廓，以及慕拉诺岛上的某个钟楼。但是尽管如此，这些风景都在那里。我可以证明，离开威尼斯的那天，我们在坐船携行李返回机场的途中，从船上的绝佳位置惊讶地看到了阿尔卑斯山的轮廓。

　　即使是最显眼的事物，偶尔也会不可见，但这不是因为它们不存在，而是因为在某些特定时刻，某种智力幻化的行为和一些行动与思想的布局，使这些事物在感知的视野中被遮盖起来。矛盾的是，我印象中大型国际艺术展览也发生了类似的情况。这里并不是说这些展览真的变得看不到了，因为它们恰恰是一个巨大的可见性机制的舞台，而是说它们的意义的单一性似乎对无数的记者、评论家、历史学家和专家学者隐藏了自己，正如人们所想象的那样，他们是这些展览的特权观众。[20] 当然，我并不是说这些事件不会激起人们的意见。恰恰相反，意见很多，但不是因为存在任何一套可以用来评估这类事件的共同标准。例如，对最近几届威尼斯双年展和卡塞尔文献展的批评文章的一篇回顾暴露了巨大的差异性，这种差异与其说是关于展览本身，不如说是关于批评界和新闻界对这些活动的期望。批评家把明确的、与组织者的标准一致的意

德国卡塞尔，1997年第十届卡塞尔文献展"百天一百客"（100 Days-100 Guests）项目，与卡贝洛（Cabelo）、东嘎（Tunga）、莉莲·扎勒巴（Lilian Zaremba）同台。

图放在一边，这些意图被用来证明展览的实现和主题的合理性，这本身并不严重，特别是如果这是一个自愿的姿态。但事实上，这些展览是从最终使这些意图不可见的角度进行分析的，这一事实确实值得认真对待。例如，人们得到的印象是，许多评论家对任何将个别作品从属于一个过于复杂的主题框架的建议都表示愤慨——好像这些展览的主要功能是将艺术从其智力验证中解放出来。在其他情况下，主题本身的缺失，或其频繁的艺术以外的影响，被认真考虑——尽管事实上，这些副产品往往是组织者明确目标的结构性构成要素。如果它不是一个真正令人不舒服，甚至有时相当忧郁的工作的话，这样的书目调查可能很有趣。[21]我们不仅可以经常指责新闻评论中的许多错误和遗漏，而且在许多情况下，通过仔细阅读可以推断出作者甚至没有能够参观整个展览。然而，应该承认的是，许多这些活动根本就不是为了让人看完的，因为它们的规模很大，而且是由大量的组成部分构成的，所以全面的参观要比看其他展览花费更多的时间。批评者往往忽视这种明确的意图，只是作出不屑的反应，而没有停下来分析这种忽视可能带来的后果。变得越来越明显的是，缺乏一个参考框架来帮助我们解释这些事件，即使在其发展变得更加紧迫的时候。没有一个参考框架来验证它，这些展览在艺术和文化领域所进行的那种具体操作几乎无法通过众多评论家的意见来感知。提香的山脉融入了隐藏和伪装它们的迷雾中。从印刷品中，我们只能辨别出重复的、可互换的柏树剪影。

与这些展览在行业媒体和大众媒体上引发的大量笔墨相比，专门针对这些事件的学术批评文献则相对稀少：集中在过去十年里，仅有用两种或三种语言出版的十几本书。[22]也许这两种现象是相关的。像文献展或威尼斯双年展这样的展览在当代艺术中获得了前所未有的能见度——直到最近，只有有限的专家群体对这个文化领域感兴趣。这种能见度突然将这些展览变得炙手可热，甚至有时成了政治和企业部门的创收工具。同时，它恰恰使这些展览成为知识界的厌恶对象，而这些知识界的

意大利威尼斯，双年展场地，火药库（Artiglierie）内部。（威尼斯）双年展当代艺术历史档案馆版权所有。

分析能力（据信）应该（能）阐明它们当前的意义和可能的潜力。在学术界为数不多的提到这些事件的声音中，大多数往往是诋毁的。大多数人认为这些展览是大众文化的表象，是文化产业同化前卫项目的一个无可争议的症状——作为纯粹的、简单的精彩现象，其逻辑不过是晚期资本主义的逻辑，换句话说，就是逐步压制多重价值体系并将其转化为普遍的等价物，即交换价值。在某种程度上，这种分析趋势意味着，现代性的批评项目所具有的对立性，对这种与营销和消费领域明确相关的展览来说，基本上是陌生的。按照这一推理，我们可以得出这样的结论：新闻批评在讨论这类事件时所显示的明显缺乏标准，只不过是其在文化产业发展的这个特定阶段，传统功能已经失效的一个症状。

艺术批评（art criticism）的紧急状态与国际循环的形成并行，艺术家、画廊和博物馆都在其中找到了自己的位置。显然，与大学（以及绝大部分，与艺术史学科）相关的学术批评在同一系统中找到了自己的位置，成为另一个机构的停泊点。因此，艺术的现代性被呈现为特定实践和机构设置的组合，负责辨别和分配纳入它们的相对价值。这个组合是由代表其自身历史的独特性和阐明其产生的价值体系的某种方式决定的。这些机构的实例规范了各个组成部分之间的关系，同时也限制了它们的自由。自然，这种集合不是同步的；它不是一下子产生的。相反，它是一系列历史进程的或多或少的不稳定产物，就像沉积岩层一样，慢慢组合，最后产生一个整体的印象。为了生存，制度需要永恒的幻觉，因为归根结底，这是保护它们免受其偶然性的影响。在西方国家，现代艺术被认为是围绕着建立在共同历史上的一些机构之间的相对平衡而构建的，也就是说，建立在共同的价值观上。在这种秩序中，生产和市场之间的紧张关系在批评和博物馆中找到了某种参照物。[23] 我们可以非常粗略地说，批评的职责是将生产纳入一个象征性的领域，同时使其能够接受交换价值生产机制的影响，而艺术史的职责则是恢复作品中的特殊差异，以阻止其完全服从于交换价值。在这两者中，是博物馆机构——

它从一开始就具有基本的意识形态特征——认可作品的价值为交换价值，但并非没有首先将其伪装起来，把它藏在博物馆据称负责保存和强化的特定历史叙事的褶皱里。[24] 显然，我们不难想象，任何缺乏与画廊或博物馆直接联系的展览或作品制作——即使它与市场和历史保持对话，无法真正符合两者的期望——对于它所处的系统来说，可能突然变得至少部分难以辨认。

但在这一点上，我应该澄清我所指的事件类型。我们是在处理一般的大型展览吗？还是国际双年展？也许更重要的是，我们处理的是一个完全与展览规模有关的特征，即预算规模和包括的作品数量，或者这是否也与其他因素有关，比如生成这种事件的机构框架的性质？尽管考察一下大型国际展览模式，它包括许多由更传统的艺术机构组织的展览，但似乎可以说，双年展是最具有示范性的。乍一看，双年展似乎只有它们的名字有共同之处。威尼斯双年展在 19 世纪末（1895 年）首次举行，它是以在那一个世纪中非常流行的世界博览会为蓝本的。又过了 50 年，经历了两次世界大战，才创立了圣保罗双年展（São Paolo Bienal）（1951年），它和威尼斯（双年展）一样还在继续。从 1984 年（第一届哈瓦那双年展的年份）到 20 世纪末的短短 15 年间，设立了超过 15 个国际双年展，包括伊斯坦布尔（Istanbul）（1987 年）、里昂（Lyons）（1992 年）、圣菲（Santa Fe）（1995 年）、光州（Gwangju）（1995 年）、约翰内斯堡（Johannesburg）（1995 年）、上海（1996 年）、柏林（1996 年）和蒙特利尔（Montreal）（1998 年）。[25] 此外，这些展览建立的具体情况也极为不同，它们的资源以及它们对专业媒体和普通媒体的吸引力也是如此。圣保罗双年展以威尼斯双年展为模板，其最初的功能是将自己与威尼斯和卡内基国际（成立于 1896 年）并列，成为一个世界规模的活动，将其城市和国家置于现代文化的地图上。1984 年，第一届哈瓦那双年展有一个非常明确的意识形态目标：刺激南半球艺术家和知识分子之间的交流，以防止经济权力中心垄断当代艺术的传播。哈瓦那的成功被后来的一些双年展所利用，这些双年展具有明显的功能，即让当地作品受到关注并促进主办城市和国家的发展。

几乎所有这种类型的展览都依赖于各自国家或城市的官方财政支持。因此，所有这些展览都有一个共同的营销要素；这是一个宣传一个城市、国家或地区的艺术和文化潜力的问题。也许很少有像哈瓦那双年展和自 1955 年以来一直在德国卡塞尔市举行的文献展（最初每四年举行一次，现在每五年一次）那样，在其起源上具有意识形态标记。一方面，文献展是冷战的一个幸运的副产品；另一方面，它的诞生是由于战后的德国需要让自己跟上现代和当代艺术的发展，并抛弃痛苦的、纳粹主义（Nazism）的暴行和遗留——这同其他因素一起，影响了该国现代艺术的实践和欣赏。[26] 然而，在所有这些展览中，外交、政治和商业汇聚在一个强大的运动中，其目的似乎是对艺术的象征价值的占有和工具化。具体的动机发生了变化——威尼斯最初关注的是更新一种与欧洲殖民主义（European colonialism）明显有关的普遍主义意识形态；相比之下，哈瓦那上演了一个与此截然相反的意识形态项目，但奇怪的是，运作的类型是一样的。另一个共识在于，这些展览中的大多数都强调文化和艺术生产的国际主义性质。这不是一个共享统一愿景的问题，而是将国际主义视为一个字面上有争议的术语，能够以高度多元化的方式进行具体解释。产生这些事件的利益（interests）的性质及它们对可能的国际主义视野的共同承诺，似乎以一种亲密的方式将它们与现代性的起起落落及其可能解释的范围联系起来。它们的不稳定性质——某种程度上是试探性的、不完整的，并且总是需要协商和重新调整——只是加强了这种联系。

1983 年，在第一届哈瓦那双年展——它的成功促进了后来这类展览的扩散——的前一年，哈佛大学教授西奥多·莱维特（Theodore Levitt）在《哈佛商业评论》（*Harvard Business Review*）中写道："市场全球化即将到来。"这是最早使用这一术语的文章之一，这一术语在随后的几

意大利威尼斯，双年展场地，绳缆厂（Corderie）内部。（威尼斯）双年展当代艺术历史档案馆版权所有。

年里变得越来越普遍。莱维特所指的全球化是指将规模经济的逻辑扩展到全球层面，它的基础是假定消费者的口味在全球范围内趋同。理查德·汤姆金斯（Richard Tomkins）在为莱维特的文章发表 20 周年所写的一篇文章中指出："莱维特教授想传达的讯息很简单。随着新技术扩大了全球媒体的覆盖范围，并降低了通信成本，世界正在缩小。结果，各地消费者的口味正在趋同，为标准化产品创造了以前无法想象的全球市场。"[27] 莱维特的文章发表时，正值市场开放的时期，这种开放一直持续到今天，尽管以不太明显的方式。在预测消费者口味趋同时，莱维特似乎没有考虑到这样一个事实，即通过新技术的传播和信息的日益分散的使用，需求的性质本身变得更加专业化。从我们目前的角度来看，我们可以说莱维特的理论的价值主要在于它的标志性特征（symptomatic character）。与互联网发生的信息革命（以及一般情况下通信的逐步发展）相吻合，尽管不是分散化（decentralization）的，莱维特的文章预见了一个在世界范围内逐步融合的时期。在当代艺术领域，这一现象恰恰反映在大型国际展览这一不稳定机构的日益激增上。人们可以大胆假设，在过去20年出现的双年展是完全与这些转变相适应的，是集中化趋势（全球范围内市场一体化的典型特征）与信息传播的日益增多（为当地情况和问题提供越来越多的可见性）之间形成对比的结果。显然，这种张力是机构的一个重要组成部分，这些机构的目的在很大程度上，正是在于其代表性和分析。

很明显，这些机构[①] 的建立有一个明显的工具性目的：回应使它们产生的利益——换句话说，为了推广它们发生的环境，使它们有更大的国际知名度，为它们提供声誉的光环，并认可这些不同环境对现代性的所谓承诺，更具体地说，是对与晚期资本主义相关的经济一体化进程的承诺。围绕着艺术，尤其是现代和当代艺术的声望光环，完全可以胜任这项任务。在大型国际展览中被利用的正是现代艺术的象征性资本，与它自身假定的自主性和对市场逻辑的独立性相联系。按照这个思路，我们可以得出一个矛盾的结论：艺术双年展的所谓目的和博物馆的传统功能之间的关系最终将是一种简单的延续性。最初由博物馆创造的象征性价值——作为对物品和艺术实践的交换价值的隐秘的肯定——最终被双年展转化为纯粹的效用。也许这就曾是（在某些情况下，可能仍将是）许多双年展创办机构（无比天真）的推理。而在某些情况下，这种推理甚至可能是部分合理的。然而，这个等式假设了在博物馆里展出的作品和在双年展上展出的作品完全相同。此外，它假设上述两类机构的概念和意识形态框架之间存在一致。这两个假设都是错误的。

处于像双年展这样的机构核心的利益配置显然不同于产生了传统上与艺术的现代性相联系的机构（博物馆、艺术评论和画廊）的利益配置。例如，作品的商业命运在双年展中既不明显，甚至也不完全有必

---

① 译者注：推测为国际双年展主办机构。

要，原因很简单，活动背后的大部分资金和许多项目的制作在很大程度上与艺术收藏无关（无论是私人还是国家资助的）。这有助于把非客观性的实践以及跨学科的作品，甚至是与其他文化生产领域有关的实践，如电影、设计、建筑等纳入进来；间接地，这最终刺激了艺术作为一种自主活动的概念的问题化。将跨学科的作品纳入其中，以及在这些类型的活动中持续整合话语元素，已经越来越成为一种常态。[28]此外，这些展览的庞大规模——这对于实现预期的营销影响是必需的——使得它们插入高度特殊的解释系统是绝对必要的。如果没有这些系统，这些展览就会失去作为离散的奇异体（discrete singularities）的交流能力；也就是说，它们将缺乏所有的特性。在许多情况下，人们甚至明显地期望，负责赋予这些活动合法性的概念框架与当地问题有关——至少在纳入与当地文化有关的元素方面是这样的。因此，策展人的形象作为活动的概念组织者出现了。与博物馆馆长的传统角色相比，这个较新的角色似乎被赋予了更大的自主权。

这不再是一个具有洞察力的批评家或（善于）诠释的历史学家对特定传统的研究问题，而是一个相对陌生的形象，他必须在一方面，传统上由批评家和艺术史家建立的价值体系，和另一方面，出现此类事件的制度环境相应的意识形态压力和实践之间进行谈判。但策展人的这种具体化身并非偶然；尽管这些艺术专业人士必须应对各种艺术以外的条件和问题，但是他们的工作必然与之前的人不同。[29]从批评家或艺术史家的角度来看，他们付诸实践的知识类型变得越来越难以检索，即使这仍然是一种非常特殊和特定的知识。为这样一个展览所集合的一组实践有意义的意义链条将必然是围绕对当地历史和背景的审视，尽管总是在它们与假定的国际主义视野的可能关系方面而构建的。策展人的工作充满了这样的问题，也被这样的问题过度决定。也许我们可以说，策展人产生一种高度差异化的知识形式的能力，与他对围绕策展实践的整个独特情况的忠实程度有关。因此，这种类型的工作暗示着一种反思的表达，能够将地方文化和历史的形式与国际主义的视野联系起来，而国际主义的视野是作为这些活动的创始元素出现的。最后，策展人从与假定的、艺术生产的自主性相关的束缚中部分解放出来，或者更佳的是，被强行解放了，他发现自己处于这样的位置，并且有必要，不仅要扩大（那些）阐明与现代和当代艺术创作相关的历史叙述的典范装置，而且还要扩大构成特定背景下艺术实践的定义。[30]

矛盾的是，双年展假定的工具性可以作为一种尝试一系列行动的方式，如果在传统上与西方（Western）现代和当代艺术相关的体制背景下考虑，其范围大多是激进的。我们可以将这些行动综合分为两种类型：修正主义的努力，这导致了对历史叙事中建立的经典机制（canon）的重新考虑，这些叙事几乎都是在欧洲和美国产生的；以及对艺术品在更广泛的文化背景中的地位的探索，与各种象征性的实践相联系，这些实践通常不被认为与之相关。对经典的详尽修订和对艺术作品自主性的重新审视实际上是一枚硬币的两面，因为对构建艺术史叙事的机制的探究将不可避免地导致我们认为历史话语是高度意识形态化的，因此是异质的、和不同实践与利益交织的必然结果。与当地环境的关系在这些活动中通常是强制性的，成为行使历史修正主义（historical revisionism）的机会，归根结底，它不可避免地以对阐明艺术现代性机构的意识形态基础的质疑而告终。相对于传统的机构结构，大型国际展览可以作为一种诡异的短路（short circuit）。反过来说，它们的所谓工具性，被一部分学术批评认为是对文化产业的依赖，也可以被认为是一个关键点，促进了正典（canon）的扩展和对特定背景下艺术实践的扩展概念的探索。毋庸置疑，虽然这种可能性的范围似乎铭刻在此类事件的机构结构中，但并不能保证它们的实现。负责实现这一系列可能性的人物不可避免地是该活动的策展人。这是因为，能够保证此类展览的策展实践有效性的决定，绝不是由进行这种实践的机构框架所预先确定的——与策展人加入博物馆的传统结构时的情况不同。策展人在这类展览中的不可避免的主导作用，最近在文化领域给了该职位夸大的而且明显模糊的知名度。但这是一个被误解的名人地位的问题。无论策展人只是文化产业的工具，还是独立知识分子模式的最新化身，他的决定可能被引入既非常广泛又危险的未定义的范围。

我在本文开头谈到的不可见性显然适用于这些展览在批评、博物馆和画廊的传统圈子中所占据的位置。大规模的国际展览从来都不完全属于它们所处的艺术机构体系，它们所产生的一系列实践和理论的可能性往往是颠覆性的——让我们不要忘记，博物馆首先是西方的机构，大型展览的全球扩张，使正典和艺术的现代性不断地去中心化。越来越多的人认为，这种展览的活力似乎与它们吸引的观众数量和在媒体上的传播程度成正比，与专业批评的欣赏程度成反比；就现代性机构在历史上实施的排他性政治而言，大型展览也许可以被视为占据了类似于文艺复兴时期戏剧的角色，即作为"一种打破阶级差别的力量，甚至是民主化的力量"[31]。这种活力无疑是它们生存的最好保障。在很大程度上，像最近两届文献展或第一届哈瓦那双年展这样的展览所开辟的概念视野在很大程度上仍未被开发。然而，毫无疑问，与这些活动相关的许多方面已经被博物馆和美术馆部分吸收和循环利用了——这个过程虽然不是最近才开始的，但在过去十年里明显加快了。例如，在这短短的时间内，大量的艺术家已经有效地被纳入战后时期的经典叙事中。许多传统博物馆采用两年一次或三年一次的展览作为增加参观人数和吸引媒体关注的一种方式。在某些情况下，可以确认国际展览对传统机构巡回展的明确和直接影响；在其他情况下，这更像是一个独立（尽管无疑是同时）发展过程中的部分巧合问题，因为我们称之为"全球化"的国际主义形式越来越多地决定了欧洲和美国的大部分博物馆的融资和计划。除了这些转变以及对传统现代艺术机构和大型展览之间日益增长的相互依存关系的认识，似乎仍然没有适当的框架来分析大型展览的所有影响。这些事件只根据现代性制度的逻辑而不是根据它们所体现的挑战而不断地被评估。关于这些机构的出现的适当历史记录仍有待撰写。更清楚地了解它们对正典和现代艺术自主概念的质疑所产生的影响，也同样重要。尽管制定（西方）现代性的替代版本的计划似乎从一开始就是许多这些机构的驱动力，但这样一个激进举动的影响还没有被理论化。大型展览的发展可以与晚期资本主义的经济和信息转型联系起来——比如全球范围内旅游业的扩张和博物馆参观人数的同步上升，换句话说，就是文化的日益民主化，其特点是教育和娱乐的日益交融。大型展览很能够代表文化领域对这些现象的一种可能的回应。然而，人们对它们在文化产业和艺术现代性机构中发挥的作用了解甚少。它们对文化领域的贡献几乎没有被考虑在内。也许，如果我们要对现代性机构进行有效的改革，正是这样的调查会给这些活动带来它们所需要的可见度。[32]

本文以稍有不同的形式发表在《宣言期刊》（*MJ/Manifesta Journal*）第 2 期（2003 年冬季 / 2004 年春季）：50—61。由文森特·马丁（Vincent Martin）翻译，原文为西班牙语。

第五章

我们面向旭日……

特尔玛·戈尔登（Thelma Golden）与格伦·利根
（Glenn Ligon）的对谈

为了回应葆拉·马林科拉提出的一系列问题，时任哈勒姆工作室博物馆（Studio Museum in Harlem）展览与项目副总监的特尔玛·戈尔登与艺术家格伦·利根于 2004 年 4 月 29 日进行了这次对话。

特尔玛·戈尔登：格伦，我之所以问葆拉是否可以就这个项目和你谈谈，是因为在很多方面，几乎我做的每一个展览都是以一种准合作的方式发展的，因为大多数情况下，我都会和你谈谈我的不同方面的想法，而你的反应，包括非常严肃和非常滑稽的反应，经常会给我的工作提供信息。我们正在进行的对话的另一部分也是关于一般文化特色展览的想法。葆拉要求我解决这个非常棘手的问题，即什么是重要的文化特异性展览——它的相关性是什么？它为什么还存在？它是否还应该存在？我总是从艺术家那里得到关于这个话题的提示。所以我想问你的第一个问题（我也会回答这个问题），对你来说，有没有什么文化上的特殊展览是你的基准？不仅仅是你自己的作品的展览，或者你可能已经被纳入其中的展览，而是那些让你理解与某一种族、某一性别或某种性取向的人一起举办展览的有效性的展览？有没有一个你在任何地方看到或听说过的，对你有启发的展览？

格伦·利根：没有，我想不到有什么。

特尔玛·戈尔登：你想不到吗？对我来说，一个重要的转折点是看到戴维·德里斯凯尔（David Driskell）的《美国黑人艺术的两个世纪：1750—1950》（Two Centuries of Black American Art: 1750—1950）[1976 年，洛杉矶县艺术博物馆（Los Angeles County Museum of Art）]的图录。

该展览于1976年在洛杉矶县艺术博物馆举办，我从未见过，但该图录一直流传至今。对我来说，那个展览验证了这样一个观点：有一个有根据的但被严重忽视的艺术史，而我这个当时的艺术史学生却没有被教授。然而我不得不说，它对我来说也是一个重要的展览，因为它是我整个职业生涯中最特别反对的展览。我需要它的存在，以便确切地知道我不想做的事情。通过否定来肯定，也许。

格伦·利根：好吧，一个展览的目的是为了解决某种学术研究的缺失，或者更具体地说，是为了解决某种学术研究在博物馆中的缺失，二者是有重要区别的。我认为德里斯凯尔的展览确实解决了后者的问题，这也是我在一个展览中希望看到的。我并不那么关心一定要为了概述而概述，我更关心的是在特定的时间里，我感兴趣的具体的艺术实践时刻。而往往那些大型的、以种族为基础的主题展览，虽然其中有有趣的作品，但在策展的前提下，我对它们并不感兴趣。我更感兴趣的是看到其中的具体作品。我很喜欢看里克·鲍威尔（Rick Powell）为海伊艺术博物馆（High Museum）举办的展览"博福德·德莱尼（Beauford Delaney）：黄颜色"。

特尔玛·戈尔登：黑人抽象艺术家？

格伦·利根：整个世纪的黑人抽象艺术家。我认为这将是一个有趣的展览，因为它还没有被做过，这就是去做的理由。但是……

特尔玛·戈尔登：这种特定种族的展览的想法，你真的不觉得它是一种完全合理的力量？

格伦·利根：我认为问题在于，这些展览是为了解决某种匮乏的问题而出现的，而解决这种匮乏的必要性成了他们的负累。在这些展览中，有一个争论是为什么这项工作还没有走到最前列，为什么它是重要的，等等，往往这妨碍了看到好的作品本身带来的乐趣。策展的自负是如此沉重，以至于作品被它拖累，结果是展览中的趣味减少，一个历史展览中与当代艺术家的对话减少，或者类似的情况，这是一个问题。

亚历山大·奥斯汀（Alexander Austin），《梦想的精神》（Spirit of the Dream），1994年，《黑色浪漫》的安装视图，纽约哈勒姆工作室博物馆。

特尔玛·戈尔登：这是一个关于"当时"的问题，在那个时候，不同于"现时"，也许一个特定文化的展览会显得很有意义，因为很明显，20 世纪 70 年代戴维·德里斯凯尔的《两个世纪》的时代和这个时刻代表了两个非常不同的历史观点。我一直认为这些展览是杰基·罗宾逊（Jackie Robinson）时刻[①]。你知道的，诸如一个黑人艺术家的首次个展等所有这些第一次。

格伦·利根：它之所以有历史意义，是因为"它的时刻"。但我觉得现在的问题是，有些人觉得有必要一次次地重做一遍已经做过的事。

① 译者注：杰基·罗宾逊是美国职棒大联盟史上第一位黑人球员，他踏上大联盟舞台的这一天，被公认为美国近代民权运动史上最重要的事件之一。

从某种程度上来说，这可能是对新的特定种族参观博物馆的公众及资助者的一种回应，他们可能很少或根本没有历史记忆。所以我觉得那种"200年来最伟大的作品展览"的重现是好的，但我相信我们已经超越了它的必要性。

特尔玛·戈尔登：你已经超越了，但我们中的一些人还没有！但告诉我，从你作为一个艺术家的角度来看。让我们假设我是一个策展人，不是我，而是在一个不错的中型博物馆工作的人，在国家的中部，比如说圣路易斯或丹佛或密尔沃基。而我实际上要说的是，我甚至不是一个黑人策展人。比方说，我是一个白人策展人，一个好的自由主义者，我相信所有正确的事情。而在我的博物馆里，我正试图去了解我们的观众可以是谁，应该是谁，所以我决定做一个展览。应该取什么名字？

格伦·利根："面向旭日"。

特尔玛·戈尔登：不，不，不，还不是那个。我想做一个展览叫作"当代黑人艺术家的现状"。

格伦·利根：叫它"你好"。

特尔玛·戈尔登：《注意：当代黑人艺术家此刻》。在我大脑里有一个策展论文。我想看看现在的黑人艺术家，他们在作品中使用文字来解决身份问题。这就是我的策展框架。我给你写了一封信，或者给你发了一封电子邮件，我邀请你，格伦·利根，参加这个展览，《注意：当代黑人艺术家此刻》。你对此有什么反应？

格伦·利根：我的反应是，给我看清单，给我看策展叙事，我再决定。因为那种展览的问题是，纵使它有一个策展的前提，但往往它只是一个简单的艺术家名单——它不是一个展览——而作品被定位的方式对我来说是有问题的。它被减少到这样一种表达——这是叙事，这是叙事的插图，完事。

特尔玛·戈尔登：让我给你另一个选择。我是一个非裔美国人的策展人，已经在这个领域工作了 25 年以上。

格伦·利根：所以你有一种特权意识！！！

特尔玛·戈尔登：我是一个从多元文化运动中走过来的人。在有多元文化运动之前，我就在博物馆工作，现在我在南方的博物馆工作，比如说亚特兰大、孟菲斯或者新奥尔良。而我的博物馆长期以来一直有展示非裔美国艺术家作品的历史，在我们的城市，我们有非裔美国市长，有一个权力结构，有一个黑人文化支持网络。所以，作为这个策展人，我现在要安装一个永久的收藏，其中有非洲裔美国人的艺术杰作，一件重要的罗马雷·比尔登（Romare Bearden），一件美丽的雅各布·劳伦斯（Jacob Lawrence），也许一件诺曼·刘易斯（Norman Lewis），一件亚伦·道格拉斯（Aaron Douglas），一件黑尔·伍德拉夫（Hale Woodruff），一件伊丽莎白·卡特利特（Elizabeth Catlett）。美国艺术典范中的经典作品。而这个设置将成为我们博物馆的核心。我将用它写一个美国艺术史，聚焦这些艺术家，占用主要的画廊空间，在主要的博物馆展出，制作画廊指南，举办学校活动，等等，全方位的（推广）。它将展出五年的时间。我们有一个主要的企业赞助商。现在，你的作品作为我们收藏的非洲裔美国人艺术作品的必然补充，作为策展人我想对它作一个介绍。我给你写了一封信说，格伦，我们有一个馆藏展览，名为《我们的精神奋斗：20 世纪非洲裔美国人的艺术》，我想为你的作品做一个展览，你怎么想？

格伦·利根：我会同意，但你必须跟我创作的作品打交道，而不是你想象的我应该为这样的展览创作的作品。这就是问题所在。很明显，这不可能是我的理查德·普赖尔（Richard Pryor）画展！它将是詹姆斯·鲍德温（James Baldwin）画展。所以，策展人的选择过程被简化为"这是我的需求；这是能满足我需求的作品；这是我如何将你与大师们的关系定位，以创造出一定的关系"。但这并不涉及我实际所做的工作，它只是涉及其中一小块符合策展论点的工作。

特尔玛·戈尔登：让我给你另一种可能性。我是一个年轻的策展人，在一个大城市工作，比如说芝加哥、洛杉矶或者纽约，在一个非裔美国人的文化中心工作，做艺术、音乐和文学——一个多学科的中心。我们喜欢和艺术家一起做驻留，让他们的作品展出，但也让他们与社区接触。所以，我这个年轻的、热心的策展人在这个机构里给你写信说："格伦·利根，你能不能来做一次驻留，你在这里的时候，我们能不能给你的作品做一个展览？"你会怎么想？

格伦·利根：（这个提议）有意思的一点是，我做过很多的驻留项目，大多数人都希望驻场艺术家能以某种方式在社区工作。但是，他们所想象的可能方式有很大的范围。有时候，机构想象你会做他们没有做过的工作。所以你会走出去——比如说你是一个非裔美国艺术家——去接触他们几乎没有任何接触的非裔美国人社区，通过这些项目把他们带进博物馆。但有时候博物馆与社区的联系非常紧密，有很多项目，有社区的反馈，这就造成了另一种困境。对于他们来说，他们心中的社区已经形成了。那么，如果你作为艺术家所定义的社区，你想与之合作的社区，并不是他们想象中的观众社区呢？但我其实在某些方面更同情这种情况，因为我觉得对于一个艺术家来说，有很多有趣的东西可以在那里工作，它并不都是那么完全为你预设的。但这种情况的隐患是，有时社区的需求和机构围绕着它与社区的关系的愿望与你作为一个艺术家可能想做什么可能是截然相反的。所以在这种情况下，这是一种困难的谈判，虽然可能非常有趣。

特尔玛·戈尔登：但我们一直在谈论这种既像谜一样又真实的"社区"概念，以及它如何使特定文化的展览制作概念变得复杂。这是我现在在工作室博物馆经常思考的问题。

格伦·利根：也许你可以谈谈这种"在哈勒姆"与"为哈勒姆"的问题，这个问题一直困扰着工作室博物馆的展览计划。一个位于美国最著名的黑人社区的机构，其任务是做国际化的节目，而不是关于位于这个特定社区甚至纽约市的艺术家，这意味着什么？会带来什么样的压力和挑战？

特尔玛·戈尔登：对我来说，问题仍然是文化上特定的展览的有效性，不管它是关于生活在哈勒姆的艺术家，还是生活在世界其他地方的艺术家，以及随之而来的概念，即博物馆被授权使种族上特定的想法永久化，我个人知道，我对这种方式感到非常矛盾。因此，我认为我自己的展览实践一直在试图解决这个问题。一个人能否做一个特定种族的展览，不落入我们——不仅是你我，而且是这个领域普遍谈论的所有陈词滥调，盖因这个观点本身就有问题？而我的回应一直是试图挖掘我认为得到这种本质主义的讽刺性的东西。因为在哈勒姆显然把与黑人有关的（blackness）痴迷合法化，如果我在主流机构工作这会让我不舒服。我曾在工作室博物馆做过在其他任何地方都做不到的展览。现在，我这样说是有一定条件的。对我而言，做单个艺术家调查展览不会属于特定种族的领域。但是，例如，我不会在惠特尼美国艺术博物馆（Whitney Museum of American Art）做《黑色浪漫》展览。但是《黑色浪漫：当代非裔美国人艺术中的象征性冲动》是对像工作室博物馆这样的博物馆可以创建的展览类型的想法的回应，该展览类型是对经典的修订或改革。我想我应该在这样的空间里做这样的展览。我所有的策展工作都是针对特定地点的。因此，哈勒姆对我来说是一个影响深远的地点。

但正如你所知道的，我一直觉得这些具有文化特色的展览既是挑战又是负担。当我看着我的书架时，我看到了每一个展览的目录。那些令人惊奇的，比如戴维·德里斯凯尔的，以及所有让我皱眉的。我对它们进行了剖析，分析目录上封面艺术的符号学。你有没有注意到，他们总是有一个相对具象的封面，有一个黑人的形象？《黑色浪漫》的封面就是一个彻头彻尾的讽刺挖苦……

因为我知道我永远不可能做那一种特定文化类型的展览，所以我必须把那种展览做成一个目录。我对"目录——上面有一张黑人的照片——所以你知道它是一个黑人艺术展"的看法，我对这些特定文化类型的展览思考了很多，直到标题——我对它们的标题很着迷。它们总是采取那种令人难以置信的巴洛克式的黑人夸张手法，当我们开始谈论《我们面向旭日》时我们开玩笑说到的那种詹姆斯·韦尔登·约翰逊（James Weldon Johnson）（黑人国歌的作曲家和诗人）学派的标题，以及所有关于克服困难的宏大陈词。从《黑人男性》（Black Male）创作的那一刻起，我就试图思考，有没有一种方法可以让黑人展览不落入那些老套的陷阱？因为有些人会把我从德里斯凯尔开始到 2004 年的《自由式》（freestyle）展览也视为如此。我不同意这样看，但我意识到，我不可避免地复制了那些展览一开始提出的某些方面的理念。

格伦·利根：你不能从无到有。必须对之前的东西有一定的回应。但我认为问题是，你如何将你与这些展览有关的展览实践复杂化？这就是你一直在谈论的问题。而且我觉得《黑人男性：当代美国艺术中男性气质的表现》（Black Male: Representations of Masculinity in Contemporary American Art）的有趣之处，也是对有些人来说有争议的地方，虽然本不应该有任何争议，只是在于不是其中所有的艺术家都是黑人。

特尔玛·戈尔登：你知道，这是人们至今仍在谈论的主要事情之一，无论是正面的还是负面的。你知道，当我看到许多特定文化类型展览的组织方式时，我总是会想到一个扩音器。这就是我脑海中的形象，而且这些项目似乎总是从它的宽端开始。所以基本上，所有这些展览都有一个标题，然后有一个冒号，它会说《非洲裔美国女性艺术家：寻找她们的真相》，所以，除了种族或性别，真的没有站得住的原则把人们归结在一起。我就思考《黑人男性》（这个展览），如果我在那个扩音器的另一端，也就是窄的一端（会怎样），我就这样想出一个主题。所以我来到了性别和种族的交叉点——黑人阳刚之气的问题。然后我在扩音器宽的一端最广泛地寻找艺术家（尽管是在惠特尼美国艺术博物馆关注的美国艺术家的范围之内），他们在展览涉及的时间先后的框架内解决了这个问

戴维·哈蒙斯（David Hammons），《无题（非裔美国人的旗帜）》[Untitled（African American Flag）]，67，2004 年，外部装置，纽约哈勒姆工作室博物馆。

题。而这，至少在我的脑海中，是进入另一个方法论的一个可能途径。

格伦·利根：《黑人男性》是你本可以在哈勒姆工作室博物馆想出来的展览吗？

特尔玛·戈尔登：谈论这些事情会变得很复杂，因为今天的哈勒姆工作室博物馆与1994年组织《黑人男性》时的工作室博物馆不一样（就像今天的惠特尼美国艺术博物馆不是1994年的惠特尼博物馆一样）。1994年，哈勒姆工作室博物馆，以及其他许多特定文化的机构，还深陷在修典的工作中。对于机构，甚至是策展人个人来说，当实践还没有写出来的时候，很难开始修订他们的实践。所以我觉得我是在事情还没有被确定地写成的时候就在修改。《黑人男性》所修改的东西甚至还没有发生；它只是为了回应我想象中会继续下去的东西——那个后多元文化的时刻，当时有那么多的渴望要继续手拉手围着桌子唱着库姆巴亚（Kum Ba Ya）[①]，看着我们所有的有色人种在一起，我们在这里，我们是黑人，我们很强大。我只是觉得会像这样永远继续下去，我想，让我还是抢先一步吧。

格伦·利根：但这不正是策展人的工作吗？领先一步思考已经建立起来的东西？这是我认为很多基于种族的展览存在的问题——他们没有超前思考已经做过的事情，他们认为稍作调整就足够了。但我认为策展人和机构需要打破这种范式，因为你必须跟随艺术家，而艺术家已经在打破这些范式。我看戴维·哈蒙斯（David Hammons）在纽约 Ace 画廊举办的展览《黑蓝协奏曲，2002》，整个2万平方英尺的空间完全是黑暗的，参观者拿到这些蓝色的小手电筒，你从黑暗中走过，空间里什么都没有。这是一个惊人的挑战，你如何把戴维·哈蒙斯放在一个特定文化类型的展览中……

特尔玛·戈尔登：但是，你可以……

---

① 译者注：非裔美国黑人的一首传统圣歌。

卡迪尔·纳尔逊（Kadir Nelson），《非洲 》（Africa），2001 年，《黑色浪漫》装置展，哈勒姆工作室博物馆，2002 年。

格伦·利根：你可以是因为他是一位黑人艺术家，但那说明不了什么。

特尔玛·戈尔登：但这或许才是它最终能变得真正有趣的地方。当文化的特殊性可以真正变得具体，变成一个想法、一个艺术家的实践、一个时刻。一个展览制作不一定要用特定种族展览的统治性范式来定义自己，我想说的是，如果在我的实践中，我有什么事情要做，那就是重写这个范式。

格伦·利根：这是一种实践，即使在非概念性的工作中也是关于概念性的实践，这就是问题所在。你刚才说到所有这些特定种族的展览的目录封面：封面代表着他们完全是关于某种易读性。

特尔玛·戈尔登：对。

格伦·利根：要确保你知道（展览）是关于黑人的。

特尔玛·戈尔登：你对一个特定种族的展览在主流机构中举办的和在特定文化类型的机构举办有不同的感受吗？我想我有。我知道这是不对的，这是我的偏见，但当我在主流机构看到那些展览时，我就会更加歇斯底里。

格伦·利根：由那些主流机构策划的展览？

特尔玛·戈尔登：是的。

格伦·利根：因为这些展览往往不是从机构中产生的，而是由客座策展人产生的。这本身就是个问题。

特尔玛·戈尔登：这全然是另一个问题——谁在主流博物馆与特定种族或文化机构制作这些展览，谁在这些机构工作？从某种程度上来说，这是不言而喻的，但却是实实在在的。这种模式并不总是那么有问题，因为曾经有一段时间，黑人策展人只在黑人博物馆工作，或者西语系策展人只在西语系博物馆工作。没有所谓的"特定种族的展览"，有特定种族的组织所做的展览。

格伦·利根：是的。

特尔玛·戈尔登：如果你被邀请参加这些展览，就拿一般的，我们知道成问题的那种展览来说吧，只有一群黑人的展览。如果你收到一个主流机构的邀请，你会觉得比从一个特定文化机构收到同样的邀请被更多还是更少地冒犯到？

格伦·利根：当它来自主流机构时，我比较反感，因为我通常觉得它是出于政治而不是审美的动机。但这也要看机构的情况。通常情况下，我比较反感，因为我觉得有些机构对该有色人种艺术家是没有投入的，所以每五年或十年，这些机构做一些大型的集体展览，他们把很多黑人放在里面。但没有任何衍生展览或后续展览。机构没有为某位黑人艺术家举办过个人展览，或者黑人艺术家不在机构任何其他类型的博物馆展览中。所以你唯一能在那家大机构的空间里出现的时候就是一个群展——特定种族群展。除此就没了。或者，通常在这些博物馆中，没有任何相应的持续收集作品的做法。所以，他们可能会从群展中买一件小作，那就是跟你的全部合作了。

特尔玛·戈尔登：我们还需要特定种族博物馆或艺术机构吗？

格伦·利根：是的，我们需要。因为现实是，其他机构并不能像特定文化的博物馆那样培养年轻的黑人艺术家，就像其他类型的展示空间仍然为新兴艺术家提供机会一样。这就是现实。这些空间仍然可以发挥重要作用。

特尔玛·戈尔登：所以你觉得它们还是很有必要的存在。但如果我现在告诉你，我明天就要离开工作室博物馆，成立我自己的博物馆，特尔玛永远的黑人艺术家博物馆（Thelma's Museum of Black Artists Forever），那会是什么字母？T-M-B-A-F。

格伦·利根：对。

特尔玛·戈尔登：特尔玛永远的黑人艺术家博物馆。如果我告诉你我要离开去创办这个，你现在会说这是一个适时的创业吗？

格伦·利根：不，我不认为现在重新开始创立是一个有效的事业。但我觉得像哈勒姆工作室博物馆这样的地方还是有作用的，因为现实是每个艺术家都需要一些爱他的地方，反观我在全国各地展出过的大多数机构，很少有地方能像工作室博物馆那样爱我。

特尔玛·戈尔登：我们不能让这一切只与工作室博物馆有关。

格伦·利根：好吧，它不仅是关于工作室博物馆。

特尔玛·戈尔登：您是说这就像家。

格伦·利根：正确。而且家总是有问题的。但是在其他机构中，总有这种感觉——它们并没有长久地存在于您的职业生涯中。

特尔玛·戈尔登：这就是我对这些存在于特定文化机构中的社区概念的情感感受最完全的地方。我们使用某种基于社区的感性修辞的方式，把我们展示的艺术家当作家人来谈论，这让我想起了它们在黑人社区中表现出的有问题的表达方式。但在艺术世界博物馆的意义上，我同意这种方式。我觉得现在特定种族博物馆所能扮演的角色和它们成立之初所要扮演的角色有很大的不同，如果说现在有问题，那就是角色的转换还没有发生。我们不能上蹿下跳地说："我们已经完全克服了（障碍），现在不需要特定种族的组织了，因为主流已经接纳了这些有色人种的艺术家。"我们知道事实并非如此。但也许我们可以说，这些机构可以发挥不同的作用，这个作用就是在职业生涯的开始阶段，在培养和支持方面，或者在职业生涯的中期，提供（给艺术家）一个需要的、可能属于职业生涯中的一连串成功展览之外的机会。这可以是专门针对一个作品的集中展示，也可以是艺术家想做但又不是大制作的小项目。而在艺术家的职业生涯结束时，显然，我们可以说我们为我们的机构收藏了他们的作品，但同时，也可以在这时报告什么将是具体艺术家的历史遗产。但这不是一个非此即彼的情况。我想我所强烈意识到的是，在边缘/中心的争论中，有一种潜在的敏感性，这种敏感性对特定文化的机构定义自己很有帮助，但有时它变成了一种非此即彼的情况——你要么在工作室博物馆举办回顾展，要么在MoMA（大都会现代艺术博物馆）举办。而我愿意相信，现在不是非此即彼，而是并列关系。你可能会在工作室博物馆举办你的第一个展览，在MoMA举办你的回顾展，或者你可能会在MoMA的项目展厅举办你的第一个展览，在工作室博物馆举办你的中期展览。在这一点上，我愿意相信，特定文化的机构可以更好地融入一个大的生态系统中，并在这个生态系统中发挥作用，而不是总是被"会"和"应该"所困扰，不得不回到种族结构中去，因为这个结构不会向其他事物开放。几个月前有一个美好的时刻，你的作品同时在古根海姆和纽约现代艺术博物馆展出，我们在工作室博物馆也有一幅你的画。我把这种交汇作为一个例子，说明我们可以成为谁，以及我们与所有这些其他地方的关系，并作为一种向支持者和观众传达我们多种角色可能的方式。一个艺术家的作品可以在不同的语境中以不同的方式存在。而在你的作品这个例子中，这些语境是一个书写了现代主义故事的机构，一个在某一时点上致力于非客观艺术理念的机构，以及一个致力于黑人文化特殊性重要性的机构。而你的作品很好地回应了这三个语境。

格伦·利根：但这意味着，我认为，你必须比目前很多特定文化的机构拥有对机构的更大视野，或对机构职责涵盖什么限制会更小。但是其他机构，非文化特定的机构，也必须对自己的使命有更广泛的了解，不要觉得黑人艺术家仅属于工作室博物馆——一个您必须去看（这些艺术家展览）的地方。

特尔玛·戈尔登：我再问你一个假设性的问题。假设美国一个棒极了的博物馆，最好的博物馆之一，而你从来没有在那个博物馆里展示过。

格伦·利根：有很多这样的博物馆！

特尔玛·戈尔登：而且就其展览计划而言，这是一座具有权威性和定义性的伟大的博物馆。让我们将该博物馆放在一个具有重要艺术意义的大城市中，比如说它在明尼阿波利斯，芝加哥或洛杉矶，并且致力于当代艺术。

格伦·利根：好。

特尔玛·戈尔登：现在，你从来没有在那里展出过，他们也不拥有你的任何作品。而你收到了那里的策展人的信，一个重要的、传奇的策展人，他做过令人惊叹的展览，与你钦佩的艺术家合作，制作了目录和写作，你在思考自己的作品时也参考了他的作品，而这个策展人写信邀请你参加那个你尊敬的博物馆的展览——当然，这是假设性的，我不是在说某个人，而是说你被邀请参加那个博物馆的展览——《注意：当今十位黑人艺术家》（Word Up: Ten Black Artists Now）。这是由该机构的一位客座策展人组织的，你也在其中。你会参加吗？还是你不会参加？

格伦·利根：我认为那取决于展览，还是要看具体的展览。

特尔玛·戈尔登：假设这个展览不好——它混合了两三个你欣赏并觉得能与之产生关联的艺术家，但也有六七个你不尊重的或者认为他们和你的作品除了你们恰好都是黑人外没有任何关系的艺术家的作品。

格伦·利根：那我就不参加了。如此的话这可能有负面的职业影响，但为什么要有这样的影响？这对我来说是个有趣的问题。如果我选择不把我的作品置于一个我觉得在智力上很拙劣的展览框架中，为什么会对我以后在该机构的展览能力产生影响？

特尔玛·戈尔登：好吧，这不是一个关于再次（展览）的问题。我只是在假设，这就是这个机构现在的做法，在你职业生涯已经到了15或20个年头，决定将你的作品这样呈现。你如何回应这个问题？

格伦·利根：嗯，这是艺术家职业生涯的一个两难选择，有时候，你可能会走得很远，有时候你基本上是重新开始，或者从最底部开始。

特尔玛·戈尔登：那"特定种族的展览"是底部吗？

格伦·利根：不是，但是这种群体展览，策划得不好，里面有很多你不尊重的艺术家，就是底部。

特尔玛·戈尔登：但假设是一个策划得不好的大型群展，展示世界各地的艺术家呢。

格伦·利根：那是另外一回事。

特尔玛·戈尔登：所以，假设这不是《你好：十位黑人艺术家此刻》，而是《声音与视觉：十位国际当代艺术家》。你会答应参加吗？

格伦·利根：不会，我还是想看看展览的都有谁……好吧，我对此很矛盾，因为现实是，在那种空间里的展出会带来其他的东西。所以我很难随口说"不"，因为参加（这种）展览可以帮助你进入其他展览。所以对一个艺术家来说，很难对所有这些机会一概拒绝。但现实是，这也会适得其反，当策展人把这样的艺术家群体放在一起，他们是有问题的，那些类型的展览会以一种负面的方式一直跟着你。所以，总是有危险的。

埃里克·韦斯利（Eric Wesley），《正在踢的驴》（Kicking Ass），2000 年，《自由式》中的装置作品，哈勒姆工作室博物馆，2001 年。

特尔玛·戈尔登：我之所以也不愿意谈论这些，是因为我承认，我现在所做的工作如果没有这类展览的发生，是不可能完成的，因为有了这些展览的举办，至少意味着，对话可以超越以下问题：是否有重要的有色人种艺术家？或，有没有重要的女性艺术家？是否有重要的……什么什么，随便代入省略号里。

格伦·利根：我知道。

特尔玛·戈尔登：所以，一旦你过了这个坎，似乎你还是得做过那种初始阶段的工作，才能有现在，尽管那些（初始）工作可能会有问题。工作室博物馆的档案确实以一种非常完整的方式记录了这段历史——就在我们收藏的展览目录和小册子中。我意识到这一点，因为即使当我看到其中一些文件时，我自忖我永远也不会那样做，或有理由对艺术家那样做，但是我看到了那些工作是如何创造了对它作出的反应、做一些不同的事或超越它的能力。

第六章　米斯（Mies）的新国家美术馆（New National Gallery）：空与满

德特勒夫·默廷斯（Detlef Mertins）

在考虑建筑在艺术展示中的作用时，区分当代建筑中的各种倾向可能是有用的。在过去的十年里，以极简主义、抽象主义和禁欲主义为代表的现代主义再度兴起，赫尔佐格（Herzog）和德梅隆（de Meuron）的泰特现代美术馆（Tate Modern）、拉斐尔·莫内奥（Rafael Moneo）的休斯敦美术馆（Museum of Fine Arts, Houston）、理查德·格卢克曼（Richard Gluckman）的安迪·沃霍尔博物馆以及谷口吉生（Yoshio Taniguchi）的现代艺术博物馆重建工程等都是如此。这种建筑的相对中立性——白墙、宽敞的空间、漫射的灯光——提供了一个不显眼的背景，在这个背景下，艺术作品能够占据我们注意力的最前沿。另一方面，弗兰克·O.格里（Frank O. Gehry）的毕尔巴鄂古根海姆博物馆（Bilbao Guggenheim）明显的雕塑形式获得了其作为艺术的地位，却压倒了在其蜿蜒的空间中展示的艺术作品。即使是理查德·塞拉（Richard Serra）有力的作品，在这里也显得不如在其他环境下令人印象深刻。但是，既要避免极简主义形式的还原纯粹性和表现主义形式制造的自我陶醉，在今天异质的建筑领域中，还可以找到另一种模式。雷姆·库哈斯（Rem Koolhaas）/OMA 的鹿特丹艺术馆（Kunsthal Rotterdam）和波士顿当代艺术博物馆（Boston's Institute of Contemporary Art 缩写为 ICA）目前由迪勒＋斯科菲迪奥（Diller+Scofidio）建筑事务所负责的项目展示了一种新的先锋实践，它利用形式、空间和技术发明来开辟新的经验视野、观察方式和生活组织。考虑到今天建筑的多重性，它作为艺术的不确定地位，以及最近对博物馆建筑的争议性接纳，重新审视 1963—1968 年路德维希·米斯·范德罗（Ludwig Mies van der Rohe）的柏林新国家美术馆（New National Gallery）可能是有启发的，它挑战了习惯，开辟了新的领域，同时又走向了中立和隐蔽。

1968 年，柏林新国家美术馆《蒙德里安》（Mondrian）首展开幕。路德维希·米斯·范德罗，建筑师事务所。2014 纽约艺术家权利协会/波恩 VG 图片库版权所有。

当 1968 年 9 月 15 日柏林新国家美术馆开馆时，评论家们把它作为 20 世纪最伟大的建筑师之一的不朽作品来庆祝，这是 1938 年前往芝加哥的路德维希·米斯·范德罗的长时间离家后的回归，他现在已经 82 岁了，体弱多病，无法参加这次盛会。然而，几乎立刻也出现了反对的声音，批评家们指出，在悬浮网格下的大玻璃厅里展示艺术品存在功能问题。这个空间使大多数绘画和雕塑相形见绌，规模巨大，几乎完全是开放式的，没有用于安装艺术品的墙壁，完全被玻璃包围，除非拉上窗帘，否则光线和景致会倾注进来。尽管抱有严重的关切，评论家们承认建筑师本身的艺术成就，而宽恕了这些功能上的难题。毕竟，这项委任作品的精神首先是确保在柏林有一件米斯的晚期作品代表作，为其功能担心则是次要的。很多人仍然认为，米斯只是漠视客户的需求，漠视艺术展示的需求，把一件艺术作品强加给他们，把这一事本身作为目的。

此外，这是一件最初为不同的目的和不同的气候而构思的作品［古巴圣地亚哥的巴卡迪办公大楼，它曾经被送到德国并提交给一个美术馆——施韦因富特的格奥尔格·舍费尔博物馆项目（Georg Schäfer Museum project in Schweinfurt）］，但没有成功，现在被扩大并移植到另一个城市和另一个情境中。对于后来的批评家来说，功能性的问题是普遍主义意识形态问题的表征，因为米斯对万能空间的追求似乎为了同一性和控制而忽略了差异。

然而，这些难题背后的故事并不那么简单。米斯很清楚自己给策展人制造了哪些麻烦，这不是因为漠不关心，而恰恰是因为他关心艺术，尤其是关心艺术的未来。"在那里办展览是非常困难的，"他承认，"毋庸置疑。但对于新的展览方式来说，却有很大的可能性。我想我不会想错过这一点。"[33] 对米斯来说，柏林（新国家美术馆）眼下的任务不仅仅是容纳过去的艺术，毕竟大量的架上绘画和具象雕塑的收藏——这些东西在底层的永久展厅和雕塑花园里被容纳得相当好[34]——而是支持，甚至引发新的展示和体验艺术的新方式的出现，甚至可能是艺术创作的新方式。

这当然不是米斯第一次将他的建筑服务于新的生活方式，并以此来反对旧的习惯和形式的延续。在 20 世纪 20 年代，他谈到要为"生活的展开提供一个场地"。艺术家汉斯·里希特（Hans Richter）称他是一种新的建筑师，是过渡时期的鲍梅斯特（Baumeister），是历史变革的催化剂和推动者[35]。特奥·范杜斯堡（Theo van Didburg）也将米斯选为年轻一代的领导者，称他们的工作展示了未来，使观察者能够在未来更全面地到来之前预先体验它[36]。

新国家美术馆的首展——皮特·蒙德里安（Piet Mondrian）回顾展——揭示了米斯认为正在发展中的艺术领域的一些新范式。米斯认识到这些画幅太小而无法在大玻璃大厅中有效展示，于是设计了一套悬挂式的墙面大小的面板系统，将画作安装在上面。开放式面板的配置为观看画作创造了更多的私密空间，同时又不打断大空间的连续性。虽然评论家们对这一解决方案的独创性表示赞赏，但他们还是指出了在大厅中展示画作所固有的问题，并发现看到参观者的腿在画板下移动时令人感到不安。这个想法可能是受到库里南大厅内展览的启发——米斯曾在1954—1958年为休斯敦美术博物馆设计了库里南大厅——由詹姆斯·约翰逊·斯威尼（James Johnson Sweeney）策划的展览，画作在没有任何建筑支撑的情况下漂浮在半空中。米斯本人在1942—1943年为假设的小城博物馆（Museum for a Small City）设计的拼贴画中已经设想过这样的画面，其中瓦西里·康定斯基（Wassily Kandinsky）的画作悬浮在地面上方，旁边是阿里斯蒂德·马约尔（Aristide Maillol）的雕塑。然而，尽管有这幅画，但在米斯的作品中却很少发现悬浮的飞机。虽然米斯和范杜斯堡一样，把平面视作现代建筑的一个新的根本元素，但他更喜欢独立的墙体而不是浮动的平面，在肯定重力和地面的同时，也接受了开放的平面和空间的连续。

米斯关于在新国家美术馆上展示艺术新方式的想法的最直接的证据是他在1964年的模型，其中展示了一个可能的展览，两个非常大的墙面大小的画作，本质上是抽象表现主义的，作为独立的平面矗立在建筑的木质隔板和大理石轴之间，奇怪的是，还有一棵树。这幅画面让人想起从20世纪30年代的法院大楼项目开始的一系列拼贴作品，在这些作品中，米斯逐渐形成了关于将绘画、雕塑、建筑和景观相结合的独特理念。一些空灵的室内视角包括粘贴在板材上的长方形木质纹理，以代表独立的墙壁，如图根达屋（Tugendhat House）的乌木墙面，其纹理带有光学效果。其他的拼贴画则结合了乔治·布拉克（Georges Braque）1926年的一幅画作《果盘、乐谱和投壶》（Fruit Dish, Sheet Music, and Pitcher）的片段。通过只取布拉克画作的一个片段并将其倒置，米斯将其与实际作品分离开来，并将原本具有代表性的作品转化为纯抽象的色彩构成，放大到建筑物的比例，并在远处清晰可辨。

路德维希·米斯·范德罗，建筑师事务所，20世纪美术馆（Gallery of the Twentieth Century，后来称为新国家美术馆），柏林，假设的展览装置的模型，1964年。2014 纽约艺术家权利协会 / 波恩 VG 图片库版权所有。

　　1939 年，著名的拼贴艺术项目《雷索尔之家》（Resor House）结合了木墙、保罗·克莱（Paul Klee）1928 年的绘画《多彩膳食》（Colorful Meal/Bunte Mahlzeit）的片段以及一张通过落地全景窗看到的风景照片——结合了建筑元素（墙）、绘画和风景各一例，汇集在一个组合中。这标志着一种新的通过蒙太奇实现的统一，这种统一尊重甚至加强了每件作品和每种媒介的完整性和自主性，同时又使它们相互之间形成一种结构和比例关系。这不是一个以融合为操作原则的总艺术作品（gesamtkunstwerk），而是一个统一的艺术（einheitskunst），其中一个共同的原则（内在原因）被理解为支撑不同形式的艺术实践及其内在逻辑的表达。此外，拼贴画预示了每件作品的基本特征和物质事实，在一定的抽象程度上，它开始暗示出潜藏在外观表面的结构性，即组织性、亲和性。在这方面，这三幅拼贴画与拉斯洛·莫霍利-纳吉（László Moholy-Nagy）、阿尔贝特·伦格尔-帕茨奇（Albert Renger-Patzsch）、恩波（Umbo）等人的扁平化和疏离化摄影有异曲同工之妙，他们在20世纪20年代发展了摄影的"新客观性"，利用相机的能力揭示了一个肉眼无法获得的秘密真相和普遍形式的世界。作为德意志工匠联盟（Werkbund）的副主席，米斯很清楚1929年德国摄影家协会的《电影和照片》（Film und Foto）展览中的新客观性和新光学技术，该展览主要由莫霍利-纳吉组织，米斯的朋友汉斯·里希特和维尔纳·格雷夫（Werner Graeff）以及历史学家、评论家弗朗茨·罗（Franz Roh）都在出版物中进行了纪念。

如果说特写的抽象化效果在《雷索尔之家》里克莱的《多彩膳食》片段中最为明显，那么在1943年的《小城博物馆》拼贴艺术项目中，它在风景照片中最为明显——在水面和树叶的图案中——而绘画，最明显的是毕加索（Pablo Picasso）1937年的《格尔尼卡》（Guernica），以整体的形式展现。尽管有这样的反转，但这幅画的抽象形象与建筑的比例，以及与马约尔的雕塑，甚至与水面和树叶放大的图案的比例都是一致的。通过精心拿捏的关系，米斯创造了合奏，增强了元素和作品的独特性、差异性和个性，同时使它们的底层物质组织（元素，原子）保持一致。

自主性与同源性、差异性与同一性的结合，是米斯对人的Bildung[①]和对艺术、技术和建筑的Gestaltung[②]，通过基本手段自我产生的形式创造，通过内在原因的个性化。米斯对自主性的理解不是一种孤立的自我创造，而是一种嵌入环境中并对环境作出反应的自我塑造。对米斯而言，随着文艺复兴时期开始的个人与社区的巨大分离，以及19世纪末20世纪初大众社会的出现，Bildung的能力已经丧失。[37]更新这种能力对于他对手头任务的构想变得越来越关键。

---

① 译者注：德语意为教育、形成、培养和学习。
② 译者注：德语意为设计。

米斯在 20 世纪 30 年代和 40 年代的拼贴画是对传统艺术形式进行前卫性批评的历史的一部分，这一历史为无数新的环境范式奠定了基础，这些新范式将艺术与生活重新结合起来。布鲁诺·陶特（Bruno Taut）、特奥·范杜斯堡（Theo van Doesburg）、库尔特·施维特斯（Kurt Schwitters）、艾尔·利西茨基（El Lissitzky）和勒柯布西耶（Le Corbusier）在 20 年代所设想的抽象、色彩和沉浸式环境只是这些实验中最著名的。1928—1929 年的巴塞罗那国际博览会德国馆（Barcelona Pavilion）展示了米斯自己的版本，具有混合的空间结构——一部分是开放式的，一部分是自由式的。但是，米斯拒绝将彩色颜料应用于建筑表面，而只将色彩作为建筑材料的一个整体属性。他制作的独立式墙壁（以及地板和天花板）不是用统一的颜色而是用统一的材料制成的：玻璃、木材、大理石和石膏。艾尔·利西茨基在 1926 年的德累斯顿和 1927—1928 年的汉诺威试图将小画和雕塑作品吸收到他的“抽象百宝箱”（Abstract Cabinets）的整体构图中，米斯和他那一代的其他人一样，都知道有框画最终将被墙面大小的作品所取代，这有助于在新的开放的流动空间中实现艺术的新统一。在 20 世纪 30 年代想象了这样的可能性之后，当毕加索的《格尔尼卡》于 1939—1940 年出现在芝加哥时，米斯对其作出如此热烈的反应也就不足为奇了——终于，（印证了）米斯的博物馆概念——一幅墙面大小的画作要独立成墙。

在蒙德里安的展览之后，新国家美术馆的展览历史揭示了对该建筑的各种反应，有些与米斯的设想一致，有些是出乎意料的精彩回应，而有些则明显地令人感到尴尬。尽管策展人发现米斯的悬挂板在尺寸和重量上都太过麻烦（需要大量的设备来移动它们），但他们还是将其用于其他几个展览，包括 1974 年罗伯托·马塔（Roberto Matta）的大型画展。1977 年的弗朗索瓦·莫雷莱（François Morrellet）作品展的特点是直接悬挂在天花板上的大型画作，让人想起斯威尼（Sweeney）在库里南

《罗伯托·马塔》（Roberto Matta），1974 年，新国家美术馆，柏林，安装视图。2014 纽约艺术家权利协会 /（法国）平面艺术家和造型艺术家协会 ADAGP 版权所有。

厅（Cullinan Hall）的展览。然而，作为一个替代方案，1977 年汉诺威的设计师沃尔特·库恩（Walter Kuhn）受委托设计了一个由可拆卸的墙板组成的展览系统，该系统带有头顶结构和照明轨道以方便为小型作品提供可变配置的更私密的空间。尽管它对于艺术展示来说也很笨拙，并与较大的建筑框架相竞争，但它还是被使用了七年之久。从这一时期开始，后来更多的是在大厅内的地板上直接建造大面积的墙，甚至房间。这方面的例子包括 1988 年的《A.R. 彭克》（A.R. Penck）展览和 1987 年的《艺术空间——参观国家美术馆》（Art Spaces—Visiting the National Gallery）。1997 年，弗兰克·O.格里在《流亡者和移民》（Exiles and Emigrés）的装置中使用了类似的策略；在这里，格里抛开了已经成为他当时的标志的自由流动的曲线，而采用了更加克制的墙壁和展柜的正交排列，让人想起了他早期的展览设计。

20世纪70年代，这个空间开始被用于装置艺术以及多媒体装置。1978年，帕内马伦科（Panemarenko）的飞艇与较小的发明和壁挂作品一起展出，1987年马里奥·梅兹（Mario Merz）的《水滴（冰屋）》（Drop of Water, Igloo）在"当代艺术的位置"展览中亮相。1998年的道格拉斯·戈登（Douglas Gordon）展，其1995年的《5年行驶过》（5 Year Drive By）和1998年的《非法制作（帝国）》[Bootleg（Empire）]的投影屏幕悬挂在空中，这与米斯对大型作品的渴望是一致的，尽管现在是以视频为媒介。在2000年的展览中，建筑师伦佐·皮亚诺（Renzo Piano）创造了一个层次丰富的悬挂式水平玻璃橱窗装置，其间点缀着漂浮的屋顶元素和结构接头的原型，重新审视蒙德里安展览中的悬浮概念，但没有将大厅细分为更小的空间，而是实现了更高的轻盈感、透明度和戏剧性。

《德国的新绘画，维度4》（Neue Malerei in Deutschland, Dimension IV），1983年9月10日至10月30日，柏林新国家美术馆（米斯·范德罗设计），安装视图。菲利普·莫里斯公司（Philip Morris GmbH.）的竞赛和展览。照片由柏林bpk图片社（bpk, Berlin）/德国柏林国家博物馆（Staatliche Museen）国家美术馆/赖因哈特·弗里德里希（Reinhard Friedrich）/纽约艺术资源库（Art Resource, NY.）提供。2014纽约艺术家权利协会/波恩VG图片库版权所有。

《A.R. 彭克》，1988 年，柏林新国家美术馆，安装视图。2014 纽约艺术家权利协会 / 波恩 VG 图片库版权所有。

　　该空间还用于表演，包括 1974 年的元音乐（Metamusik）音乐节，1978 年的《马戏团》展览的马戏团，拉玛玛（La MaMa）实验剧院的表演以及达尼埃莱·隆巴尔迪（Daniele Lombardi）的《21 架钢琴》（21 Pianos）。1988 年，阿尔贝托·贾科梅蒂（Alberto Giacometti）的衰减人物形象，当以剪影形式被观看或与在画廊中移动的参观者一起被观看时，也具有某种表演的性质。

　　最近，有几个地点特定的作品个展，艺术家在其中积极地与建筑进行对话。尽管米斯的建筑特别适合那些进入或回应——无论是肯定的还是批判的——其逻辑的作品，但这并不是米斯所期望的那种作品。尽管马特·马利坎（Matt Mullican）1995 年的《旗帜》在规模和比例上显然属于建筑物，但它们的图形语言呼应了该建筑物的普遍主义野心，但同时又完全与建筑格格不入，用大胆的彩色图标遮盖了建筑物的

亨利·范赫鲁威格（Henri Van Herreweghe），《帕纳马伦科》（Panemarkenko），1978 年，新国家美术馆，安装视图。2014 纽约艺术家权利协会／比利时作家、作曲家和出版商协会版权所有。

通透性，从根本上改变了建筑物的外部形象，使内部的体验几乎让人产生幽闭恐惧症。更微妙的是，乌尔里希·吕克里姆（Ulrich Rückriem）1999—2000 年的装置作品将与建筑模块大小完全相同的石头放在地板上，其模式是通过一个既随机又严格的定位公式产生的，从而将网格的逻辑延伸到纯理性的极限之外。在吕克里姆用地面表现的时候，珍妮·霍尔泽（Jenny Holzer）在 2001 年通过《SMPK》充分利用了天花板。通过在米斯黑暗的人造天空的底层附上几行移动的电子文字，霍尔泽将网格隐含的向地平线四面八方的延伸转变为一个单向的信息流。就像士兵列队行进一样，一排又一排挑衅性而又神秘的口号从头顶上匆匆掠过，有时速度很快，或者伴着灯光摇摆不定，以至于作品传递的信息每次只能被读到几个字，变得很抽象，成为流过和超越网格的波浪。

最近，在2003年的名为《内容》（Content）的展览中，雷姆·库哈斯和OMA瞄准了玻璃盒子①的原始的纯净，用设计他们最近的建筑和城市项目时的零散材料填满了它——不同材料和比例的模型和样板、研究数据和图像的图形展示、材料研究、工程计算，甚至媒体对全球政治的观察。如果在米斯的时代，差异或事件的产生需要空虚，那么今天，库哈斯暗示，它需要内容的充实，垃圾的熵，以及信息和政治像物质一样的流动。

在新国家美术馆举行的各种表演和活动，从升起房顶和随后的庆祝活动（Richtfest）开始，表明它的功能是作为对艺术和生活进行实验性处理的一个框架或基础设施，在其中自主性问题延伸到策展人和艺术

马特·马利坎（Matt Mullican）在新国家美术馆的展览，柏林1995年4月21日—7月16日。图片由柏林bpk图片社/德国柏林国家博物馆（Staatliche Museen）国家美术馆/延斯·齐厄（Jens Ziehe）/纽约艺术资源库提供。"马特·马利坎旗帜"（Matt Mullican Banners），1995年，新国家美术馆，安装视图。

---

① 译者注：指代新国家美术馆。

家本身。它就像一个黑匣子剧院，一个能够适应不同功能和愿望的灵活工具，与锡德里克·普赖斯（Cedric Price）1961—1964年的《快乐宫》（Fun Palace）项目并无二致：英国工人将在一个巨大的竖立架中实现他们"自我表达的潜力，如跳舞、击鼓、方法表演、通过闭路电视收看中国香港的情况以及行动绘画"[38]。在这方面，新国家美术馆也显示出与蓝天组［COOP HIMMELB（L）AU］1976年的一个在维也纳的临时结构《大型云景》（Large Cloud Scene）的密切关系。后者由四个高达13米的框架塔组成，其间有一个云的形象在它们之间延伸，是一个可以进行移动表演、马戏团表演和街头节庆活动等的开放空间，以期增加城市生活的活力，以促进城市的变化。

与普赖斯一样，米斯的舞台没有固定的脚本，也没有要执行的目的论。相反，它的极端开放性预示着戏剧性的事件。米斯在一幅草图中捕捉到了这种精神，该草图描绘了宇宙空间中的生活，这是一个开放但结构轻盈的空间，可以轻松配置和重新配置隔板、家具和装置。米斯用他的铅笔画了几笔，画出一个方框的边沿，在方框内有一条波浪线围绕着空的中心盘旋，盘旋的形式和特征仍然不确定。漩涡中的流动还没有沉淀或硬化成形式或条纹，仍在形成过程中，是平滑的，甚至是混乱的，只不过是一种潜力。米斯的曲线描绘了有成为的潜力，随着时间的推移，在多种偶然的具体配置中实现存在的潜力。这是米斯对"几乎没有"的追求的精神，它让我们回归几千年来被理解为原始虚无和存在的潜力。就像1915年卡西米尔·马列维奇（Kasimir Malevich）的《黑色广场》一样，一切都是虚无。如果人们因为它的禁欲主义的空虚而感到不安，那正是它的意义所在：在形式上已经固定的世界中创造一个空旷、一个激进的否定，一个需要并促进存在的产生、尽可能接近纯粹的存在的开放空间。米斯的玻璃盒子是如此的简约，它的基础设施是如此的完整，它的元素是如此的缩减和简化，以至于它只不过是一个隐性的、中性的和空洞的建筑，在其中发挥着现代性的作用，而现代性的实现则不断被推迟。

"内容：雷姆·库哈斯（Content: Rem Koolhaas /OMA）"，2003 年，新国家美术馆，安装视图。2014 纽约艺术家权利协会 / 荷兰视觉创作者作者权利组织 Pictoright 转交（c/o Pictoright Amsterdam.）。

  然而，新国家美术馆中许多装置明显使人不适表明，它的建筑毕竟与普莱斯的更包容的竖立架不一样，或者说，中性的白盒子已经成为当代艺术画廊的典范。尽管对变化和新的做事方式持开放态度，但它毕竟不是中性的。用米斯的话说，它是"几乎没有"。如果我们把重点放在"几乎"而不是"没有"上，那么我们就会意识到，它实际上是某种东西，某种在我们与虚无之间运作的物质和有形的东西，它指向虚无，扮演虚无的角色，允许我们想象虚无，甚至体验它的恐怖，在利用其催化剂（般）的推动力的同时，阻止虚无之寒意。事实上，新国家美术馆是一个固定不变的框架，它充满了象征性，甚至是形而上学的意义，就像大教堂的圆顶。像大教堂一样，它与天堂的类比的目的是把我们带到我们自己之外，超越人类——思考和体验相异性而不占有它。在新国家美术馆，这种延伸发生在地板和屋顶上，因为建筑向广场、城市和远处的地平线开放并构成框架。米斯没有提供作为工具、经验、功能和透明的技术。相反，他将技术转化为一种同时具有技术、艺术、历史和宇宙观的建筑形象。这个形象提供了一个几乎是透明的舞台，在这个舞台上，对现代性体验至关重要的无家可归和虚无主义可以被看作既是危机也是建设性自我塑造的机会。在这个舞台上，有些表演比其他表演更成功，而有些表演则失败了，而且被人看到了。新国家美术馆的展览越是超越传统艺术的常规，越是关注建筑的规模和现代性的问题，它们就越是成功。新国家美术馆也不同于蓝天组的临时事件结构。米斯的黑暗人造天空不仅耐用，而且持久，在字面意义上和象征意义上来说都很沉重，不那么乐观和轻松，它的要求更高，但也激发了它对宇宙记忆中统一平面的唤起。

当然，新国家美术馆是一个单一的作品，不是一个可以复制的模型。但是，艺术界是否需要这样一个来自建筑界的模型？艺术在产生新作品和出人意料的转变能力方面难道不是不可阻挡的吗？以至于每一个建筑在某些方面和对某些（艺术）作品来说都是不够的。就这一点而言，什么会构成充分性？同样的艺术品在不同的建筑环境以及社会和文化背景下产生不同的效果，这不是更能说明问题吗？这并不是说要给建筑师自由的许可，无论如何，他们中的大多数人都倾向于认真对待他们客户的愿望。相反，它是要表明，当代艺术和当代建筑之间的某种紧张关系对两者都是有益的。缺乏某些摩擦，它们都倾向于塌陷到自己的密封公式中。

本文最初由费城展览计划（PEI）委托创作，以"米斯的活动空间"为题发表于《灰色房间》第 20 期（2005 年夏季），第 60—73 页。作者要感谢安德烈斯·莱皮克（Andres Lepik）在柏林的研究访问中给予的慷慨支持，以及新国家美术馆的工作人员提供的对新国家美术馆档案的查阅和指导。

第七章

设计与建筑

保拉·安东内利（Paola Antonelli）接受本内特·辛普森
（Bennett Simpson）的采访

纽约现代艺术博物馆（MoMA）建筑与设计部策展人保拉·安东内利在 2004 年冬天接受了时任宾夕法尼亚大学当代艺术学院（Institute of Contemporary Art, University of Pennsylvania）副策展人的本内特·辛普森的采访。

本内特·辛普森：在回应你 2001 年在现代艺术博物馆（MoMA）举办的《工作范围》（Workspheres）展览时，评论家约翰·撒克拉（John Thackara）写道，博物馆对设计来说是个坏消息，因为它们倾向于将物体和产品置于其促进的用途和关系之上。你认为这是真的吗？

保拉·安东内利：不，博物馆对设计来说不是坏消息。设计仍然被完全低估了。博物馆是一个真正的机会，可以让设计获得——我不会说——更多的尊重，但至少可以让人们停顿下来。博物馆是一个你应该改变速度的地方。你可以让游客走得更快或更慢。而在 MoMA 的设计中，我希望参观者能够暂停。特别是在博物馆的早期，当菲利普·约翰逊（Philip Johnson）在 1934 年组织《机器艺术》（Machine Art）展览时，设计需要一种极端的概念化行为。约翰逊把弹簧和滚珠轴承放在白色的基座上，像雕塑一样靠在白色的墙上，这种行为是必要的，因为他希望人们感到震惊和惊讶，并以不同的方式思考设计。

《工作范围》是一个特别艰难的展览，因为它涉及现实世界和人们如何生活和工作，当你进入这样的领域，每个人都有意见要表达。它所引起的批评是其成功的一部分。它引起了一场对话。这就是为什么我认为博物馆可以成为设计的真正的好消息。《工作范围》是一个关于我们在不同情况下定制和调整自己的工作空间的展览。记住，那是 2001 年，在9月之前，我们刚刚从网络热潮中走出来。关于不同的工作方式，特别是在家工作，人们可以读到、听到和辩论的废话是没有尽头的。我记得有文章建议在家工作的人在去厨房对面的办公室的路上绕着街区走一圈，以模拟通勤。或者建议他们把电脑放在定时器上，这样晚上9点以后他们就会被迫停止工作，并被提醒花时间与家人在一起。这一切都很疯狂。我认为，重要的是要利用设计师的常识和智慧，让他们来揭示人类如何在私人生活和公共生活之间取得平衡的真实本质。我认为，回过头看，展览最成功的方面是实验性项目。这些产品有一点污染。

本内特·辛普森：你为什么要包括这么多产品？

保拉·安东内利：因为我想表明，制造商和设计师在处理工作和工作问题方面有善意。这些东西已经被公司冒着风险生产了，基本上是为了适应必要性和灵活性。

本内特·辛普森：在MoMA策划展览的最大挑战是什么？

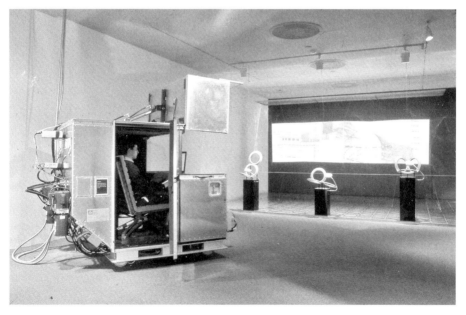

《工作范围》，2001年，纽约现代艺术博物馆，安装视图。图片由迈克尔·莫兰（Michael Moran）/奥托（OTTO）提供。

保拉·安东内利：和其他地方一样。设计展的最大挑战是如何避免"行业展效应"。你必须能够将你的对象概念化。人们现在已经接受了优秀的结构主义者的训练，可以在上下文中根据叙事进行思考，因此构建事物至关重要。但你必须确保这个上下文不是一个购物的背景。尽管如此，我喜欢商业产品。如果完全失去商业方面，那就太虚伪了。这是一个非常、非常精细的平衡。我通常试图做的是设置一个非常惊人的场景，这样人们就可以区分博物馆和行业展览会或普通商场。博物馆不是莫斯（Moss），不是贾维茨中心（Javits Center），也不是普拉达。这是

《谦卑的杰作》，2004 年，安装视图，现代艺术博物馆，皇后区（MoMA QNS），纽约。图片来源：现代艺术博物馆档案（The Museum of Modern Art Archives）/ 约翰·朗恩（John Wronn）。现代艺术博物馆 / SCALA 档案库（SCALA Archives）授权 / 纽约艺术资源库版权所有。

一个非常特别的地方。并不是说普拉达不特别——普拉达已经在和我的展览竞争了！但无论如何，我的展览应该是非常舒缓的所在。现在我要回答你的问题了。在 MoMA 策划一个设计展的问题——实际上我喜欢这个问题——是我的公众中 80% 是去看马蒂斯和毕加索的。他们偶然发现我的展览，而我必须让他们留在那里。在看完绘画和雕塑之后，他们再去看皮划艇或长椅，甚至是 2004 年我在 MoMA 皇后区展馆举办的《谦卑的杰作》（Humble Masterpieces）展览中的回形针，这对他们来说很奇怪。但是，由于博物馆的空间如此之大，而且如果展览的构思和安装都很巧妙，人们就会认为这段时间花得很值。作为一个设计策展人的挑战是，我总是要比绘画和雕塑展更有诱惑力。同时，我必须确保我保持机构所要求的尊严和严肃性。

例如，对于我 1997 年的《阿基莱·卡斯蒂廖尼：设计！》（Achille Castiglioni：Design!）展，我想知道"我怎样才能让人们了解这些物品

《谦卑的杰作》，2004 年，安装视图，现代艺术博物馆，皇后区（MoMA QNS），纽约。

背后的丰富背景和故事"。我想，"好吧，如果我给他们图片，人们可能会想要读一下"。因此，我聘请了一位插画师，为每一件物品绘制插图。我告诉他图像是什么，笑话或设计过程，他发明了一个角色——总是黑白的，有一个小蝴蝶结——来带着我们完成叙述。这些插图非常棒。它们真的让人们停下来，看，并读。这是一个技巧，但它成功了，因为它很有娱乐性，而且内容非常强大。

本内特·辛普森：您是否认为因为设计在文化中无处不在，所以您的观众更有知识或更有能力？

保拉·安东内利：我的美国观众一般都很害羞，没有安全感。美国人懂设计，但他们认为不懂。在19世纪初，富有的美国人被从法国进口的家具所定义，甚至被从法国进口并由这里的制造商实现的图案所定义。美国人仍然认为，设计是一切华丽的、过于昂贵的、过于复杂的东西，因此是非美国的东西。当然，这很疯狂。夏克教徒（The Shakers[①]）有完全原创的设计表达，但他们很难说是资产阶级的或时尚的。同时，实用的、负担得起的、出色的设计的本质又是如此美国。我的观众做的第一件事就是寻求安慰。我的工作是让他们的不安全感消失。

本内特·辛普森：人们听到了很多关于20世纪90年代的"设计热潮"。由于宜家（Ikea）和玛莎·斯图尔特（Martha Stewart）的出现，人们面对设计不是感到更加自在了吗？

保拉·安东内利：我希望如此。设计应该是生活中的一个正常事实。就像食物一样。就像人们可以分辨出一块好的牛排和一块烂掉的牛排，他们也有能力分辨出一个好的设计和一个坏的设计，即使他们不知道这一点。这只是一个运用他们分析能力的问题。所以，是的，我认为所谓的设计热潮是非常有帮助的。媒体围绕它进行的炒作并没有多大帮助，

---

① 译者注：夏克教徒：夏克教（The Shakers）于1747年在英国成立，是一支从Quaker（贵格会）分离发展而来的基督教小教派，相信基督将再次降临世间。

但这并不重要。

本内特·辛普森：在过去的几十年里，设计展览的做法是否发生了变化？

保拉·安东内利：不是非常多。虽然观众已经变得更加多样化。我最喜欢的一个设计展是 1993 年在巴黎大皇宫展览馆（Grand Palais, Paris）的《设计：世纪之镜》（Design: Mirror of the Century）。那是一个如此法国的展览，如此傲慢又如此伟大。它把整个现代性的世界，从 1851 年的水晶宫（Crystal Palace）到现在，作为它的主题。墙上挂着历史事件的黑白图片，为观众指明方向。照片下面是一排令人惊叹的汽车，一辆挨着一辆。然后，如果我没记错的话，还有一排物品。这就像一个跳蚤市场，厚厚的设计杰作，满地都是。展签是垂直安装的，直接从地板上伸出来，像某种信息森林。地板上有路标，表示科学发现，与每年的设计相呼应。有一排电视显示器和椅子，你可以坐下来观看对设计师和科学家的采访。这是一个巨大的、包罗万象的、宏伟的、现代性的跳蚤市场。展览的入口是通过两个大手指，就是在机场给乘客上飞机做指示用的那种手指，有点像"您在此"的想法，来洞穿其他一切。我发现这非常有趣。参观者会指着不同的物体并惊呼："哦，我记得那个！"展览图录有大约 30 篇文章，涵盖了从蒸汽机到艺术装饰模板到生物设计的所有内容。批评家们被激怒了，因为他们一生都在努力使他们所写的任何学科成为世界上最重要的学科，而现在这个展览的出现，使所有类别和区别都崩溃了。

但我不得不说，在设计工作室展示信息的方式上并没有什么变化。为数不多的以虚拟方式展示物体的展览并不十分成功。物体的物质性几乎是一种要求。在一些展览中，人们可以处理或使用这些物体。我记得我第一次看到这个，是在伦敦的设计博物馆，那里有而且仍然有一个非常小的收藏，主要是教育性的。它有所有这些著名的椅子供人们尝试，我认为这很奇妙。也许一个变化是，博物馆可以更便宜地获得一些物品——但我不知道这是否构成进步。

本内特·辛普森：在 MoMA 举办的设计展览本身往往是戏剧性的设计。"整体"展览设计的想法来自早期的包豪斯展览。但它的影响已经超越了设计，例如对艺术展览制作的影响。你认为这种情况会继续下去吗？

保拉·安东内利：整体设计会继续下去，因为如果你思考一下，它必须继续下去。人越来越多地必须克服建筑，对吗？你必须每次都重新制作建筑。场景设计（Scenography）是今天博物馆的核心。

本内特·辛普森：对你来说，个人展览（monographic exhibitions）和主题展览（thematic shows）有什么不同？

保拉·安东内利：我做过的主题展比专题展多得多。它们既是极其不同的，又不是很不同。不是非常不同是因为所有的展览都需要一个强有力的想法来开始。当我组织/策划一个主题展览时，我试图真正塑造这个想法，使实物各得其所，不属于（这个想法）的东西被舍弃。但同样的情况也可能发生在一个个人展览上。我倾向于喜欢主题展，因为我更以自我为中心！它们让我更权威地说出我自己的想法。但如果你选择了合适的设计师，你也可以在专题展览中做到这一点。并且如果你把事情安排得好的话，你只需要在展览的条款中严格要求自己。例如，《卑微的杰作》，它展示了往往因其简单而被忽视的物品，如 Q-tips 牌棉签。在曼哈顿大楼扩建时，我在皇后区的大楼里可以支配的空间非常小。我可支配的资金几乎为零。我无法为这个展览筹集资金。那么你怎么做？找到一个适合这个地方的好想法。我是受过专业训练的建筑师，我仍然像一个建筑师一样工作。

本内特·辛普森：有些设计师比其他设计师更容易策划其展览吗？

保拉·安东内利：一方面，对于主题展览，你可以做任何你想做的事。对于专题展览，它与（设计师的）个性有关。我不会选择任何我不认为具备一系列种类、多样性和深度的作品的人。另一方面，你必须抓住机会，就像我在 1998 年做的《项目 66：坎帕纳 / 英戈·毛雷尔》（Project 66: Campana/Ingo Maurer），这个展览将一位超级知名的设计传奇人物的作品与两位相对不知名的巴西家具制造者（来自圣保罗的兄弟）配对。毛雷尔是一个真正的人杰，最后他非常高兴；他们一直是朋友，他们一直在一起工作。这是一场赌博，它得到了回报。但我认为这与个性有关。有一些我认为是天才的设计师，我从来没有想要（为其）做一个专题展览。尽管我可能会为博物馆收集他们，并且非常欣赏他们。

本内特·辛普森：展望未来，你认为设计展览需要什么？

保拉·安东内利：这很容易。需要更多（设计展）！因为目前几乎没有。我很少看到一个设计展览，并认为，"哦，我们可以没有这个"。每一个都收到真正的欢迎。从家具到皮肤，任何东西。对我来说，设计是人类创造力的最高表现之一。有这么多东西可以探索。我特别希望在纽约有更多的设计展览。我们错过了太多的巡回展览。例如，MoMA 是一个艺术博物馆，而建筑和设计是六个部门之一。我们必须提前几年为一个展览制订计划。我的梦想是在城市中心的某个地方有一个立方体，没有藏品，我们可以只是实验性地编排。它应该像制作独立电影一样。我们应该能够有一次或两次失败，作为实验是合理的。

需要探索的东西太多了，而批评却远远不够。我也真的希望人们在选择和购买物品的时候变得更加挑剔。就设计在人们的生活和文化中的存在而言，如果你以一种宽泛的、批判的方式来考虑它，它与电影或音乐没有什么不同。但是，关于设计的学术写作和思考与更流行的或新闻的方法之间的分裂需要改变。典型的学术态度是痴迷而乏味得彻底，但主流媒体却完全没有批评。我无法相信这么多的出版物没有设计评论家的存在。如果一个舞蹈团组织了一次野餐，他们会发表四页的野餐评论，但当一个改变人们生活的新产品被引入世界时，他们认为它甚至不值得用四分之一页。或者他们指派一个其他的艺术或建筑评论家来完成这个任务，但又一次错过了重点。

本内特·辛普森：设计和建筑是艺术界常年的热门话题——在20世纪90年代的网络和用户时代更是如此。你认为这种着迷在其他方面也有作用吗？

保拉·安东内利：嗯，这很复杂，这种对学科的挪用。我认为，唐纳德·贾德（Donald Judd）的家具不是家具。他是一个做雕塑的艺术家。如果我认为这是设计，那将是非常糟糕的设计：价格过高，不舒适，等等。当设计师试图做艺术，而艺术是平庸的，这同样是一种悲哀。设计师需要有纪律性和严谨性。根据定义，设计是面向其他人类的。有时候，设计师是周末的艺术家，当然——艺术成为在街区散步或呼吸空气的方式。我认为它应该基本保持这种方式。但从概念上讲，就实验而言，艺术对设计师有很大的帮助。

我们刚刚完成重新悬挂 MoMA 的收藏，这是一个有趣的过程。我们已经在不同的楼层混合了艺术和设计。我发现，当你把艺术放在设计旁边时——特别是当两个物体有表面美学的相似之处时——艺术总是赢。设计会自动被吸收，并像艺术一样被对待和看待。

本内特·辛普森：这是否困扰着你？

保拉·安东内利：是的，也不是。这只是它的方式。当它被人为设计的时候，我很困扰。但就我们的展厅而言，我们正诚实地尝试展示我们收藏的广度，而且有很多交流，艺术和设计之间的概念化交流。但你怎么办？你为参观者写一个长长的解释吗？你会强行说明其相似性和差异吗？我认为，作为一个博物馆，我们将尝试越来越多地使用并置，但这很难。

本内特·辛普森：MoMA 一直在讲述一个现代主义的故事，其中包含了设计叙事以及艺术。但是，当这个故事试图将这两个学科联系在一起时，它就变得更加复杂了。它变成了一个关于思想的故事——这既可以是更具包容性的情境，也可以使一切变得平淡无奇。

保拉·安东内利：非常正确。我一直对英语中的"艺术"这个词有疑问。它与意大利语中的含义大不相同。在英语中，艺术是一切。但在意大利，它是如此的专业。在20世纪发展的思想史上，设计绝对是非常接近于艺术的。把设计放在现代艺术博物馆里无疑是正确的，在20世纪的不同时刻，艺术影响了设计，或者设计影响了艺术，看到这一点很美。然而，我认为，正如我之前解释的那样，在书中或讲座中的并列效果比在展厅中并排摆放两个物体的效果更好。在博物馆里，特别是在一个雕塑旁边，一个设计品很容易失去其本身的功能性质，而被视为一个雕塑。

本内特·辛普森：你现在在做什么工作？

保拉·安东内利：我正在准备2005年10月的展览，名为《安全：设计承担风险》，关于设计是如何应对危机和灾难的。这个挑战与《工作范围》相似：如何在现实世界中调节审美和创新。我们不想迷恋痛苦，但与此同时，我必须确保每一个对象都因其设计精良以及在主题框架内的部署方式而脱颖而出。我见过的最好的展览之一是关于疼痛的。你能想象吗？大约1992年，在巴黎维莱特公园（Parc de la Villette, Paris）举办的"疼痛的社会和物质历史"展。它涵盖了从偏头痛到酷刑的所有内容，并真正试图叙述和表达这个本身就很抽象的概念。设计应该始终以这种方式进行。如果我不得不总是做1940年代的餐桌展览，我会死的。当然，有一些很好的例子，但这不适合我。

本内特·辛普森：你曾经说过，像这样包括设计和建筑策展人的书，是非常罕见的。你认为设计和建筑的策展人被排除在新的所谓策展话语之外吗？

保拉·安东内利：当我们谈论策展人时，我们首先想到的是艺术。也许这也是因为艺术策展人往往来自学术界，而且来自同一机构……建筑和设计策展人往往是建筑师。他们通常没有博士学位。

本内特·辛普森：为设计展筹集资金是容易还是困难？

保拉·安东内利：更难。我们的开发人员真的很好。他们懂设计，他们知识渊博，但是去找一个公司，要求他们为毕加索（展）提供 150 万美元比为一个设计展提供 30 万美元要容易得多。他们认为他们的回报会更大，因为艺术更多地出现在公众视野中，因为人们对艺术的赞美越多，公司就越有声望。

你也可能听到，由于利益冲突的问题，为设计筹集资金更难，但我不相信。有一些展览给企业赞助带来了不好的名声，我不会说出名字。这只是与机构的权威性和严谨性有关。《工作范围》的部分资金是由四家公司组成的财团提供的，这些公司制造了展览中展示的物品。我向他们提出要求。他们是竞争对手。我要求他们在一个罐子里给同样多的钱，而且他们对我选择什么物品没有发言权。其中一家有很多产品，另一家只有一个，但他们没有犹豫，因为那是 MoMA。问题是人们认为设计吸引的注意力较少；但你知道吗，我已经四年没有为一个大型展览筹集资金了，现在可能会有所不同，因为有了塔吉特（Target）①，因为有了宜家，因为有了媒体，因为有了设计热潮——我希望！

---

① 美国零售百货巨头。

第八章

谁会害怕礼品包装的卡祖笛（Kazoos）？

献给戴维·惠特尼（David Whitney）

杰弗里·基普尼斯（Jeffrey Kipnis）

我希望我从来没有去过迪亚比肯（Dia-Beacon），我厌恶它。试着想象卢·里德（Lou Reed）的《走在狂野的 边》（Walk on the Wild Side）被本笃会的人吟唱——在庄严的固定旋律中，与慵懒的平行四度音产生共鸣。华丽，但怪诞；这就是贝肯的感觉。作为一个万神殿，它将 20 世纪 60 年代的堕落艺术置于一个道德剧中，将偶像崇拜、死亡本能和白人逃亡一网打尽。当我回想最初的场景，回想它的标志性节奏，回想它的破坏性冲动，回想它的人物如此狡猾，如此彻底的城市化，这个舞台就变得更加卑鄙了。沃霍尔（Warhol）、博伊于斯（Beuys）、瑙曼（Nauman）、弗拉万（Flavin）、赖曼、塞拉（Serra），他们曾经野性的东西在这里被景观和建筑的阴险力量无耻地驯服，用来以美作恶。甚至这个地方的名字也令人遗憾——这些作品中是否有任何一件是为了指明方向？（好吧，也许是贾德的作品，但他的名声一直不好。）无论如何，我对这些东西的印象是不同的——驼背、烦躁、心怀不满，这种艺术的虚荣厌世情绪允许我这样做。现在，这些我们不满情绪的赢家因这位约克之子而变得光彩夺目。

然而，迪亚比肯是一场表演，一场伟大的表演，虽然它的恶行确实卑鄙，但仍然很棒。我的谩骂本身就是证据，因为，就像任何剧院一样，当我们考虑视觉艺术展的时候，在我们转向运动的特殊倾向或意义之前，我们首先关注的必须是位移的绝对值，即该展览将我们作为一个纯粹的数量推到离冷漠有多远。然而，最终，错位的品质也必须纠缠着我们的注意力……

亲爱的葆拉，尽管你邀请我提交一篇关于建筑展览的现状和未来的文章很有吸引力，但展览的主题对我来说是如此重要（不仅仅是那些关于建筑或设计的特殊问题），以至于我为写你（要）的文章所做的每一次努力都被证明是疯狂的。不仅问题太多、太复杂，而且我被它们的重量完全扭曲了。对我来说非常重要的事情，恐怕你的读者也不会有兴趣。比如说，我怎么敢轻声说起展签这个棘手的问题，它对展览理论的影响就像费马最后定理对数学的影响。实际上更糟，因为数学家们最终解决了他们的难题，尽管他们花了三百年时间。或者，如果我转向其他博物馆人员对展览的巨大影响，我就会把时间和空间浪费得不成比例。我想，我可以把工作人员真正的战壕工作的描述掩盖在民间的轶事后面，这些工作在任何时候都是救命的，而且是十几次的救命。就像那个初级安装人员，他救了我的命，也救了我所在机构的声誉，他勇敢地把手举起来，阻止了一个箱子的倾倒，这个箱子里装着一个易碎的借来的玻璃制品，而我、书记员、首席安装工和其他六个人都愣在那里。（顺便说一句，他是我最反对雇用的一个求职者。）

我知道你也非常关心这个话题，因此不需要什么闲聊。但是，如果你允许我以非正式的方式写信，在我的闲扯中，我将试图解决在我短暂的建筑策展人生涯中对我最重要的三个问题。我提到我任期的短暂，是为了提醒自己它所允许的任性。策展人的职业需要一个不同的、不那么造作的观点，就像特里·赖利（Terry Riley）在现代艺术博物馆（MoMA）的一连串令人印象深刻的重大主题展览，或者阿龙·别茨基（Aaron Betsky）在旧金山现代艺术博物馆（SFMOMA San Francisco Museum of Modern Art）的六年中举办的令人惊叹的五十多个展览一样。

这三个问题是：如何看待建筑展览；如何应对此类展览会带来的特殊问题；以及如何总是重新召集该机构的物理架构，对我而言，它是彼得·艾森曼（Peter Eisenman）的韦克斯纳艺术中心（Wexner

Center for the Arts）。

从一开始，我就打算把展览作为一种社会实践的形式来探索，可以肯定的是一种奇特的形式，但是尽管如此，它还是与戏剧有着强烈的对应关系。我的愿望是夸大实验，把所有其他的考虑放在次要地位。在某种程度上，这种愿望来自那些法国知识分子关于"代表"的论述所引起的兴趣。在更大的程度上，它来自我对博物馆建筑的一种特殊的理解，我正在为猜想中的博物馆建筑进行辩护，我指的是韦克斯纳艺术中心及其通常的同谋者名单：赖特（Wright）的古根海姆博物馆；库哈斯的鹿特丹艺术厅；皮亚诺和罗杰斯（Rogers）的蓬皮杜中心（Pompidou Center, Paris）；蓝天组［Coop Himmelb(l)au］的格罗宁根博物馆（Groninger Museum）展馆，以及哈迪德（Hadid）的辛辛那提当代艺术中心（Contemporary Arts Center, Cincinnati）——你知道这个名单——抵制博物馆界日益坚持的要求，即以灵活性的名义恢复建筑装饰，这个问题似乎除了赫伯特·穆尚普（Herbert Muschamp）之外，没有得到我们自己的批评家的抵抗。显然，作为韦克斯纳艺术中心的建筑策展人，我的工作可以在加强这种防御方面发挥重要作用。我想，如果我能够让韦克斯纳艺术中心唱歌，我将不仅有一个论点，而且有一些证据——毕竟，在一个所谓的困难建筑中，谁比建筑策展人更适合做这个工作呢？顺便说一下，在我的论点中，"唱"可不仅仅是一个比喻——但是，正如我说它很奇特。

不过，最主要的是，我想这么做，因为我认为展览是糟糕的论文、压迫性的布道以及乏味的坏书。我对这种风格的展览几乎没有耐心，更不用说对那些装裱起来、几乎作为道歉、为推广图录的展览。我不认为展览是很好的纪录片。不，让我纠正一下。展览可以是伟大的纪录片，尽管其数量已经达到了过剩的程度。然而，鉴于这种过剩，纪录片展览中很少有实验，这难道不奇怪吗？当然没有一个能与电影中形式的演变相提并论。

当这样的实验发生时，它通常是作为一个激进的新主题提出来的。然而，主题展览仍然使用同样的条件反射（膝跳）公式（knee-jerk formula），即收集一份证人名单，使每件展出的作品都能证明主题的可行性和重要性（从而证明策展人的聪明才智），然后将麦克风交给下一个。菲利普·韦尔涅（Philippe Vergne）在沃克（Walker）的《让我们娱乐一下》（Let's Entertain）是娱乐性的，还是仅仅关于娱乐？那场展览的丑闻本不应该是关于其愤世嫉俗的任性，甚至也不应该是关于其通常的参展人名单——由单个策展人在连续展览中使用"参展者组合"具有巨大的潜力。

基钦斯（Kitchens）偶尔会策划，沉迷于消灭那些像僵尸一样进入博物馆和画廊的康德式批判性。遗憾的是，他的展览之一《无言之诗》（A Poem without Words）在现代艺术博物馆展出，因此在很大程度上被忽略了，从没留下他的想法。基钦斯在一排八个展厅中安置了一组组的画作，每个展厅门口都用不同重量的窗帘遮住，好似诗句各节之间的间隔。每一个展厅都有拉斯克（Laskers）和雷曼斯（Rymans）的作品，五个展厅有马尔卡乔（Marcaccio）的作品，四个展厅有诺斯克维茨（Noskewicz）和德凯泽（de Kayser）的作品，这五位画家构成了这首诗复杂的韵律。在每一个展厅里，他都加入了一个或另一个艺术家的精选作品，从莫奈、皮卡比亚（Picabia）、德库尼格（De Koonig）和劳申贝格（Rauschenberg）等巨匠，到弗里德曼（Friedman）、阿克曼（Ackerman）和里德（Reed）等同时代艺术家，以及克利福德（Clifford）、豪尔特（Howalt）和克雷西（Creecy）等同一时期的有天赋的无名氏，再加上今天的先进画家（Advanced Painters）的自由喷涂，虽然没有杰尼拉（Janeila）的作品。

当她沿着轴线从一个诗句走到另一个诗句时，这首诗的主题、情绪变化和视觉效果的狂欢之旅像带刺的风一样撕扯着她。走出第一个展厅，它辉煌的、引人入胜的对白变成了闪亮的光芒，将她包裹在光滴中。踏入下一节的别致、点头的酷，几步之后，这首诗爆发出欢快的气氛，然后，穿过下一个帷幕，突然跌入恐怖。一段漫长的逆来顺受的思考，最终屈服于一种她从未想过的绘画可能达到的宁静的内省深度，如此平静，除了拉姆（Ram）的温柔催促，她无法将自己从其中剥离。在最后的展厅里，她慢慢地、不可避免地陷入了绝望。拉姆引导她颤抖着穿过最后的帷幕，她的脸色斑驳而潮红，无法说话。

在出口大厅里，她几乎是无意中瞥见了一个黑暗的小衣帽间，看到在几乎看不见的一侧墙上，有一个不起眼的图伊曼斯（Thuymans）（的作品）坐在架子上，在灯光的温柔照射下毫不客气地支撑着。不是救赎，不是拯救，甚至不是希望，只是赤裸裸的肯定：事实上，心理上意识到，无可否认，其温文尔雅几乎是残酷的。她很快就恢复了平静，把拉姆送回了家，并花了一天的时间来分析这首诗，慢慢地认为这首诗是根据坡（Poe）的想法写成的，如果不是从他的一首诗中构建的话。她后来得知，基钦斯为悬挂惠斯勒的《灰绿交响曲》（Symphony in Grey and Green）进行了激烈的斗争。《海洋》挂在图伊曼斯美术馆的外侧，是一个隐藏在阴影中的光亮度的回声。但弗里克（Frick）美术收藏馆不愿意让它的一幅杰作扮演这样的角色，而且基钦斯曾多次恶毒地指责弗里克美术馆在展签上仅仅标注"海洋"的行为损害了这幅画。尽管她后来对基钦斯未能保住这幅作品表示同情，但暗地里还是松了一口气。真那样就太过分了。

对我来说，韦尔格纳（Vergne）的展览的问题在于，它又一次像其他许多展览一样，试图通过"理解"，也就是过度解读那些在我看来是对抗特定霸权的艺术作品。这就是为什么，最重要的是，我厌恶这样的假设，即展览应该是信息性的，或者，上帝保佑，教育性的。戈达尔（Godard）的作品或希区柯克（Hitchcock）或贝克特（Beckett）或莱康普特（Lecompte）或亚当斯（Adams）或阿什贝里（Ashbery）或凯利（Kiley）或古拜杜里纳（Gubaidulina）或塞拉（Serra）或库哈斯或斯塔克（Starck）或韦斯特伍德（Westwood）或克拉格（Cragg）或里德（Reed）或昆斯（Koons）的作品是否具有教育意义？这些作品，以及它们所有的"表亲"，都充满了想法——大胆的、挑衅性的、令人不寒而栗的想法——但它们是否教会了我们什么？

我们不应该把文化实践影响我们、改变我们、刺激我们以不同的方式思考、看到、听到和感受这一事实与它们教给我们任何东西的假设混为一谈。一旦某样东西教了你什么，它就会为你考虑。这是一个甚至连像奥布里斯特（Obrist）那样的有前途的年轻杂烩专家和朋克小贩都无法理解的观点，他们尽管虚张声势，但继续乖乖地将他们的工作铭记于心，为"大创意"服务。罗滕（Rotten）曾经说过的话"我可能对音乐了解不多，但我知道它与和弦没有任何关系"值得记住。

纪实性展览缺乏雄心壮志，在我看来是广泛地将展览风格缩小为公式，而这些公式往往非常糟糕地服务于主题。我最近在泰特美术馆看到了一个全面的霍普（Hopper）回顾展，这对我曾经非常关心的一位画家来说是完全毁灭性的。该展览遵守个人阶段性总结展览的标准惯例，对每个时期的作品进行了百科全书式的报道，首先按主题分组，然后在每组作品中按时间顺序分组。选择和安装，尽管作为当代博物馆学的实际操作完全无懈可击，但却没有考虑到绘画作品最宝贵的效果——最好的画作在安静的实事求是和忧郁之间，或者在世俗和形而上学之间，实现不稳定的平衡，这种脆弱的效果在它们被无情地悬挂，特别是在主题分组中，就会消失。换句话说，我越是要"理解"它们，我就越是讨厌它们，并为失去一个受人尊敬的亲人而哀伤。这是展览的错，但我将永远把它归咎于这些画作。

另一方面，大厅对面是吕克·图伊曼斯（Luc Tuymans）的展览，我知道它是由艺术家选择和安装的——在我看来，这是一次冒险，因为代表自己的律师有一个傻瓜作为客户，但在这个案子中，它是非常成功的。在那个展览中也有年表和主题，但安排得很松散，而且总是服从于精心编排的情绪和对注意力的要求。顺序和相邻的感觉更像是节奏而不是比较，让我思考、休息、欣赏、怀疑、徘徊和做白日梦。不久前，我在纽约看到了他最近的十几幅新画的画廊展览，其中有几幅就在这个展览中，看到他们以合奏形式工作，而不是在一个选拔赛中工作，这很吸引人。明显较弱的画作、失败的猜想和实验——（实际上有些相当明显，例如为文献展执行的静物画）——与更强的作品交织在一起，为展览提供了节奏、诚实和亲密感，最重要的是，一种适度的临时性。这不是"那位"吕克·图伊曼斯的展览，而是"一个"吕克·图伊曼斯的展览，我期待着下一次展览的到来。

如果说我对这个展览有什么异议，那就是展签。在离每幅画很远的地方设置展签，它们顺应作品，为它打开了美丽的空间。然而，我认为这些画的标题是特别重要的，甚至是不可分割的，所以这个距离过度地使两者分离。此外，它们有时是名字，有时是昵称，有时是座右铭，有时是典故，因此被一个单一的图形习惯弄得很糟糕。

虽然我有时喜欢了解作品的媒介，但我从未理解媒体与标题受传统展签影响的等式。就好像我在介绍自己时说："你好，我是杰夫·基普尼斯，我是由皮肤和骨头组成的。"哦，对了，还有"脂肪"。而且，仔细想想，我们为什么要写出"无题"？然后，还有"小步舞曲"（leminuet）的问题，即展签编排的往返于墙面的搞笑之字形，如果你在安装时考虑到精确的观看距离，这将是一个特别令人讨厌的事。

如果没有其他原因，就是因为没有时间，展览无法教学。即使是一个经验丰富的热心的爱好者，在一个展览中最多也就花两个小时，我想30分钟更像是一个典型观众的最大注意力持续时间。一篇论文或一本书可以赢得读者几十个小时的全神贯注，因此，作者有充足的时间以复杂的发明或相当的细节来展开学术研究、深思熟虑的论证、猜想或叙事。即使是专家也不会，也不可能对一个展览给予如此关注。那么，充其量，人们有时间去了解一个展览的想法，而在我看来，"了解它"是任何文化实践所能达到的最微不足道的效果，只有笑话例外。因此，展览中的想法必须由其他更有价值的效果来服务，正如它们在所有形式的戏剧中一样。

每一种文化生产形式在它自己关注的范围中都有其密切关注的音色：我们研究、全神贯注或不经意地关注、享受或仅仅浏览书籍、电影、现场戏剧、舞蹈、艺术、建筑，每种艺术都有它自己的方式。每场表演的持续时间，是其物质领域的一部分，是这种特殊性的基础。经过一番思考，我开始相信，在所有的文化生产形式中，博物馆展览是最转瞬即逝、最短暂的。我们通常只参观一次，我们的逗留时间很短。我们的注意力被其他游客的移动和其他事物的诱惑所吸引。虽然这些展览可能会巡回一段时间，但一旦关闭，它们就永远不会回来。而且，如果这还不够，我们还为它们披上开幕式的外衣，这是我们提供的鸡尾酒式娱乐活动的委婉说法，以减轻那些对我们最重要的人不得不忍受展览的痛苦。虽然音乐会和戏剧经常有开幕演出，但至少有一个时刻，观众最终会坐下来，闭上嘴，聆听。

在我看来，今天的许多策展习惯——严重滥用说教（就像所有强大的工具一样，在正确的手中，墙壁上的文字和展签可以产生奇妙的效果；因此，它们经常造成的损害并不是内在的属性）——对图录的日益强调、对综合性的渴望，展览必须提出一个观点的假设——可以被理解为努力抵消被默认为是展览基本缺陷的东西：它的短暂性。这也不难理解。作为一个策展人，你要工作数年；你要发展一个概念；你要梳理和仔细检查清单上的无数候选作品；你有时要选择其中的一百件或更多；你要乞求人们把作品借给你（我是指你要乞求）；你要拼命阅读，以便你知道关于它们的一切。如果和你一起工作的建筑师或艺术家还活着，上帝会帮助你应付他们；你在你的头脑中和模型中安排、布置和重新排列这些作品，直到你的眼睛出血，所有这些都是为了让概念和体验在一组顽固的空间中融合。然后你祈祷有人来看你的展览。当他们来时，如果他们来了，他们就会八卦、自以为是和发表意见，因为他们对你的牺牲、英雄主义、你的努力的天才没有丝毫兴趣，甚至没有意识到。你开始鄙视每一个低能的……呃，对不起，我跑题了。

我相信，一个展览的不可复制、不可再现的效果、乐趣、力量和可能性实际上是从它的消逝中获得的。我从哈姆雷特那里得到了启示。如果王子想抓住国王，证明他的罪行并起诉他，证据就会成为问题。但哈姆雷特想要的是别的东西；他想抓住国王的良知，为此他需要戏剧，一出戏。我想要一些比现场戏剧更需要更轻触感的东西，因为我想把国王、同伴和所有事物作为无剧本戏剧中的角色都放在舞台上，而他们甚至不知道这一点；并且用只有展览才能产生的无声的配乐去画龙点睛。展览是唯一一种演员、观众、道具、布景、灯光、乐队，甚至舞台本身都同时出现在舞台上的戏剧，而且没有人知道自己在什么时候扮演什么角色。坦率地说，作为一个建筑和设计策展人，这确实是我认为我的责任所在，因为你发现这种情况的唯一其他地方不是在剧院，而是在酒吧、学校、图书馆和法院，你知道——建筑舞台上上演的生活。

那么，这与法国关于代表性的论述有什么关系？当我刚开始担任策展人时，我发现关于博物馆有责任尊重和保护"艺术对象本身"的完整性的庄严咒语荒谬可笑，尽管我从每个艺术策展人那里都听到了这样的话，没有例外，总是觉得讽刺。当然，我理解历史和专业问题，并同样有这种伤感（谁不会呢？），但这些独奏会总是有这样一群虔诚的人。不过，更重要的是，建筑策展人明显感到尴尬：将建筑物放入博物馆是不可能的。因此，我们这些可悲的阉人，永远无法展示我们的东西本身，永远注定要以一种或另一种形式呈现（模型、图纸和照片）和拟像（假装在博物馆中建造的"建筑物"）。

最后——我知道，这肯定是让人打哈欠般的乏味，但——你可以想象在那种情况下，令人信服的理论论证的情况下，事物本身不存在所具有的吸引力。我们现在都知道，后结构主义的典型成就是最终证明了没有任何终端符号可以存在，并进一步揭露了结构主义、现象学、辩证唯物主义以及所有其他产生这种符号的话语背后隐藏目的的运作——政治的、精神分析的、形而上学的等等。由于这一成就，就我而言，没有一个知识上的正直的人可以再把"代表"这个词放在斜体、引号或任何其他"设备"中，暗示它可以被认识、隔离、理解和驯化，特别是在为被冒犯的代表对象辩护时。

如果德里达的补充思想温和地消灭了起源并从而以其形而上学的伪装消灭了原创，那么他正小心翼翼地重构了一种新的起源和原创性的经济。说复制品作为原件生产出原件，并不是说没有原件，也不是说复制品和原件的作用或地位颠倒过来。相反，这个论点的微妙之处在于，原件和副本在每个术语的操作意义上都继续存在，但作为合作性的结构；两者都对重建持开放态度。

虽然他拒绝了德里达（Derrida）对符号学的评价，而选择了对表象的更广泛和更有质感的思考，但德勒兹（Deleuze）似乎也关心在单一保证人消亡的情况下恢复新原创性的可能性。正如我所读到的，由于知识没有超越物质实践进入意识形态，他想象出一千种知识，每一个都是不可还原，不可复制的，但都根据他的"抽象机器"的乱舞而喧闹地彼此交流。听听D.H. 劳伦斯（D.H. Lawrence）关于塞尚的那段话，德勒兹用它来通过培根（Bacon）的画作对陈词滥调发起自己的攻击："经过40年的唇枪舌剑，他（塞尚）确实成功地完全认识了一个苹果；而且，还没有完全认识一个或两个瓶……"

对于一个画家来说，充分了解一个苹果表明，虽然画中的苹果是一种表象，但它也是一种原物，即绘画中的苹果，而我吃的苹果只是一种不充分的表象。据推测，将有一个小说苹果，一个诗歌苹果，一个化学苹果，一个美食苹果，以及一千多个（其他苹果），每一个不仅是代表/表现，而且是再创造——只要在其实践中以某种方式设法破解陈腐的外壳。

关于这两位作者的著作——或者至少是我对他们的理解——如何塑造我对策展实践的看法，我将留待下次进一步阐述。可以说它会将我们从展签带到博物馆建筑，再到展览在文化生态中的作用，触及介于两者之间的一切。我不会把我的工作归咎于它们，我只是喜欢感觉它们在其中。

从实际的角度来看，我发现展示设计的问题比建筑要棘手得多，因为设计已经被，好吧，被设计为用于展示，无论是在零售还是出版方面。使问题更加复杂的是，设计的包装、营销和分配在很大程度上依赖于（好得很的）非语境化（或者说面包面团真的会说话吗）。为了构建我的社会剧场，我通常认为重要的是要针对类型进行安装，类似于针对类型进行选拔［例如，让基努·里维斯（Keanu Reeves）扮演任何需要知道表演和假装之间区别的角色］。展示已经准备好的、最好是脱离背景的东西，以使展览展示能够启动该物品特性的某些意想不到的方面，现在这需要一些狡诈。我想说，跟我们欺骗设计比起来，设计更会欺骗我们。当一个策展人试图将艺术作品搬到舞台上时，艺术也有自己的问题，但至少它在开始时就已经是一种去情境化，并且除了名声和投资上的欺骗，或多或少地摆脱了很多营销的虚构。

展览中的建筑很奇怪，不是因为表现问题，而是因为大多数人都对这个话题、它的问题和它的抱负感到完全熟悉，这与他们与艺术的关系截然不同。很少有人理解建筑渴望一种不同于身份、景观及其作为建筑类型——房屋、博物馆或学校——的义务的文化表演。想拍一张真正空白的照片吗？准备好你的相机，然后问别人建筑师是如何利用一个屋顶来影响艺术、家庭、民主以及民主和自由之间的区别，或者就这一点而言，来提高性高潮。想象一下，试图在没有人看到演员的情况下上演戏剧，也没有人把握住有表演发生的事实。如何展示雷姆·库哈斯的阿拉瓦别墅（Villa d'Alava）和若泽·乌贝里（José Oubrerie）的米勒之家（Miller House）之间的竞争？两者都试图将核的解体作为一种积极的历史可能性，但却在这种肯定的建筑上争论不休（何塞获胜）。它应该像一部R级电影①，包含以下一项或多项内容：图形暴力（V），明确的性行为（S），或粗俗和不雅的语言（L），而不是一个含有多个待售房产的地产目录。我无法解决这个问题，这就是我没有做这个展览的原因。

鉴于这种想法，你会明白为什么我认为我一生中见过的最糟糕的展览——在任何策展类别中——是在世界范围内巡回展出的《新千年的博物馆》（Museums for a New Millennium）。这个展览收集了

---

① 译者注：R 是 Restricted（限制级）的首字母，影片为 R 级说明它含有较多性爱、暴力、吸毒等场面和脏话，17 岁以下观众必须由父母或成年监护人陪同观看。

大约四十个关于新博物馆的建议，每个建议都按照标准化的模型、图画、照片和教学装置进行展出——这当然有利于展览的传播。然而，展览的净效果是将建筑领域作为一种文化实践完全抹去，为博物馆作为一种建筑类型的平庸理解服务。对于熟悉其建筑的人来说，这组特殊的设计包含了对艺术、建筑、城市和生活之间关系的巨大的、惊人的、有争议的、出色的创造性的思考。左翼、右翼、聚众狂欢者、嬉皮、脑子有问题的、悲剧、喜剧——这些都在那里，并且完全被展览压制成无声的平庸。

那么，（作为）举办展览的物理设施的建筑的重要性又如何呢？特里·赖利（Terry Riley）在讲授博物馆建筑时，喜欢展示卢浮宫博物馆中的"胜利之翼"，并指出，尽管他对希腊艺术知之甚少，因此对雕塑的实际妙处也知之甚少，但建筑对这一作品的戏剧性安排产生了不可避免的效果，使他和大多数其他人——确信这是最重要的杰作。他接着说，满屋子的相似作品在不到 100 英尺（1 英尺 = 0.304 8 米）远的地方更仔细地展示，它们似乎不那么重要，尽管他很难说清楚其中的差别。听了他的话，我想到贝聿铭（Pei, I.M.）的建筑是通过将雕塑放在大楼梯的正面居中，俯视走近的观众，即以罗马方式放置来实现其效果的。然而，作为一个希腊雕塑，可能的最佳视角是在同一水平上，从斜面看，更重要的是，该作品描绘了一个在船头的女神，你会期望从侧面看到这个场景。（如果你真的想看到她的织物在风中飘荡，下次你在那里的时候，尽可能地把你的背压在平台墙的每个角落。）换句话说，为了达到其壮观的夸张效果，建筑必须猛烈地颠覆艺术作品。（为建筑赞美欢呼！）当然，诸如此类的故事不胜枚举，而且是双向的。

在 MoMA 2000 年重新安装其收藏品的最后一期实验中，巴尼特·纽曼（Barnett Newman）的《残破的方尖碑》（Broken Obelisk）被放置在二楼自动扶梯的落脚点上，靠近自动扶梯中心运行的竖井，就像无数的商场和百货公司悬挂的装饰品或吊灯一样。我对这种空间环境下的任何物体都很熟悉，我几乎没有注意到它。在我离开的时候才看了两眼。当我们走出门时，我问我的同伴，一位经验丰富的博物馆专业人员和现代艺术专家，她对纽瓦克的装置有何看法。她的回答是："它在哪里？"

为了满足我的习惯，我尽可能多地在多个场馆看展览，建筑对展览的影响——或者说与展览的影响——怎么强调都不过分。格雷格·林恩（Greg Lynn）花了相当多的精力来设计他在 2003 年组织的精美的、多学科的《错综复杂》（Intricacy）展览的装置，专门为减轻阿黛尔·桑托斯（Adele Santos）为展览的发起机构费城国际艺术中心（Philadelphia ICA）设计的白色盒子的缺口而量身定做。他甚至还为它设计了定制的吊灯，但都无济于事。如果你想体验一下建筑上的氯仿，就去那座建筑吧。当展览在耶鲁大学的保罗·鲁道夫（Paul Rudolph）设计的艺术与建筑学院大楼（Art and Architecture Building）——臭名昭著的受建筑困扰的展厅之一——展出时，林恩的大部分重新安装的努力都是为了解决在不违反任何借展契约的情况下，克服将展览硬塞到一个更小的空间的问题。然而，当《错综复杂》在纽黑文（New Haven）开幕时，其差异令人瞠目结舌——它不仅看起来更好，而且展览的论题变得更加清晰可见。

然而，所有这些都是过去明显的，甚至还不是真正的建筑，只是楼而已。最后，让我再拖出一个笨拙的比喻，把博物馆建筑比作乐器。我知道我在混合我的比喻，展览是戏剧，建筑是乐器，但实际上，谁在乎呢？这只是一封信而已。

我喜欢把博物馆建筑视为一种乐器，因为这个类比对我来说有一定的意义。伟大的乐器，如斯特拉迪瓦里（Stradivarius）、施坦威或芬德（Fender），都有非常特别的声音。它们能够很好地演奏一些音乐，特别是为它们写的音乐——有的还不错，有的只是一般般，而有的则完全不行。这样的乐器很容易演奏，但要演奏好却非常困难，而且很少有演奏者能做到这一点。另一方面，卡祖笛非常容易演奏，任何人都可以用它演奏任何东西——用现在的话说，它们"灵活"。乐器是复杂而困难的，并带来了巨大的问题。想想看，一个刺耳的、失调的小提琴，或者梅尔·沙赫尔（Mel Schacher）为大芬克铁路（Grand Funk Railroad）演奏的低音吉他作品。然而，在一个大师的手中，其结果是完全令人感动的，而且对我们中的许多人来说，是定义人生的。然而，在卡祖笛上，没有所谓的坏演奏、好演奏或伟大的演奏。无论什么歌曲，无论谁在表演，听起来都一样。今天，许多博物馆馆长似乎想要的是有礼品包装的卡祖笛。

谁会害怕有礼品包装的卡祖笛？我。

虽然我已经提到了博物馆建筑对展览的一些附带影响，但不言而喻，任何感兴趣的建筑师所创造的不仅仅是一座在这里和那里有一些良好效果的建筑。正是在这种增强中，博物馆才有一个独特和连贯的声音。我相信建筑策展人的首要责任是成为他的乐器的演奏家。看在上帝的份上，这不是要引导这座建筑，让它成为每个展览的主题或潜台词。这是关于让它做它本该做和不应该做的事情，按照建筑师的想象来演奏它，但也要像建筑师从未想象过的那样，就像凯奇（Cage）对预制钢琴所做的那样。策展人当然应该测试乐器的极限，尽管在知道什么时候在电吉他上咬琴弦和对着大提琴的琴孔傻傻地吹气是不同的。[我知道，这是从伍迪·艾伦（Woody Allen）那里搬来的。]

想想米斯和1962年国家美术馆的委托。建筑师面临的任务是构思一座建筑，想象艺术的作用和一个国家的未来，这个国家仍然在遭受着自己的悲惨毁灭的噩梦，这个建筑将位于柏林——这个国家最深的伤痕所在地——而且，如果这还不够，柏林墙刚刚建好。将这栋建筑解读为一部关于艺术的悲剧性歌剧是很容易的，它从街头开始，爬上帕特农神庙，发现除了一个鬼魂什么都没有，下到地窖，发现艺术被埋葬，但在等待一个更好的未来，在其中重生。每一个螺母、螺栓、横梁、悬臂、景观，建筑的每一盎司都为这一建筑哀歌作出了贡献。这里没有另一个隐喻；我不是说这座建筑是一部歌剧，而是说它的建筑产生了一种具有严肃的歌剧风格的声音的乐器。在这里做一个罗斯科（Rothko）或贾科梅蒂或安藤（Ando）早期的展览是很容易的；做杰夫·昆斯（Jeff Koons）或范利斯豪特工作室（Atelier van Lieshout）的展览，仍然与（此）博物馆的声音一起工作，虽然不是不可能，但更难。不过，从我在那里看到的展览来看，大多数情况下，策展人并没有在这些方面与该建筑进行接触。就像没有足够的空间，他们用隔板和临时墙填满了展馆，不是不优雅，而是与建筑有关时，完全是笨拙不堪。它们突然到来，格格不入。

今天没有人比雷姆·库哈斯更了解那座建筑。它就在他心里。他不仅使用它，滥用它，复制它，他还吃它，喝它，吸入它，射击它。因此，当他（不顾许多荷兰人的抗议）决定在那里而不是在NAI举办他最近的《内容》展览时，他知道自己在做什么。就我而言，这个装置几乎是完美的；可以肯定的是，是一个完美的混乱，但是很完美。你可以想象，这个展览是他的另一个侮辱性的喜剧，而且是另一个精彩的喜剧。但他巧妙地利用了建筑中的每一寸空间来衬托他乐观的反论题。如果雷姆能在几年内为国家美术馆的所有展览设计装置，这将是文化生产的一个令人惊叹的事件。

毫无疑问，艾森曼·韦克斯纳中心在其整体和细节上都有柏林国家美术馆的声音，尽管是不同的性质（register）。它到处努力争夺展览吸引观众关注的权利，并向展出的作品挑战，无论它们是否愿意争论，都要进行一场智力辩论。它在视觉上是嘈杂的；它成群的柱子在画廊的地板上杂乱无章；重要的展示墙是倾斜的；它（两次）违反了不返回原则；随着时间的推移，它在作品上投下移动的网格阴影。然而，这些不仅仅是古怪的噱头，它们加起来是有意义的，对批评家和学生来说，是它的建筑理念，也是它作为策展工具的声音。我没有足够的练习来成为一个演奏家，但我发现试图学习演奏它是令人振奋的。它真的可以唱歌。

所以，这就是我不能为你写文章的原因。

祝好。

杰夫

第九章 手工艺：一种学说

格伦·亚当森（Glenn Adamson）

我本想给这些练习冠以"手工艺学说"之名；但当我更好地考虑"手工艺"这个词的真正含义时，我发现"学说"并不适用；因为"手工艺"意味着狡猾，或诡计，或手艺，这不是文字所能教导的，而只能通过实践和练习获得。因此，我不能保证，只要读了这些做法，任何人都能完成这些手工艺，但我可以肯定地告诉你，这些是每个努力完成这些手工艺的人必须遵循的规则；通过真正遵守这些规则，他可以根据自己的聪明才智和勤奋程度，迟早会使自己的手掌握像手工活一样的狡猾或工艺，从而能够及时获得这些手艺。

——约瑟夫·莫克森（Joseph Moxon），

《手工练习》（*Mechanick Exercises*）

1677年，一位英国作家向他的读者解释了他的新工匠手册的标题。那些熟悉关于手工艺在艺术中的作用的辩论的人，可能会惊讶地看到历史记录中如此遥远的熟悉的主题。显然，早在17世纪末，人们就有可能将手工艺设想为文字之外或话语之外的东西：用身体而非头脑学习的东西，因此与自文艺复兴以来日益构成美术内容的智力交流无关。根据这种逻辑，莫克森认为，"手工作业"不是根据想法，而是根据规则——灵活的、完美的和不变的。在18世纪，乔舒亚·雷诺兹（Joshua Reynolds）等学院派画家坚持认为，虽然艺术家可能从"获得手工的灵巧"开始学习，但他的成熟过程包括推进到概念的贸易。"真正的画家的愿望必须更加广泛：与其努力用他的模仿品的细微整洁来取悦人类，不如努力用他的想法的宏大来改善人类。"在这种观点中，艺术必须是一个概念而不是设施的问题。这种二分法在过去的几个世纪中或多或少得到了维持，而且在 20 世纪末得到了加强。波普和概念艺术的启示，现成品策略令人惊讶的弹性和灵活性，以及越来越大规模的操作要求，都促使手工艺被进一步边缘化。奇怪的结果是，当艺术制作中的每一个其他术语都被分析的时候，制作本身的诀窍在大多数情况下都徘徊在两翼，在舞台上的缺席很明显。

同时，在艺术界的边缘地带，工作室工艺运动承担了大部分促进和保护传统手工技能的工作。这个群体的成员经常坚持认为，他们被贬到一个低级别的层次是一个偏见的问题。然而，事实是，大多数工作室手工艺人一直并且仍然对当代艺术抱有怀疑和不了解的态度。这方面的原因并不难找。首先，战后的手工艺运动继承了 19 世纪末设计改革的遗产，特别是艺术和手工艺运动，其典型特征是对透明和诚实的道德化坚持，以及通过有用的物品改善生活质地的平民主义冲动。从这种有限的意识形态角度来看，先锋艺术，即使它涉及工艺和材料问题，也似乎与"现实生活"有着不可挽回的距离，无论是其形式上的自主性还是其社会精英主义。具有讽刺意味的是，在手工艺机构成熟地处理当代艺术的能力方面，一个更大的绊脚石是其宣称的"侵蚀手工艺和艺术之间的界限"的目标（借用 1950 年以来的无数出版物）。这种雄心壮志在温室中的手工艺场景之外似乎很可笑，这不仅仅是因为它显然是自相矛盾的。如果工艺与艺术的界限以某种方式被神奇地抹去，那么工艺的类别就会被完全腾空——也就是说，抹去需要破坏表面的调查框架。最近，美国工艺博物馆（American Craft Museum）通过将自己改名为艺术与设计博物馆，以一种高度公开的方式将这个问题戏剧化。这是一个恰当的描述，但只是在这个意义上，该机构显然没有办法让自己不感到尴尬地定义自己。许多手工业者的生动反应使埃尔伯特·哈伯德（Elbert Hubbard）的精彩台词成为谎言。"为了避免批评，什么都不要做，什么都不要做"。许多人确实对博物馆对非同一性的狂热拥护感到相当不满。但真正的问题并不是纽约的几个高官不知道自己在做什么，而是工艺运动的支持者们普遍不认为"艺术"意味着"当代艺术"。他们倾向于认为它意味着一些有表现力的东西，要么是非功能性的，要么是昂贵的。但所有这些都是艺术的方面，早就被当代艺术家自己的纪律性和自我批判所取代了。在手工艺界能够克服艺术地位的问题之前，它的边缘化将得到保证。

策展人对工艺/当代艺术的分界线非常熟悉。因为它是如此整齐地映射在博物馆机构中。无论是在部门划分还是展厅空间分配方面，都很难想到有哪家美国博物馆在这两个领域都有公信力并将两者混合在一起。少数值得欢迎的例外——在旧金山现代艺术博物馆的罗伯特·阿尼森（Robert Arneson）陶瓷半身像，波士顿美术馆（Museum of Fine Arts, Boston）的手工制作的展厅座椅——往往伴随着区域主义的理由或隐含着策展人的歉意。当然，后一种趋势的顶峰是戴尔·奇休利（Dale Chihuly）的低俗枝形吊灯在美国和欧洲的博物馆中的泛滥。从手工艺品的角度来看，奇休利的作品是一面可怜的旗帜，因为它明确地破坏了当代艺术挑战其观众的使命。他的媚俗小玩意是一堆同样可疑的"玻璃艺术"的先锋，它们通过工业规模的魅力攻势摆放在原本受人尊敬的机构中。通常，收购的路径经过有钱的受托人和跨过当代艺术策展人（隐喻的）尸体上。

安妮·威尔逊（Anne Wilson），《行为举止》（Errant Behaviors），2004年，视频照片，由艺术家提供。2004 安妮·威尔逊版权所有。
威尔逊通过动画过程的步调来放置复杂的花边配置，将它们渲染为奇怪的实体，这些实体在卡通人物、绘图和视频演示图的条件之间运行。

当当今社会对巧妙地处理工艺如此激进地敌对时，一个对工艺感兴趣的策展人该如何在浅滩上航行？答案很简单：把工艺作为一个主题，而不是一个类别。策展人不能假设关于手工艺的最相关的挑衅性思考，或最相关的令人满意的艺术，一定会来自工作室的手工艺圈。事实上，对艺术与设计博物馆来说，这似乎是该机构的明确计划的一部分。然而，MAD（纽约艺术与设计博物馆）没有意识到的是，手工艺不是被推到背景中的东西，也不是被视为与其他物体的关系，而是一个概念化的话题。他们应该保留这个名字并使程序符合它的要求，而不是相反。就像现在这样，名称的改变提出了一个隐含的问题：手工艺博物馆能够生存吗？答案是肯定的，但只是以地区博物馆、致力于民族身份认同的博物馆或其他狭义的博物馆的方式：通过专注于他们的使命，以至于他们开始窥视它。就像任何其他艺术术语一样，手工艺应该被视为无穷无尽的、怀疑的、探究的目标。就像极简主义关注序列性和工业制造，或女权主义提出关于艺术家的社会构建主体地位的命题，或新表现主义处理历史绘画的遗产一样，艺术家可以对工艺本身及其构成部分进行严格的检查。

不难想象这样的艺术家，因为他们就在我们身边。制作精良的东西正在对我们当代领先的从业者施加新的魅力。在 20 世纪 90 年代初，手工艺在艺术界的唯一地位就像迈克·凯利（Mike Kelley）、雅尼娜·安东尼（Janine Antoni）或奇奇·史密斯（Kiki Smith）的作品表现的一样，是一个可怜的东西且影响好奇心。现在，正如人们在对 2004 年惠特尼双年展（Whitney Biennial）的反映中所说的那样，熟练的人手正在以一种更广泛和更积极的方式被雇用。这种对手工艺的新兴趣在本质上是实用的，或者至少是受到展示和制造的环境变化的鼓励。当代艺术的公共角色越来越多，它被期望参与博物馆和画廊的民粹主义转变，这促使艺术家将精细的工艺视为争取关注和赞誉的潜在弹药。同时，在艺术食物链的供应端，大学对拥有传统手工技能的艺术家提供了前所未有的支持，让他们参与更广泛的课程。像罗德岛设计学院（Rhode Island School of

戈德·彼德安（Gord Peteran），《修复体》（Prosthetic），2001
年，由艺术家提供。
在对象雕塑的这种奇特变化中，通过黄铜结构的机构"恢复"
了损坏的梯形背椅，使其保持坚固并恢复了功能。假肢可以从
椅子上移开而不会留下任何痕迹。就像彼得安的大部分作品一
样，这里用平凡的木工技艺作为精心设计且有些险恶的发明
的借口。

Design）、芝加哥艺术学院（School of the Art Institute of Chicago）和加
利福尼亚艺术学院［California College of the Arts，前身为加利福尼亚艺
术与工艺学院（California College of Arts and Crafts）］这样的学校正在
对他们的学生进行交叉培训，这些学生可能主攻工艺学科，但他们大部
分时间都在雕塑系徘徊。虽然这种交叉对一个展览来说是一个糟糕的前
提，但对于陶瓷、木材、金属、纺织和玻璃院系来说，这是一个处理他
们自己继承的后来者立场的非常好的方式。

其结果将是一批新的后学科艺术家，他们拥有来之不易的工艺技能，但却认为它们有些问题。这种态度的迹象已经出现在一些在手工艺媒体方面受过广泛训练的、思想开明的艺术家的作品中。以前，从事手工艺媒体工作但渴望被当代艺术接受的人，往往会和他们与手工艺的联系作斗争。他们中的佼佼者从自己的绝对困境中汲取能量，就像彼得·沃尔克斯（Peter Voulkos）和罗伯特·阿尼森（Robert Arneson）在其职业生涯的早期那样。其他人则试图通过其他方式进入艺术系统，使其短路，正如奇休利所做的那样。相比之下，今天值得关注的精通工艺的艺术家们似乎并不太关心他们的类别。如果你称他们为"手艺人"，就好像那是某种侮辱，那么你会得到一个会心的微笑作为回应，而不是争论。他们认为他们的技能并不具有内在的价值或意识形态上的正确性，而是一种中立的工具——一种使他们的作品具有权威性的方式——也是一个话题，它可以像艺术方程式中的任何其他术语一样进行反思。

最终，历史学家无疑会回顾现在的时刻，并对"手工艺"似乎如此牢固地植根于郊区这一事实感到惊奇，就像人们回顾20世纪50年代的摄影，并想知道为什么如此难以预料这种媒介在未来几十年中对艺术界的重要性一样。与此同时，无论策展人是从装饰艺术、当代艺术、工业设计还是工作室工艺的角度工作，这个行业都有责任预测和鼓励关于工艺的新思考。这可以通过几种方式来实现。首先是通过重新组织永久收藏。因为永久性的展览对于艺术史轨迹的授权是如此的关键——这是最重要的一步，但也是最困难的一步，因为大多数博物馆和历史记录本身都有分界线。使工艺收藏品脱离贫民窟化的最好方法是通过主题展厅的装置，在其中，通过思想而不是按年代和地理类别引导艺术品的展示。总体来说，主题方法在最近的一连串事件后，已经不受欢迎了。在20世纪90年代末，纽约现代艺术博物馆、伦敦泰特博物馆等的一连串反响不佳的装置作品之后，主题式方法受到了冷落。人们普遍不喜欢这些努力。部分原因是批评家的保守主义，但也有一个合理的共识，即艺术家应该比策展人更有价值。当 MoMA 展示了一个由罗伯特·赖曼，阿格尼丝·马丁（Agnes Martin）和卢西奥·丰塔纳（Lucio Fontana）的全白作品组成的全白展厅时，从策展人的角度来看，这是对该机构自身展示历史的巧妙自我重复引用。但对于普通的博物馆参观者来说，这似乎是令人困惑的、淘气的或令人恼火的。

具有讽刺意味的是，这样广为人知的主题装置仅限于对经典的重新洗牌。尽管 MoMA 的主题项目是自觉的实验性项目，但令人怀疑的是，参与其中的人甚至考虑过将手工艺材料包括在内。然而，对于合适的主题，手工艺可能是普通的展品的一个迷人的对立面。想象一下，例如，一个展厅，它描绘了重力在 1950 年至 1970 年之间作为构图原则的使用。一个展厅可能始于杰克逊·波洛克的绘画，克莱尔·蔡斯勒（Claire Zeisler）的纤维作品和斯蒂芬·德斯特布勒（Stephen DeStaebler）的陶瓷雕塑，最后终于罗伯特·莫里斯（Robert Morris）和巴里·勒瓦（Barry Le Va）制作的切割毛毡雕塑。这个展厅看起来不错，而且也可以讲一个聪明的故事。它将简明扼要地呈现出作者控制和随机性之间备受研究的艺术张力。工艺品将帮助美术作品充实这一辩证关系，因为它们将控制的概念转化为稍有不同但显然相关的关键。蔡斯勒的纤维挂件展示了对原材料的特殊属性的敏感性，以及对控制该材料的手段的相应的精细性。这些问题在莫里斯这样的当代后极简主义雕塑中根本不存在，在雕塑中，将矩形的刻意中性的毛毡切成条状，并像图表一样悬挂在墙上。蔡斯勒编织和垂坠，莫里斯切割和垂下。这种差异使前者的作品显得凌乱而富有诗意，而后者的作品则明显具有抽象性和示范性。在过去的几年中，这种区别意味着蔡斯勒的作品不仅与莫里斯在不同的画廊中展出，而且还完全在另一家博物馆中展出。但是，今天，如果策展人真正在寻找扩大对战后艺术的理解的方法，那么像蔡斯勒的手工艺品可能就不再是问题，而是一个在其更精细的阴影中呈现关键想法的机会。

一个不那么具有挑战性的课程是将工艺与现代设计或历史装饰艺术结合起来。手工艺是设计的表亲，当代手工艺物品的活力是对尘封的旧文物的帮助，因为对于大多数博物馆的参观者来说，这些文物往往被认为是遥远和精英主义的。然而，这一点必须谨慎行事。显而易见的是，鲍勃·斯托克斯代尔（Bob Stocksdale）的木碗、玛格丽特·德帕塔（Margaret DePatta）的新结构主义珠宝或安妮·阿尔贝斯（Anni Albers）的包豪斯式编织品适合于几乎所有世纪中叶的工业物品。不过，在这样的插入中可能会失去的是工艺物品的微妙性。与赫尔曼·米勒（Herman Miller）和诺尔（Knoll）的作品摆在一起，斯托克斯代尔、德帕塔和阿尔伯斯等人的作品似乎相得益彰。不过，在某些方面，如果把他们的作品归入高级设计的典籍中，则是一种傲慢和误导。

蔡斯勒天花板上悬挂的纤维艺术作品的这一具有纪念意义的后期实例，很好地体现了她正如罗伯特·莫里斯（Robert Morris）、理查德·塞拉（Richard Serra），或伊娃·黑塞（Eva Hesse）等著名的工艺艺术家一样在视觉上戏剧化地表现了引力的作用。合成物围绕受控编织物和散落的单根线之间的张力而旋转。没有表达的姿态，但是材料仍然被用来表达其自身的属性。

工艺品的独特性往往是意识形态的、区域性的或理论性的——当物品因为有共同的"外观"而被放在一起时，所有这些背景故事都会丢失。同样简单的，可能是将当代工艺物品放在古董旁边，以达到活跃对比的目的。一个呆板的历史文物的吸引力是否真的通过这样的并置而被揭开？还是说该文物看起来更加呆板？在这里和其他地方一样，有针对性的策展信息是至关重要的。正如工艺应该与设计相对应或相关，而不仅仅是与之并列，当代工艺物品应该与历史上的先例一起展示，以表明一个观点。这个主题不一定是深奥的；事实上，对"如何做"工艺过程本身的简单解释是混合新旧材料的最令人满意的方式之一。掌握古董技能的活生生的、会呼吸的工匠的视频或摄影对于让古董本身变得生动方

克莱尔·蔡斯勒（Claire Zeisler，美国人，1903—1991），高层建筑（High Rise），1983—1984 年，麻，合成纤维，152 英寸×144 英寸×60 英寸（386.1 厘米×365.8 厘米×152.4 厘米），密尔沃基艺术博物馆（Milwaukee Art Museum）艺术之友捐赠 M1991.625。图片来源：埃弗拉伊姆·列夫－埃尔（Efraim Lev-er）。

面具有不可估量的价值。在他们的作品中引用历史形式和技术的手工艺人也构成了一个明显的机会，因为他们的作品表明，装饰艺术有自己的内部参考系统。

对大多数策展人来说，期望他们寻找这样的融合点可能是要求过高了。永久收藏，就其性质而言，倾向于加强以前建立的类别。如果认为大多数手工艺作品会有效地与普通博物馆藏品的其他部分对话，那将是鲁莽的。在手工艺领域，有太多的精品思维。美术、工艺和历史装饰艺术之间在地位甚至市场价值上的差异——即使这些差异是当之无愧的——也是一个障碍，因为它们强烈地阻碍了跨学科的比较。由于这些原因，在策展人处理工艺方面的未来发展更有可能发生在集中的临时展览中，而不是在永久收藏中。每种类型的新材料都在某种程度上摆脱了

罗伯特·莫里斯，《无题（缠结）》[Untitled（Tangle）]，1967 年，1 英寸厚毡，装置尺寸可变，现代艺术博物馆，菲利普·约翰逊（Philip Johnson）捐赠。2014 罗伯特·莫里斯／纽约艺术家权利协会版权所有。

与蔡斯勒不同，罗伯特·莫里斯的毛毡作品中几乎没有技巧性的工作。与蔡斯勒的染色、包裹和编织的剑麻纱相比，工业毛毯形成极端鲜明的对比。然而，这些作品固定的上部（一种情况下是编织物，另一种情况下是与墙的连接点）与逐渐混乱的下降到地面的部分之间表现出相似的对立。

既定的学科界限；当在当代艺术范式内工作时，策展人可以自由地纳入他们认为相关的任何作品。应该有可能以与手工艺领域之外相关的方式来构建手工艺的具体附属关注点——材料、劳动、技能和各种传统形式（锅、椅子、挂毯）、处理（转动、刻螺纹、雕刻）、功能（装饰、容纳、舒适）。同样，使这些展览成功地扭转局面使其对自己有利的，将是它们的自我意识程度。太多时候，手工艺策展人创造的展览都是"关于"这些想法的，但其中只包括例子，而不是注释。天知道这个世界不需要再展示那些装饰的东西，转动的东西，或者形状像罐子的东西。但世界也不需要另一个绘画展，真的，然而，通过不断升级对自身状况的思考，这种媒介已经一次又一次地焕发了活力。艺术家和策展人现在都需要以同样不妥协的自尊来处理工艺。

无论博物馆与手工艺人的合作在未来可能采取什么方向，关键的是，话语要优先于学科。策展人需要停止将手工艺视为一个领域、一场运动或一个社区，而是将其视为一个矩阵。我们可以回到莫克森那里，思考他将他的书称为《手工练习》，而不是《手工艺学说》（*A Doctrine of Handy-Crafts*）的决定。三个多世纪后的今天，也许我们终于准备好看到，工艺的规则并不是一个需要对抗或超越的束缚。这些规则是工艺的内容，它们是应该被接受的。因为正是在这些规则中，人们可以看出工艺的未来和过去的轮廓。

作者要感谢斯特凡诺·巴西利科（Stefano Basilico）对本文的许多贡献。

第十章　寺庙 / 白立方美术馆 / 实验室

伊沃娜·布莱茨维克（Iwona Blazwick）

在分散于我的家、我的办公室和似乎总是伴随着我在这两个地方之间旅行的塑料手提袋之间的临时图书馆里，有一个全新的部分，它似乎每周都在增长。这个新兴的领域被称为博物馆研究、策展人研究、展示文化、机构批判、展览史，或者仅仅是简单的窥视，它正在形成一个临界质量①（critical mass），因为正如美国艺术家玛丽·凯利（Mary Kelly）所评论的："就分析而言，展览系统标志着话语、实践和场所的关键交汇点，这些话语、实践和场所在一个确定的社会形态中定义了艺术机构。此外，正是在这里，在这个跨文本、跨阐释的网络中，艺术作品作为文本被生产出来。"[39]

凯利的分析是这一论述中的一个基准。在过去的30年里，这种研究的激增已经彻底剖析了展览空间的概念。这些分析和辩论，由艺术家发起，由策展人、理论家和历史学家详述，代表了一种艺术史，它不关注艺术运动、它们的对象或创造者，而是关注它们的展示模式。它们拷问了展览制作的惯例，以及画廊环境从学院到沙龙、从白立方美术馆到现场、从空间到情景的转变。

从布赖恩·奥多尔蒂（Brian O'Doherty）关键性的《白立方美术馆内部》（Inside the White Cube）到玛丽·安妮·斯坦尼谢夫斯基（Mary Anne Staniszewski）的《展示的力量》（Power of Display），对展示和画廊空间的众多批判性诠释都产生了根本性的转变。[40] 展览空间，无论是博物馆还是实验室，都不能再被理解为中立的、自然的或普遍的，而是被政治、经济、地理和主观的心理动力学所彻底规定的。

---

① 译者注：产生质变所需的量。

我受邀为该出版物撰稿时，正值我目前工作的机构的一百周年庆祝活动结束。受斯坦尼谢夫斯基对现代艺术博物馆案例研究的启发，我认为白教堂美术馆的历史和位置可以为了解展览及其空间给予的观赏条件指数，以及它们如何在一个世纪中演变提供一些有趣的见解。

白教堂美术馆不是由一个伟大的赞助人，或一个政府，或一个社区创建的，而是由一个牧师建立的。它的位置不是市中心或宏伟的大道，而是伦敦最贫穷的东区，"贫穷和汗水劳动的代名词，伦敦人的团结和民众的抗议……伟大的社会运动者……和不折不扣的罪犯"[41]。除此之外，还有欧洲最国际化的人口之一的地方——尽管是在社会贫困和宗教、民族和种族紧张的地狱厨房里。

从一开始，白教堂美术馆专门建造的背后的愿景就是福音派的。塞缪尔·巴尼特（Samuel Barnett）牧师和他的妻子亨丽埃塔（Henrietta）试图将伟大的艺术带给东伦敦的人们，当时和现在一样，这是西欧经济最贫困的地区之一。正如历史学家塞斯·科文（Seth Koven）所指出的，他们的使命是"利用艺术品的展示和工人阶级公众的创造来促进社会复兴和城市更新"[42]。

画廊是巴尼特夫妇在教区学校举办的展览的基础上发展而来的，其标志是在《笨拙周刊》（Punch）杂志上刊登的这篇散文作品：

哦！东方是东方，西方是西方，

正如拉迪亚德·吉卜林（Rudyard Kipling）所说。

当贫穷的东方享受着富有的西方为之付出的艺术，

富裕的西方为之付出。

看到东方和西方在他们最好的状态下联系在一起！

与白教堂的艺术爱好者们一起，

好的巴尼特教士就是那个

他最知道如何抓捕。

因此，这门大炮要上膛了，装到枪口。

所有伟大的禧年之枪。

图片和布道一样好？是的。

是的，比一些可怜的人好得多。

在白教堂的黑暗中，疲惫的工人的眼睛，

沉闷的工人们的疲惫的眼睛就会变暗。

可能会发现沃茨（Watts）的画

比瓦特的赞美诗做得更好。[43]

　　1901年开业的画廊和它的展览是以工具主义的术语来构思的，为大部分是文盲的公众提供道德指导和救赎。此外，在公共图书馆运动之后建立的这个不收门票的公共空间，被认为是化解阶级冲突和提供社会凝聚力的重要工具。再次引用科文（Koven）的话："巴尼特夫妇认为，在英国精英阶层目睹劳工和资本之间的暴力对抗时，文化是所有人共享的，但根据每个人自己的思考领悟来定义，它将帮助富人和穷人超越阶级，共同塑造一个国家。"[44]

　　在艺术评论家约翰·罗斯金（John Ruskin）的影响下，他们认为图片为通往上帝和灵性世界提供了途径。

　　该建筑由查尔斯·汤森·哈里森（Charles Townsend Harrison）设计，被建筑历史学家尼古拉斯·佩夫斯纳（Nichola Pevsner）形容为划时代的建筑。它囊括了艺术和手工艺运动的所有精神和意识形态，汇集了对北欧神话的引用并由它的生命之树融合了大自然的元素，其镶玻璃的半月窗和拱形门洞参考了新罗马式风格，以及其从未实现的梦想，即为文化和工人阶级设计的马赛克镶嵌画。室内的顶灯和高高的天花板提供了一个寺庙般的空间。在这个几乎是宗教性的室内，图片被展示出来，将艺术与日常生活中的道德故事联系起来。

　　1901年的春季展览包括鲁本斯、霍加斯（Hogarth）和康斯坦布尔

《在世艺术家拍摄的现代图片，拉斐尔前派和较早的英国大师》（Modern Pictures by Living Artists, Pre Raphaelites, and Older English Masters）安装视图。白教堂美术馆春季展览，伦敦，1901 年 3 月 12 日—4 月 23 日。白教堂美术馆，白教堂美术馆档案提供图片。

（Constable）的画作，这些英国艺术的伟大杰作传统上是在皇家学院或国家美术馆的精选环境中展出的。这些作品与拉斐尔前派的画作一起展出，其标志性的超现实主义和道德叙事反映了巴尼特家族的文化理念。这些维多利亚时代的慈善家旨在向几乎完全不了解情况的工人阶级和非英语国家的移民公众宣传。该展览造成轰动，吸引了 20.6 万名观众。有人说，这些人是来观看东区居民以前从未见过的电灯的。尽管如此，展览创造了一个公众：主要是穷人，大多没有受过教育，但好奇心强，善于表达，对白教堂的图片展充满渴望。

装置的风格直接借鉴了卢浮宫博物馆、巴黎沙龙和皇家学院的传统。在暗红色的墙壁上，画作被悬挂在画栏上，从地板到天花板堆叠在一起。

美国评论家布赖恩·奥多尔蒂对展览系统的描述如下："每幅画都被看作一个自成一体的实体，通过周围厚重的框架和内部完整的透视系统将其与贫民窟的近邻完全隔离。空间是不连续的、可分类的，就像这些挂着照片的房子有不同的房间，有不同的功能。19 世纪的思维是分类的，19 世纪的眼睛认识到流派的等级和画框的权威。"[45]

这里的展览空间模仿了宏伟的乡间别墅的家庭空间，几个世纪以来的绘画积累反映在它们一层一层的堆积上。观众遇见艺术作品，不是作为一个真实的对象，而是作为一个幻觉，一个通往另一个世界的窗口。

当被移植到东区贫困的环境中时，这种展示方法和每幅画的内部世界所描绘的理想化场景将人们的注意力从日常现实中转移开。艺术成为一种超越甚至是逃避的手段，为东伦敦工人阶级提供了一种被动的、私人的、非冲突性的解决经济苦难的方法。

正如塞斯·科文所评论的："目录描述和整个展览都在努力创造一种假象，即工人通过观看艺术来积极促进自我提高，而事实上他们是被转移了注意力，无法直接挑战社会中的权力基础。"[46]

战前时期的白教堂美术馆图片展相信与文化接触的民主化和文明化

力量：道德故事为"醉酒阶层"提供了救赎的可能性，这些故事不是通过文字而是通过图像的"普遍"透明度来传达的。这一议程还结合了对全球的奉献，尽管它有殖民基础，但在某种程度上预示着今天的后殖民主义强调挑战西方的国际主义概念。1902年的《日本展》大量展示了日本的艺术和生活，包括瓷器、象牙雕刻、青铜器、漆器、金属制品、家具、书籍、乐器、盔甲以及浮世绘艺术家的109幅彩色版画。它重建了一个日本房间、一个茶馆的模型和一座寺庙。

这种展览制作直指19世纪的大型世界博览会（world fairs）。第一次是1851年在伦敦的水晶宫（Crystal Palace）举行的。当卡尔·马克思（Karl Marx）看到它时，称它是"一个召集所有国家的大考，是产品和生产者的巨大世界大会"。在西欧各地兴起的世界博览会提供了工业化资本化西方的展示——它们强调新的工业生产和新征服的领土。它们也反映了人种学和人种学博物馆的崛起，将异国文化纳入其中。在1900年的巴黎博览会上，整个非洲村庄都被重新制作出来，并有人居住——一些"展品"因为不堪低温和西方疾病而不合时宜地死去。

安妮·库姆斯（Annie Coombes）在她精彩的文章《民族志与民族和文化特性》中，特别关注了《日本展》这一年。"1902年……标志着议会的两个竞争党派重新采取了协调一致的战略，以促进英国内部同质的民族认同和统一的概念。帝国主义是为此目的而动员的主导意识形态之一……通过被委婉地称为'社会帝国主义'的政策，所有阶级都可以被舒服地纳入殖民地的扩张主义经济政策方案，同时承诺在国内进行社会改革。"[47]

利用帝国作为潜在的"活的地理课"的"仁慈的家长制"被转化为更具体的呼吁，即承认欧洲种族的优越性。[48] 1902年的帝国联盟教育委员会会议指出："殖民化和商业的进程使得欧洲人种，特别是我们自己岛屿上的人种，每年都注定要在世界所有地区占据权威、光明和领导地位。"[49]

这个多元文化展示的早期例子强化了非西方文化是静态的、在启蒙运动的轨迹之外的概念。同时，在20世纪初东伦敦的严峻背景下，它也提供了一种令人激动的异国情调的逃避方式。尽管这种对工具、图标、崇拜物和艺术品的整合反映了人类学对非西方文化的理解，但它也可以被理解为相当后现代，因为艺术生产可以在更广泛的文化背景下被理解。

事实上，这种展览制作方式对西方的艺术家产生了巨大的影响。正如我们从后印象主义和立体主义中了解到的那样，前卫艺术家们在这些展览中看到了新的形式策略和表现模式，这为他们自己的艺术历史和资产阶级惯例提供了一种断裂。这样一来，它们不仅在殖民主义的论述中，而且在现代主义的故事中占据了一个关键位置。

白教堂周围的街道位于中世纪城市的古老边界之外，靠近泰晤士河码头区，使它们成为逃离宗教迫害或寻求经济机会的一波又一波移民社区的目的地。这些人包括17世纪被称为胡格诺派的法国新教徒，逃离19世纪末和20世纪初反犹太主义大屠杀的东欧犹太社区，以及为东印度公司航行并定居在东区的孟加拉海员。画廊项目试图通过诸如1906年（1905年《反外国人法案》之后一年）举办的《犹太艺术和古物》（Jewish Art and Antiquities）等展览来展示这些散居地的文化遗产。与日本展一样，美术作品与宗教工艺品和家用物品一起展出。目录中描述，该展览汇集了"来自伦敦犹太教会堂的稀有、昂贵和美丽的设备……以及与家庭奉献有关的展品……罕见的手稿……关于英国犹太人历史的肖像和版画选集……主要由英国艺术家创作的作品示例"。这显然是一个说教项目，旨在展示犹太人的"文明本质"。正如文化理论家朱丽叶·斯泰恩（Juliet Steyn）所指出的，"（宗教）仪式和典礼的表现和价值之间的区别渗透到世俗领域——家庭。展览所提供的犹太性和犹太身份的版本……或目录所引用的版本是以特定的高级文化概念、身份观念、同化观点、中产阶级的道德价值观、对阶级的判断和打击反犹太主义的需要为前提的"。在这种"多元文化主义"与社会工程的冲突碰撞中，犹太文化在英国民族主义的术语中得到了体现。当然，事后看来，同化与差异的议程是透明的。然而，正如斯泰恩所指出的，这种策略被一个民族所接受，他们的生存取决于在一个东道主社区内的接受程度。她继续说："白教堂的犹太人，带着他们所有不同的文化身份，被邀请成为一个已经完成的文化的观众，由他们的受托人向他们展示并代表他们。他们被赋予了在民族文化中的地位。他们接受了这一邀请。"[50] 近一个世纪前，这类倡议所提出的问题在今天仍然具有现实意义，因为实践者和机构正在努力解决是否以及如何代表文化身份的问题。

政治议程与先锋美学融合的另一个时刻，是1939年发生在白教堂的一个项目。斯蒂芬尼工会的东伦敦援助西班牙委员会以25英镑的费用（外加1英镑的电话费）租用了画廊，举办了一次引人注目的活动。由工党领袖克莱门特·阿特利（Clement Attlee）主持开幕式。它展示了一位年轻的西班牙艺术家的作品。他希望围绕西班牙内战提高人们的意识和捐款。这位艺术家，他只展出了一件作品——《格尔尼卡》。

阿特利在画前对当地人民发表了振奋人心的政治演说。大量的人前往西班牙与法西斯作战；许多人在战斗中丧生。一幅从巴黎到纽约的现代主义杰作，在白教堂美术馆的空间和东区的背景下，成为一种强有力的宣传形式。斯蒂芬尼委员会成员和毕加索本人都是共产党员，这一事实对战后的白教堂产生了非常特殊的影响。

在她的关键性研究报告《展示的力量：纽约现代艺术博物馆的展览史》中，玛丽·安妮·斯坦尼谢夫斯基（Mary Anne Staniszewski）在20世纪50年代发生了特别变化，在这一广泛的社会政治背景下追溯了一个展览的年表。"第二次世界大战后，当联合国和联合国教科文组织（UNESCO）等机构宣传一个志同道合的全球人类的愿景时，人类形象蓬勃发展。"[51] 在其成立之年，纽约现代艺术博物馆的展览展示受到了欧洲先锋艺术家和建筑师的深刻影响，如米斯·范德罗、莉莉·赖

毕加索,《格尔尼卡》,1937 年,白教堂美术馆,安装视图,1939 年。莱姆豪斯(Limehouse)议员和工党领袖克莱门特·阿特利(Clement Attlee)在斯特普尼贸易委员会(Stepney Trades Council)的东伦敦援助西班牙委员会组织的一次私人活动上作了开幕演讲。李·米勒档案(Lee Miller Archives)提供,英格兰 2014. 保留所有权利。www.leemiller.co.uk.

希(Lilly Reich)、赫伯特·拜尔(Herbert Beyer)和弗雷德里克·基斯勒(Frederick Kiesler)。他们代表了一种现代主义的精神,在这种精神下,形式是由功能决定的,设计被视为等同于艺术。这些早期的欧洲先锋派也提出了乌托邦的意识形态,这些意识形态在两次世界大战和革命向极权主义过渡的乌托邦现实中瓦解了,变成极权主义。随着全球经济和文化权力基础从欧洲转移到美国，战后时期的展览开始庆祝现代性的到来。

这一时期也标志着冷战对英国文化的影响。英国艺术史学家玛格丽特·加莱克（Margaret Garlake）研究了 20 世纪 50 年代一些重要机构的项目和政策，以追踪中央情报局（CIA）为英国设想和实施的跨大西洋政治联盟。[52] 此时，在布赖恩·罗伯逊（Bryan Robertson）的领导下，白教堂出现了一种新的策展作者，他拒绝画廊通过艺术提供改善和社会凝聚的家长式议程。他希望既能接受战后一代画家如抽象表现主义的悲观存在主义，又能接受波普艺术（pop art）的热情洋溢的调侃式的乐观主义。他想用现代主义项目的所有表现形式来对抗当地的民众。

罗伯逊（Robertson）在 MoMA 国际项目的巡展中首发了杰克逊·波洛克、马克·罗斯科（Mark Rothko）和罗伯特·劳申贝格（Robert

伦敦白教堂美术馆的展览《杰克逊·波洛克》（Jackson Pollock）安装视图，1958 年 11 月 6 日—12 月 7 日。白教堂美术馆，白教堂美术馆档案提供图片。

Rauschenberg）等艺术家的作品，据说是由美国政府通过中央情报局资助的。白教堂成了白色立方体的综合体，也成了一个抽象表现主义（Abstract Expressionism）精神的平台，强调自由和个人并被纳入冷战意识形态。同时，画廊的空间也发生了变化，以适应艺术对象的转变，从作为另一个世界的窗口，从作为一种幻觉，到成为一个真实的东西，一个在时间和空间中被体验的对象。1947年，杰克逊·波洛克写道："我的画不是来自画架……我更喜欢把未伸展的画布粘在坚硬的墙壁或地板上。我需要坚硬表面的阻力。在地板上，我更自在。我觉得更接近，更像是画的一部分，因为这样我可以绕着它走，从四面八方工作，真正地在画里。这类似于西方的印度沙画师的方法。"[53]

由现代艺术博物馆国际理事会（International Council of the Museum of Modern Art）组织的1958年波洛克展是该艺术家在欧洲的第一次主展。29幅画中包括著名的1952年的《蓝色柱子》（Blue Poles）。建筑师特雷弗·丹纳特（Trevor Dannatt）被委托重新设计白教堂美术馆——天花板被降低，反映了米斯·范德罗对水平的强调。米斯的影响也可以从用便宜、易于建造且具有现代感的微风砌块[①]制成的独立临时墙中看到——是一种完美的现代材料。这些屏障使展览中的每件作品都能被单独看见。画廊变得饱和，并被浮动的色彩表面所激活。画作本身，不再是堆积的，也不再是悬挂在墙顶上的，而是被安装起来，以强调与观众身体的一对一、拟人化的关系。观众陷入了画作本身的物理性中，不是通过透视和幻觉的投射，而是一个环境本身，一个扩大的视野。

1955年，玛丽·匡特（Mary Quant）开设了她的第一家精品店，并成立了康兰（Conran）设计团队，并在英国开设了第一个商业电视频道。

---

① 轻型混凝土建筑块。

《这就是明天》（This Is Tomorrow），1956 年，第二组［R. 汉密尔顿（R. Hamilton）、J. 麦克黑尔（J. McHale）、J. 沃克尔（J. Voekcker）］的结构外部视图，白教堂美术馆。

人们担心会被广告商洗脑。正如学者巴里·柯蒂斯（Barry Curtis）在他对原流行音乐（proto-pop）独立小组（Independent Group）的描述中所评论的那样，"他们对为接受新的快乐而创造的新身份感兴趣，对审美的使用和同化感兴趣，这通常是与大众文化的条款共谋，并且是专家"；他们对"匿名的、附加的和可消耗的物品和组件感兴趣"[54]。

与抽象表现主义强烈的姿态精神及其对英雄个人的强调相比，1956年在白教堂美术馆展出的《这就是明天》，囊括了一种通过集体活动创造的日常生活中大规模生产的现代的愿景。这个项目"致力于探讨建筑师、画家和雕塑家之间合作的可能性"[55]。有 12 组从业者，与其说是合作，不如说是"对立的合作"《建筑设计》（Architectural Design）杂志的技术编辑特奥·克罗斯比（Theo Crosby）是推动者，他把包括理查德·汉密尔顿（Richard Hamilton）、奈杰尔·亨德森（Nigel

Henderson）、爱德华多·保罗齐（Eduardo Paolozzi）、维克托·帕斯莫尔（Victor Pasmore）以及肯尼思和玛丽·马丁（Kenneth and Mary Martin）等艺术家在内的团体召集在一起。建筑师包括艾尔诺·戈德芬格（Erno Goldfinger）、艾莉森和彼得·史密森夫妇（Aliso and Peter Smithson）、詹姆斯·斯特林（James Stirling）和柯林·圣·约翰·威尔逊（Colin St. John Wilson）。这 12 个小组的审美可以被粗略地定义为新结构主义或原流行艺术（proto-pop art）。展览以理查德·汉密尔顿从电影《禁忌星球》（*Forbidden Planet*）的片场借来的机器人罗比的全尺寸模型开场。第二组——理查德·汉密尔顿、约翰·麦克黑尔（John McHale）和约翰·沃尔克（John Voelcker）创造的一个装置的组件清单，展示了一个文化和现象学环境，将观众纳入后来被称为装置的东西中：

> 灵感来自包豪斯和杜尚的组合光学幻觉
> 电影和科幻小说中的图像
> 一个点唱机
> 一个 16 英尺高的机器人罗比图像
> 玛丽莲·梦露，她的裙子在飞舞
> 一个巨大的吉尼斯酒瓶
> 一个海绵状的地板，踩上去会发出草莓味的空气清新剂
> 一个宽银幕电影镜头面板的整体拼贴效果
> 一件梵高的《向日葵》的复制品，这些作品在明信片和日历上的出现与梦露的形象一样成为流行或媚俗的东西。
> 或像罗比的形象一样流行或媚俗。[56]

这场演出每天有一千人观看。它见证了技术、大众传媒、商业和消费主义的影响，并表达了对密集的、无处不在的文化的承诺，挑战了当时英国官方艺术的良好品位。用理查德·汉密尔顿（Richard Hamilton）

的话说，《这就是明天》概括了一种对当代文化的态度，这种态度徘徊在"愤世嫉俗和敬畏之间"。

受科学所开辟的新的感知和光学领域以及材料和建筑技术发展所开辟的新结构的启发，《这就是明天》所展示的装置标志着画廊环境的一场革命。正如斯坦尼谢夫斯基所评论的："在这些年里，无论是在百货公司还是在博物馆，所制定的安装方法都摒弃了现场的建筑，而是强调展示创造一个环境，促进物体和观众之间的互动。"[57]

毛茸茸的墙面颜色、图片栏杆和学院派的悬挂物，以及通往其他世界的窗户都消失了。观众沉浸在布赖恩·奥多尔蒂所定义的"白色立方体"的白纸上，沉浸在此时此地的构建环境中：

> 画廊是严格如同法律按照中世纪教堂建造的。外面的世界不能进来，所以窗户通常被封住。墙壁被涂成白色。天花板成为光线的来源。木质地板被擦亮，以便你毫无感情地敲击；或铺上地毯，以便你无声地垫脚，在眼睛看墙时休息。艺术是自由的，正如过去所说的那样，"拥有自己的生命"。……没有阴影，白色，干净，人工——空间致力于美学的技术。艺术品被安装、悬挂、散落，以供研究。它们的表面没有污垢，没有被时间和沧桑所触动。艺术存在于一种永恒的展示之中。[58]

20世纪60年代末，白教堂的极简主义艺术展览预示着观展条件的另一个因素。1969年的《唐纳德·贾德》展览是抛弃基座和使用地板的典范，它不仅是作品的支撑，而且是制作和体验的一个新领域。与卡尔·安德烈和索尔·莱维特（Sol Le Witt）等艺术家一样，贾德将地板理解为一个水平网格，它提供了一个潜在的无限增长和民主意向的组织结构和原则。观众现在可以占据与艺术作品相同的空间，相互之间的关系从垂直的、视网膜的体验转变为一个现象学的体验。

伦敦白教堂美术馆的展览《理查德·朗》（Richard Long）安装视图，
1971年11月9日—11月21日。白教堂美术馆，白教堂美术馆档案提
供图片。

然而，在艺术家理查德·朗或埃利奥·奥蒂塞卡（Hélio Oiticica）的
装置作品中，美术馆的空间保留了一种自主性和无地性的感觉，被提升
为城市中的乡村绿洲。1971年，理查德·朗将在自然环境中行走时受到
启发的痕迹移入画廊，这些痕迹远离了白教堂的恶劣城市环境。同样，
地板是舞台，是由作品和观众共同激活的空白画布。这些令人惊叹的大
胆作品让人想起失落的文明所创造的仪式痕迹。它们也反映了当代罗伯
特·史密森的影响，以及他将螺旋线作为熵的象征、形式的消解的想法。
尽管在规模上是不朽的，但该装置也是完全短暂的，在展览结束后被扫
除和处理，像自然界本身一样完成了一个生命周期。

法国评论家让-克里斯托夫·罗尤（Jean-Christophe Royoux）在写到
1960年代艺术策略的意义时评论道："艺术被认为是一种批评模式，能
够探索个人在社会、心理或语言上与被大众文化无所不在的力量所告知
和变形的现实的各种形式。因此，艺术的目的，与60年代反主流文化的
其他表现形式大体一致：在一个精确定义的空间环境框架内，将观众暴
露在一个戏剧化的经验中，提供进入自我塑造的替代模式的途径。"[59]巴
西艺术家埃利奥·奥蒂塞卡将白立方美术馆改造成一种村庄或他所说的
"心灵安置所"。作家盖伊·布雷特（Guy Brett）是奥蒂塞卡的朋友和同

时代人，他这样描述：

> 你在踏入伊甸园的沙地之前脱掉鞋子，……奥蒂塞卡的伊甸园
> 是对游戏和遐想的邀请，它的尽头是开放的，没有条件的。这里有
> 可以用手探索的石块，有时也可以用嗅觉，有适合孤独遐想的小
> 屋，也有其他更多的公共空间。这里有可以穿戴和跳舞的帕兰戈莱
> （Parangolé）披风，还有巢穴，一组大约两米长的箱子，被面纱隔
> 开，参观者被邀请用他们自己选择的材料和自己的方式使之适合居
> 住。他没有采用极简主义者那种对抗性的、不可还原的对象性，而
> 是提出了可以进入和居住的开放空隙……他允许对主观和社会、诗
> 意和物质之间的关系进行微妙的探索。[60]

奥蒂塞卡亲自写道："结构变得通用，可以接受集体—随意—瞬间
行为；在白教堂（Whitechapel）中，行为向任何从伦敦寒冷的街道到达
并弯腰进入创造的环境的人开放，重复，封闭和纪念性，并像回归自然
一样重新创造自己，到让自己被吸收的童年温暖：在构建的开放空间的
子宫中自我吸收，该空间比'美术馆'或庇护所更重要。"[61]

以白立方美术馆为代表的艺术与生活的分离招致了一种从大都市的
压力和城市生活的资产阶级约束中释放出来的感觉。在最近的一次历史
调查中，白教堂美术馆重现了 20 世纪 60 年代和 70 年代的主要行为艺术
（performance art）作品。[62] 维也纳艺术家赫尔曼·尼奇（Hermann Nitsch）
通过他的《演讲行动：狂欢神秘剧院的基本元素》（Lecture Action: Basic
Elements of the Orgies Mysteries Theatre）将美术馆环境改造成了一个宴
会厅和一个祭祀神庙。他邀请观众把手伸进精心安排的死鱼、葡萄、有
色情意味的水果和新鲜内脏的"静物"中，然后带领他们进入基督教的
献祭仪式，与耶稣受难相似，两个表演者用血做记号，设计一个净化和
宣泄的过程。

雅尼斯·库奈里斯，《无题》（Untitled），1969 年，现场表演细节，"表演简史：第一部分"（A Short History of Performance – Part I）伦敦白教堂美术馆展览，2002 年 4 月 15—21 日。白教堂美术馆，白教堂美术馆档案提供图片。

与理查德·朗将自然界移植到城市文化中的做法一样，贫穷艺术艺术家雅尼斯·库奈里斯（Jannis Kounellis）在 2002 年重塑他的《无题》（1969 年）时，将 12 匹活马带进了画廊。库内利斯希望通过上演一场自然界与它的无意识的、不可累积的和危险的美之间活生生的相遇，来破坏美术馆的原始和商业部分。

行为艺术家卡罗莉·施内曼（Carolee Schneemann）也直接挑战了白立方美术馆的神话，揭露了其普遍性、中立性和客观性的精神中固有的父权制权力结构。

20 世纪初先锋派对博物馆空间的典型描述是陵墓。在他的《未来主义宣言》（Futurist Manifesto）（1909 年）中，马里内蒂（Marinetti）谴责博物馆是"墓地……公共宿舍，在那里人们永远躺在被憎恨或不知名的人身边。博物馆：画家和雕塑的荒谬的屠宰场，凶猛地互相残杀……（空洞的努力的墓地，被钉在十字架上的梦想的墓地，被遗弃的开始的登记簿！）"[63] 然而到了20世纪下半叶，约瑟夫·博伊于斯等艺术家从毕加索对《格尔尼卡》的宣传展示中吸取经验，将美术馆作为政治平台，在机构内部充当病毒。他选择了言论而不是物体，他在1972年在白教堂美术馆发表演讲时说："思想和言论应该被看作是不真实的，做作的……我在这里的主要兴趣是以言语开始，让物质化作为思想和行动的综合体出现……我的教学和政治类别来自激浪派（Fluxus）。将形式强加于我们周围的世界是一个过程的开始，这个过程一直延续到政治领域。一件完整的艺术作品只有在整个社会的背景下才有可能。每个人都将是一个社会建筑的必要的共同创造者，只要任何人不能参与，理想的民主形式就没有达到。"[64] 在这里，展览空间变成了一个演讲厅和实验室，在60年代末和70年代初的民权运动和反越战集会的背景下，伦敦人可以思考、讨论和鼓动。

在后现代主义（postmodernism）的曙光中，当代艺术家从一种前卫的态度转移到了过去，将其摧毁或抹去的东西逐渐转变为对历史的认可。历史再次成为主题，不再是一个宏大的叙述，而是一系列可以通过挪用甚至讽刺的镜头来引用的故事。

吉尔伯特（Gilbert）和乔治（George）的照片装置直接与19世纪的沙龙悬挂和1901年的"春季展览"有关。用马尔科·利文斯通（Marco Livingstone）的话说："吉尔伯特和乔治将建筑物的两层楼变成了一座大教堂般的空间，色彩斑驳，充满了对抗性影响和纹饰的直接意象。"[65] 艺术家们只使用三原色，用黑色的网格切开，与照片的亮度相结合，暗示着彩色玻璃窗。然而，他们的图像是用涂鸦装饰的东区（East End）的图像，为艺术家赤裸裸的自画像（或他们渴望的对象）、年轻的工人阶级阶层提供了背景。

仿佛他们迫使宗教圣像的历史拥抱禁忌、卑微和世俗，并在博物馆的崇高空间背景下提升这些主题。摄影师娜恩·戈尔丁在2001年名为《魔鬼的游乐场》的大型作品回顾展的装置中，也同样玩弄了沙龙和教堂的主题。戈尔丁拒绝按时间顺序排列，她将各组作品编辑成叙事性的序列。她使用深紫色、翡翠色、深红色和黑色，以及图像的堆叠和并置，有力地唤起了天主教中世纪和巴洛克式教堂的钟声和气味。朋友、恋人和婴儿被转化为圣母玛利亚、虔敬之神和丘比特（pietas and putti）、死亡面具和纪念品。这两个项目都抛弃了白色立方体的中立性，以重申白色小教堂的氛围；然而，被压抑的回归并没有开启一种新的道德，相反，空间被"亵渎"的图像占据。

读到这里，我意识到还缺少一些东西——在白教堂的历史上，是否有一个真正突破白色立方体的时刻，一个实际的、物理的与周围环境的桥梁？当然，《桥！》（Bridge!）作为 2000 年由策展人马修·希格斯（Matthew Higgs）和艺术家保罗·诺布尔（Paul Noble）组织的名为《抗议和生存》（Protest and Survive）的展览的一部分，瑞士艺术家托马斯·赫希霍恩（Thomas Hirschhorn）建造了一座桥，刺破了美术馆的皮肤，穿过一条小巷，直接进入伦敦最后一家无政府主义书店。参观者只需爬出咖啡馆的窗户，走到天使巷（不管是谁给毗邻白教堂美术馆的充满针孔的老鼠道起的名字，肯定是在讽刺），进入自由出版社，在那里他们沉浸在激进的小册子作者和煽动性活动的世界里。赫斯霍恩的桥本身就是一个典型的低技术建筑，由最卑微的材料、棚户区材料——纸板、包裹胶带、锡箔纸——组成，轻巧、便宜，但足够结实，可以让人们稳定地在两个方向移动。

机构将倾向于展示系统，以反映其运营所在的复杂社会经济和地缘政治背景。他们不能不受到众多既得利益的影响，他们必须围绕这些利益进行谈判。这些力量——无论是公共的还是私人的——可能是良性的。政府的资助协议和政策支持可能会促进可及性和文化代表性。但民主的冲动也会掩盖赢得选票和社会工程的政治议程。赞助和私人赞助可能是为了促进自由和实验。然而，它也可以促进一种既排他又受市场驱动的鉴赏能力。

托马斯·赫希霍恩，伦敦白教堂美术馆《桥！》（Bridge!）项目，2000年，白教堂美术馆，白教堂美术馆档案提供图片。

更多的时候，是艺术家在抵制这些议程。正如我们在特定场所和机构批判的艺术实践中所看到的，这些抵抗行为可能成为他们自己存在的理由。事实上，20世纪前卫艺术项目的大部分可以被理解为对艺术机构的程序和机构的攻击，这表明了对这些机构的恋母关系的依赖。正如策展人玛丽亚·林德（Maria Lind）最近评论的那样："你如何利用一个机构的支持，并仍有空间以实验性和灵活性的方式进行生产和流通？你如何在没有机构支持的情况下拥有某种连续性？你如何传播思想和艺术项目，在来自不同经济、政治和文化背景的人之间建立平等的交流？"[66]

美术馆环境继续标志着"话语、实践和场所的关键交汇点"。21 世纪的挑战是承认展览空间和展示系统既不自然也不中立。也许，挑战将是在其自身的位置、历史和观众方面，保持机构在哪里和是什么的意识，同时对现在和过去的新艺术观点保持开放。我们必须问自己，我们能不能创造出既强大又透明的结构？我们能不能把连续性——这对与观众、其他机构和艺术家建立关系是必要的——与拥抱新的艺术生产和接收模式的灵活性结合起来？为了在 21 世纪发挥作用，画廊必须同时是一个可渗透的网络、一个黑盒子、一个白色的立方体、一个寺庙、一个实验室、一种情境。它必须在策展人和艺术的生产者、对象或想法之间采取一种创造性的合作形式。

第十一章 为艺术创造空间

玛丽·简·雅各布（Mary Jane Jacob）

作为策展人，我们总是涉及空间：寻找合适的位置、墙壁或地板来安装艺术品。博物馆为他们的藏品建造新的和更大的空间；策展人寻找画廊以外的空间来展示作品。做展览的一个基本原因是要创造空间，让观众可以看到艺术作品并获得艺术体验，这似乎是不言自明的。

我最近参观了奥赛博物馆。现在当然，这是印象派和后印象派，我们都知道那些19世纪中后期的法国大师有现成的、大众的吸引力。但在蓬皮杜中心也没有什么不同：长长的队伍，大量的人群，到处都是看艺术品的人。好吧，这是巴黎，但在其他城市，在双年展和艺术博览会上，即使没有排队，光是去画廊——艺术的空间——就需要付出相当大的努力，我想：艺术是否回报公众的努力？吸引人的地方是什么？我们对艺术发出的信息是什么？我们所产生的经验是什么？所以我想谈谈其他一些对艺术体验至关重要的空间，虽然我们可能不会像画廊那样走进它们，但我们还是居住在其中，没有它们，艺术就不会发生。它们是空旷的空间和充实的空间，安静的和嘈杂的空间，艺术体验在这里发生。

博物馆展览在历史上一直是获得知识以及观察艺术作品或文物的地方。这些展览取决于策展人的学术研究和选择过程。作为一种职业，我们的领域是以判断、鉴别、排除和纳入为特征的。在今天的艺术领域，赞助人曾经站在边上使艺术成为可能，而策展人往往是委托艺术品的人，为其创造机会，甚至参与其制作。自1990年以来，我一直致力于这种工作方式，与艺术家一起创作艺术，并参与到围绕问题的对话中，为作品的出现和（因为我参与的项目几乎都是临时的）其存在创造背景。

20世纪80年代中期，在为洛杉矶当代艺术博物馆（Museum of Contemporary Art, Los Angeles）的一个展览（一个新的装置作品）工作后，艺术家安·汉密尔顿（Ann Hamilton）对我说："你给予了许可。"这对我来说是一个令人困惑的、不舒服的说法，意味着一种优越的地位，一个人被给予机会、资金和空间；这种身份与我在创作过程中作为艺术家的朋友和同事的自我形象相去甚远。这句话一直伴随着我，我花了大约 15 年的时间才明白，当我作为一个策展人，为艺术家创造一个空间——在智力上、社会上、物理上，以任何必要的方式为艺术家创造艺术的条件和环境时，许可就发生了：空旷的空间，一个实验的空间，更多的是一个艺术家可以在其中徘徊无措的空间。

然后我也开始思考她的话，思考我们为观众创造的空间。在 20 世纪 80 年代后期，当我们在这个领域里开始仔细研究谁是艺术的观众，以及哪些公众仍然在艺术机构之外时，我想知道谁有权限去那里，去看，以及谁的反应被给予信任，为什么。能否为观众创造空间，一个空旷的许可空间，而不是用信息或设施来填补空间，以减轻专业人员对观众的认知不足？我们怎样才能突出博物馆的功能，使之成为体验艺术的独特能力，超越其对象性，走向世界的场所？约翰·杜威（John Dewey）看到了艺术与生活的这种深刻而有益的联系，他说："在某种程度上，当我们进行这种整合时，我们自己也成了艺术家，而且，通过将其实现，我们自己的经验被重新导向……这种无意识的融化比推理所产生的变化要有效得多，因为它直接进入了态度。"[67]

我想知道，除了提供课程、讲座和参观等，如何培养公众对艺术的体验。我知道，根据经验，我们与陌生艺术相处的能力取决于我们对不确定性和模糊性的适应能力。[68] 但是，一路上很少有指标来指导我们对艺术的感知，这个过程对许多人的经验来说是如此陌生；让我们允许休息——就像艺术家在制作过程中在我们面前所做的那样——佛教实践称之为"不知道的心"（mind of don't know）。伊冯娜·兰德（Yvonne Rand）在她的佛教教学中使用了艺术和博物馆展览，她提出，当"一个人沉浸在探究和体验的过程中，放弃对结果或成果的任何取向，这种品

里尔克里特·提拉瓦尼（Rirkrit Tiravanija），土地，1998 年正在进行，泰国训巴东（SanPaTong）。

质就会存在。修行者培养了一种意愿，愿意长时间思索一个问题，并允许答案从直觉的理解中产生，而不是通过分析性的思考来产生"[69]。

这个"不知道的心"概念的关键是目的和目标之间的区别。现在，"没有目标"对我们来说是一种耻辱，是不负责任的或错误的，并具有道德或金钱上的影响。也许这就是为什么"不知道的心"如此好奇，对我们的学习方式如此激进的一个原因。目标是潜在的指令，是回答"为什么"的概念，即我们为什么要追求某种东西；目标是"什么"，是所进行的有形的事情或行动，并作为产品呈现。但是，如果我们暂停目标，让它们不被定义、灵活和开放，那么任何事情都是可能的；如果我们清楚我们的目标并关注它们，那么无论我们走哪条路，探索它可能导致的结果，但在我们基本目标的指导下，有可能到达适当的，也许是意想不到的和回应迅速的终点。如果观众能够分享"不知道的思想"，并对经验保持开放，那么他们也可以到达一个新的、强大的、没有规定性的地方。里尔克里特·提拉瓦尼（Rirkrit Tiravanija），他的艺术即使在博物馆中找到自己的位置，也会回避身份和事物，他认为他的实践方法是流动的、活的，是一个充满可能性的地方。他说："我总是被问到，'你的期望是什么？'我说，'我没有任何期望'，因为我不预先确定事情……我认为这对于以佛教方式生活是非常重要的：不要有先入为主的结构，也不要关闭各种可能性；但这甚至不是关于开放或关闭，只是关于空白，当然，在某种程度上，如果你是空的，你可以接受更多。"[70] 然而，许多博物馆都被吸引去赞助提拉瓦尼贾的项目，给他举办"展览"，好像博物馆方面需要这个艺术家带来的东西，满足他们无法做到的事情。对于这位艺术家来说，博物馆是一个我们需要重新进入的地方，以改变人们对什么是艺术的先入为主的观念。

创造这种开放的空间让观众体验，可以说是博物馆建筑的作用。一些艺术博物馆，如安藤忠雄（Tadao Ando）的空间，使艺术在其中产生共鸣；其他的，甚至是新的和被吹捧的设计，都没有。在过去的20年里，艺术家和策展人越来越多地转向特定地点的实践，试图集中体验和增强意识，使观众沉浸在艺术和环境的一体中，有时跨越经验、空间和时间的领域。但是，为观众创造空间也包括一个精神空间，为广泛的微妙性和模糊性提供空间，这些微妙性和模糊性与生活本身的方式平行，但如果没有清晰的距离，我们往往无法感知……有时艺术提供这种距离。这种空间的创造是为个人提供空间，让他们在与艺术作品的关系中找到自己的位置。在这样做的时候，人们可能会找到他们从经验中——或者也许从直觉中——已经知道的东西，但这些东西可能已经随着意识的减弱而退去，很长时间都没有被利用。

现在这并不是说没有知识可以传授给观众。我强烈主张弥合差距，披露艺术品及其背景的信息，并以透明的方式分享艺术和展览制作的工作和思维过程。但是，还有一种知识对艺术体验很重要，虽然它不能写在展签上，但它可以被创造或策划成一个展览。艺术家克里斯蒂安·博尔坦斯基（Christian Boltanski）用日常用语讲述了一个古老的故事：小女孩希望有时间和她刚出生的弟弟单独相处。父母战战兢兢地同意了，然后偷偷地听着她问孩子："告诉我关于上帝的事，我开始忘记了。"一些智慧传统认为，一切都已经存在（这对急于要求前卫的西方现代主义思想来说是一种危机），存在是第一位的，我们对它的认识是随后的，人们在出生时就有可能是全知的，生活是一个遗忘的过程，偶尔会意识到我们已经知道的东西；而某些体验——包括，特别是艺术体验——触发了这些信息的释放，帮助他们回忆起"在他们心灵的尖端"，正如建筑师迈克尔·罗通迪（Michael Rotondi）所说。如果我们认为观众不是空虚的，而是创造一个空旷的、开放的、广阔的空间——展览可以是这宽敞的空间之一——那么参观者的充实体验（而不是博物馆或赞助商或策展人的体验）就可以填充这个空间，用艺术的体验来填充它。我举几个例子。

《阳台》（Verandah）是一个装置，一个基于日本茶馆的愿景，一个最小的雕塑，一个用于艺术和舞蹈以及艺术作品的空间，但有时几乎看不到任何东西。这是教育家和策展人琳达·杜克（Linda Duke）的梦想，也是策展人隆迪，艺术家小坂裕一（Hirokazu Kosaka）和编舞乔·古德（Joe Goode）在 2003 年合作的结果。正如罗通迪所言："我们感兴趣的是，如果当人们离开房间时，他们只能描述体验而不是'对象'，会发生什么。他们的记忆将是一个过程（个人经历），而不是产品（建造的阳台），如果这个东西本身有存在感，但相对中立，如果它是一种调节空间的方式，而不是在空间中放置一个物体。我们想给物质和光的经验以同等地位。运动将被调控；空间中的身体，移动和静止，将是我们的参照系。除了所有表面的光线反射，这个东西不会真正存在。而且它是有效的。"[71]

安·汉密尔顿的作品是可触摸的；我们用身体和感官以及智力来体验她的作品。她自己的感觉，来自直接的经验，成为作品的起点。关于

迈克尔·罗通迪（Michael Rotondi），小坂裕一（Hirokazu Kosaka），《来自阳台：艺术，佛教，存在》，2003年，加利福尼亚大学洛杉矶分校福勒文化历史博物馆（UCLA Fowler Museum of Cultural History），洛杉矶，安装视图。图片来源：唐·科尔（Don Cole）。

她在1999年威尼斯双年展美国馆的装置作品《秘密状态》（myein），一件被媒体批评为空洞、虚无的作品，她说："在我的许多作品中，我一直是一个活生生的存在……在这件作品中尚没有活生生的存在，但我意识到活生生的存在是那些在作品中出现和移动的人，有时会抹去它……我了解到需要，也许是艰难的方式，让我的一些作品安静下来。我了解到我的一些作品需要安静，需要孤独。"[72]

2002年，玛丽娜·阿布拉莫维奇（Marina Abramovic）制作了《有海景的房子》（The House with the Ocean View）。她在纽约的肖恩·凯利画廊（Sean Kelly Gallery），在观众面前住了12天。对这位艺术家来说，这是能量的直接传递。"我创造了没有时间的空间。我创造了此时此地的感觉。你知道人们如何穿过画廊……这里三分钟，那里两分钟，只是进去和出来……我让人们留下来。有一些人每天都会来，有些人一来就是几个小时；有些人在那里坐了五个小时。有一些人带着他们的公文包去上班，他们会在画廊门口等着画廊开门，只是为了在那里，像瘾君子一样，只是为了有那种凝视，然后走到外面世界去，因为他们可以从中得到一些东西。这很奇妙，因为我有一种难以置信的无条件的爱的感觉，对任何来到那里并想看我眼睛的人。没有人像我看他们那样看他们，无条件地看。"阿布拉莫维奇意识到并承认，这项工作完全依赖于公众。"公众和我实际上创造了这个作品。没有公众，这个作品就不存在，所以他们填充了它"。她发现她作为一个艺术家的功能是重要和有用的。虽然她的表演经验对她来说是深刻的，但她知道，这对游客来说也是一种转变。"他们用他们自己的生活所需要的东西来扩大认知……[73]我无条件地给予艺术，使它在每个人的生活中都有自己的功能。"[74]

你会发现，近来，在经济、社会、文化状况截然不同的人们中，每个人都把自己的生活描述为忙碌、负担、复杂、要求过高——太满了。艺术家比尔·维奥拉（Bill Viola）在某种程度上将他所创造的经验建立在我们的世界需要安静的时间进行反思和重新定位的基础上。他告诫说："我们必须花时间回到自己身上，让我们的意识呼吸，让我们杂乱的头脑安静下来。"他说，"这就是艺术可以做的，也是博物馆在当今世界可以做的。"[75]

艺术的安静、沉思的空间可以是一个避难所，一个补救措施，一个对生活的美学解毒剂。但是，生活中饱满的、看似完全被占用的空间也可以成为艺术的一个空间。因此，与其在博物馆里静悄悄地展览空间，还不如做一个展览，展示看不见的艺术，与生活无缝对接，或者像提拉瓦尼贾描述的那样，"没有接缝"——一个如此中立的艺术，它没有被真正看到，却有存在感。与日常生活有内在联系的艺术家项目的展览，将自己编织在我们的生存结构中，或者说是在我们的生活中。难怪近年来，这种在传统艺术空间之外的工作模式在概念和数量上如此富有成效，众多艺术家和策展人发现，感受到艺术在画廊盒子之外的共鸣是令人振奋和高兴的。

也有一些艺术体验发生在生活的空间里，根本没有艺术对象或艺术行为。它们发生在对过去看到的艺术作品的徘徊或重燃的反思中，后来被消化⋯⋯也许更晚，在展览时间框架和任何报告时间表之外。[76]这种经验是一种回声，因为它重新出现，或比第一次更有力地跃入脑海，其意义被介入的生活经历放大。对维奥拉来说，艺术的这种特殊力量唤起了艺术家们的责任。"我认为当代艺术家需要更多地认识到他们作品的精神本质，以及它作为一个伟大的传统的一部分所具有的地位，这个传统一直延伸到过去。"[77]

还有一种方式是，我们的生活受到艺术的影响。艺术磨炼我们的意识，使我们保持与其他事物的关系，并增强我们在世界中的位置感。我们知道，如果没有艺术，这也是有可能实现的，但在我们的世界里，艺术是为数不多的工具之一，我们可以用它来调整我们对超越自我事物的感觉。[78]

我想在这个关于艺术空间的讨论中补充一点，对我来说，策展的空间是一个空旷的空间——不仅仅是在制作过程中与艺术家共处的时候，而是在确定"为什么"展览的过程中，然后，以这些问题为目标，维持这个空旷的空间，以便其他人最终也能进来。当我在1991年开始与博物馆以外的社区合作时——这些社区将成为观众，但在一开始就是艺术过程中的信息提供者和参与者——我开始意识到，我作为艺术史家和策展人的背景不能完全为我所用。一派看法认为：寻求正确的培训或阅读社区活动、社会学、视频制作等方面的书籍，无论如何都要去做。我赞同另一派的观点，利用我的"未知"和"局外人"的特质，像看艺术一样，积累直接经验。我必须主要依靠倾听别人，倾听公众；我必须与不是我自己的社区，也是当代艺术世界以外的社区合作，以获得教育。这是一个很大的转变，从挑选艺术家、艺术作品和告诉观众关于艺术。作为策展人，我不是权威；充其量我可以成为别人想法的渠道，由艺术家翻译和转化。在这个过程中，我必须透露"我不知道"——关于一个地方或一个社区，关于艺术在展览中会是什么样子，或者它的论文最终会是什么。我也不得不相信我过去对艺术的经验，那些是启示。我不得不依靠轶事评论。这些故事随着时间的推移在我组织的展览中出现，最重要的是那些出乎意料的、"不友好"的人，他们明白了，并对所谓的复杂的新艺术给出了最深刻的观察和理解。我知道对一些人来说，对当代艺术的冷漠，甚至敌意已经消失了；对一些人来说，艺术已经产生了变化，这使我得到了支持。我相信还有一些人，我永远不会听到他们的声音，但艺术对他们也很重要。考虑到这种信任，我必须创造一个空间——一个足够宽阔和空旷的空间——不同的公众可以在聆听艺术的同时聆听自己。

展览现在可以做什么，为什么它们甚至可能是重要的？经验的开放情况并不经常发生。它们可能是令人不安的，令人害怕的，因为我们是如此的程序化，被引导或被告知我们的经验的结果（我们应该如何感觉，我们将感觉到什么）。"不知道"，被允许独自一人，真正有一个完整的体验，可能是可怕的。但我们的社会需要更多的空间来进行这种深思熟虑的体验，在这些空间里，体验可以把我们带到生活中的一个新的地方，一个转变，一个超越自我局限的更充分的存在感。所以我们需要的是为观众自己的创造力和深度参与策划条件。这需要一个安全而空旷的空间，以便有更广阔的视野，进行严肃而长久的探究。当然，我们这些从事策展工作的人都能回忆起某些艺术作品，这些作品曾让我们感动，并增加了我们的愿望，相应的，让他人产生一种体验。作为策展人，我们把展览作为体验的空间。

第十二章 实践的问题

马克·纳什（Mark Nash）

在最近于巴黎卢浮宫博物馆和蓬皮杜中心举办的《像梦一样的绘画》（Comme le rêve le dessin）[79]展览中，该展览的策展人菲利普·阿兰·米肖（Philippe-Alain Michaud）提出了一个论点，即电影和艺术家的素描与梦想的过程有着共同的联系。"电影作为不稳定图像的产生者，可以被看作绘画的一元化方程式在时间和运动领域的延伸……在绘画中的图像和梦中的图像中，经验的世界并没有消失。它已经被分割成碎片并被打乱了"[80]。这个展览在精神分析过程、在不同媒体上的表现的理论调查方面是雄心勃勃的，因为它在技术上的实现也是如此。蓬皮杜展区的装置特别引人注目，它将动态图像与古老的大师和当代绘画并列呈现。让·热内（Jean Genet）1949年的电影《一首情歌》（Un chant d'amour），与雅各布·维尼亚利（Jacopo Vignali）（1592—1664）的绘画《皮拉摩斯和里斯贝》（Pyramus and Thisbé）并置；或者肯·雅各布斯（Ken Jacobs）1969—1971年的解构主义电影《吹笛人的儿子汤姆》（Tom Tom the Pipers' Son），与乔瓦尼·巴蒂斯塔·纳尔迪尼（Giovanni Battista Naldini, 1537—1591）的《群像，其中一人背负着耶稣受难像》（Composition with Several Figures, One of Whom Carries a Crucifix）组合呈现。蓬皮杜的黑盒子画廊空间，既可用于电影放映，也可用于展示各种大师的画作，而这些画作本身也需要控制照明。在电影放映中存在一些尚未解决的规模问题——有时使用小屏幕，像画框一样悬挂在天花板上，与实际的画作并列，在其他情况下，投影大到充满整面墙［沃霍尔的《睡眠》（Sleep），1963年］。但这个项目的独创性——迫使当代媒体与"古典"媒体对抗——仍然存在。它树立了一个基准。

电影和录像是艺术展览中相对较晚出现的。传统上，移动图像有自己专门的展览空间——电影院或电影宫，或者就录像而言，国内的电视机。这并不是说电影和录像在过去的50年里没有出现在艺术舞台上——最近的舒姆电视画廊（Galerie Schum）[81]回顾展回顾了20世纪60年代在科隆播放的录像作品，或者关于不同媒体之间的艺术"跨界"的《交汇点》（*Interfunktionen*）[82]杂志，都表明从20世纪60年代开始，移动图像在艺术界有重要的存在。在这篇文章中，我将反思在展览背景下使用电影和录像时出现的一些问题。我将提到我策划和共同策划的一些展览，以及我认为在讨论什么是成功的电影和录像展览时值得一提的展览。

我从20世纪70年代开始参与电影和影像工作，撰写和教授电影史和理论，以及偶尔为电影或影像系列做节目。现在，"编程"是一个相当老套的术语，指的是将电影归入作者［如卡尔·德赖尔（Carl Dreyer）］、主题［如新葡萄牙电影（New Portuguese Cinema）］或其他概念性的类别［如美国录像（American Video）］[83]。"策展"最近才进入电影编程词汇，但事实上，我认为"编程"和"策展"这两个术语可以很愉快地坐在一起。我使用"策展"一词，是指参与组织一个有作品空间分布的展览。在我下面提到的一些展览中，也可能有一个支持或补充的电影"节目"，与展览同时或在展览中进行。

事实上，我作为联合策展人参与的第一批展览之一，2000年的《力场》（Force Fields），关注的是对艺术中运动语言的重新审视[84]。它重新审视了1920年至1970年间现代艺术中的各种运动实验，并将其作为对艺术、科学和哲学之间关系的猜测模式。艺术中的运动问题可以追溯到20世纪的前几十年，当时人们对哪种媒介——电影、摄影或绘画——能够最好地"捕捉"和分析运动和感知进行了大辩论。这既可以是模拟的，如在未来主义绘画中关注表现城市生活的内心体验[85]，也可以通过实际的运动产生虚幻的感知｛例如，马塞尔·杜尚（Marcel Duchamp）与曼·雷（Man Ray），《旋转玻璃板（精密光学）》［Rotary Glass Plates（Precision Optics）］，1920年｝。

《力场》的策展人盖伊·布雷特（Guy Brett）邀请我与他合作，寻找艺术家的电影和视频资料，为他们在画廊的安装提供建议，并设计一个补充电影节目[86]。在理查德·迈耶（Richard Meier）于1995年建成的巴塞罗那 MACBA 大楼中安装动态影像，尤其具有挑战性。梅尔的建筑采用了强烈的白色表面，放大了光和影的游戏。这座大楼的建筑通过大面积的切割而变得生动，混淆了外部和内部——这是一种建筑的力量，但它没有考虑到展示当代媒体的问题。在那个展览中，我们在很大程度上依赖于在电视显示器上运行的电影片段，但在这个过程中要避免光线反射到屏幕上是非常困难的。

《力场》在将活动影像作为艺术品展示之间划出了一条细线。例如，詹姆斯·惠特尼 1950—1957 年的动画片《曼陀罗图形》（Yantra），在一个专门的黑盒子空间中作为 DVD 放映，以及作为补充的移动图像，提供支持其他展览策略的信息。例如，伊夫·克莱因（Yves Klein）1961年的电影《火画》（Fire Paintings），或迈克尔·温纳（Michael Winner）1967年的《我永远不会忘记什么是名字》（I'll Never Forget What's Name）中的 25 秒片段。其中包括一个在伦敦因迪卡画廊（Indica Gallery）的场景，当时戴维·迈达拉（David Medalla）正在那里展出他的《泥浆机》（Mud Machine）和其他动态作品。

虽然迈耶（Meier）在他最初的博物馆设计中可能没有考虑到移动图像安装的技术可能性，但技术的发展确实意味着在几年内，它的结构的内部和外部表面都有可能沐浴到足够强烈的投影图像，以抵御地中海阳光反射到建筑中的干扰。

在与盖伊·布雷特合作后不久，我被奥奎·恩佐（Okwui Enwezor）邀请策划《短暂的世纪：1945—1994 年非洲的独立和解放运动》（Short Century: Independence and Liberation Movements）[87]的电影部分。在这里，移动图像也是展览概念的核心。在展览中，有四五十部不同的电影或视频在屏幕或电视显示器上播放，同时还有一个小型电影院在放映独

伊格鲁利克（Igloolik Isuma Productions），《努纳武特》（Nunavut）［我们的土地（Our Land）］，
1994—1995 年，由 13 个部分组成的有声视频装置，每部分 30 分钟，安装视图。"第 11 届文献展 "
（Documenta_11），卡塞尔，2002 年。

立后的非洲电影制作的家庭录像系统（VHS）视频或 DVD。虽然殖民统
治的过度行为往往没有被记录下来，但当许多非洲国家在 20 世纪 60 年
代初获得独立时，他们的斗争和庆祝活动在电影和电视上得到了最有力
的见证，尽管可悲的是，这些记录在前殖民国家英国、法国和葡萄牙最
为完整。

　　因此，在展览中，我们试图通过使用一排显示器来表现历史和经验
的丰富性，将这些图像作为展览的不同部分的介绍性序列。例如，黑斯

廷斯·班达（Hastings Banda）博士在当时的罗得西亚（Rhodesia）和尼亚萨兰（Nyasaland）联邦（即将成为马拉维）的选举集会上讲话，与1960年坦桑尼亚独立后不久年轻的朱利叶斯·尼雷尔（Julius Nyerere）的镜头并列，然后在40年后作为第一个自愿放弃权力的非洲国家元首再次出现。重要的电影和录像作品都有专门的放映空间，如奥斯曼·森贝内（Ousmane Sembene）的早期电影1963年的《博罗姆·萨雷特》（*Borom Sarrett*），在展览的建筑部分记录了塞内加尔的殖民地达喀尔的建筑。艾萨克·朱利恩（Isaac Julien）1996年的《弗朗茨·法农：黑色皮肤白色面具》（*Frantz Fanon: Black Skin White Mask*），也在美术馆空间中完整展出，因为法农（Fanon）的思想对于在非洲各地实现独立的那一代人来说具有构成性意义，等等。有一件作品，凯·哈桑（Kay Hassan）1995年的《飞行》（*Flight*），使用了一台连接在脚踏车上的工作电视作为其装置的一部分，在"短暂的世纪"的版本中，我们在自行车电视上播放了20世纪80年代BBC关于继续反对种族隔离的节目。

这是一个雄心勃勃的展览，我不得不说它是成功的，而移动图像是其概念和实现的核心。我从与恩佐的合作中学到了很多东西，特别是关于可以使用移动图像的模式的范围，特别是，如果把移动图像从一个黑盒子中"解放"出来，就可以创造出与其他艺术形式的并置——让展览的观众沿着顺序移动，从而通过装置本身发展出一个策展或主题论点。

哈拉尔德·塞曼（Harald Szeemann）在2001年威尼斯双年展上的军械库（Arsenale）展区装置为我提供了一个问题更多、不那么成功的关于移动图像作品展示的反例。参观者会记得在军械库展区的展制绳厂展厅（Corderie）中央部分的两边有一连串黑暗的视频观看室。塞曼作出了一个大胆的决定，邀请阿托姆·伊戈扬（Atom Egoyan）、阿巴斯·基亚罗斯塔米（Abbas Kiarostami）和尚塔尔·阿克曼（Chantal Ackerman）等电影人为展览制作新作品。和威尼斯的惯例一样，这是在很晚的时候才通知的，而且预算很有限，这些问题塞曼几乎无法控制。结果，在中央走廊外的一系列沉浸式观展室的展示并不成功——房间太小，使用黑色的窗帘使人进出混乱。电影制作人在形式和艺术质量上的不平衡也使得作品之间的对话难以建立。

在电影节目中，一部电影（或投影视频）取代了另一部电影，而在展览中，许多电影是共同存在的，相互竞争，并与其他艺术作品竞争观众的注意力。因此，有时最好的办法是强迫问题，让观众面对有限的选择。在 2001 年的双年展上，塞曼在斯坦·道格拉斯（Stan Douglas）于 2000 年的《底特律》（Le Detroit）的装置是这方面的一个典范。穿过军械库建筑群的路线迫使观众穿过展览空间，经过以 45 度角安装的屏幕，到达入口和出口。人们没有选择，只能在通过时与这个作品打交道。在我 2005 年在费城织物工坊和博物馆的《真相实验》（Experiments with Truth）的装置中，下面将讨论，我同样关注确定并为展厅的参观者提供一个单一的路线。可能是我的电影背景的影响，但我认为一系列的情感和知识的相遇，被蒙太奇[88]地形成一个有组织的主题序列的概念，是每个伟大的展览和每个伟大的展览经验的核心。

大多数策展人和博物馆画廊的专业人员现在都对移动图像媒体的展示有一定程度的熟悉。十年前，也许更少，许多人认为艺术家对移动图像的兴趣是一种时尚。我自己也认为它会过去，事实上，只有当我与 2002 年第 11 届文献展的共同策展人一起工作时，他们都兴奋地支持这种媒介的工作，我才意识到当代展览制作的范式正处于永久的变化之中。事实是，移动图像作品的安装费用非常昂贵——带有顶级声音和图像投影的复杂视频装置可以轻易让你花费 10 万美元。然而，随着艺术家和画廊接受为国内市场设计的新设备，安装成本正在下降。2005 年春天在巴黎国立网球场美术馆（Jeu de paume in Paris）举办的托尼·奥斯勒（Tony Oursler）展览《处置》（Dispositifs）就是一个例子。奥斯勒是使用微型投影仪的先驱，特别是他在 1996 年在那里创作的《眼睛》（Eyes）装置，是一个名副其实的小型数字投影仪的热房，以奇怪的角度绑在乐谱架和相机三脚架上。今天，这些家用摄像机的相对廉价使展览的安装成本下降，并为创新的装置提供了可能性，而这在前几代庞大而昂贵的设备中是不可能的。

　　然而，并非所有的移动图像装置都需要使用最先进的技术。库特鲁格·阿塔曼（Kutlug Ataman）获得卡内基奖的 2004 年的《库巴》（Küba），是一个混合使用技术的例子——40 个左右的古老电视接收器被隐藏的 DVD 录像机所覆盖。或者埃塞基耶尔·苏亚雷斯（Ezequiel Suárez）2000 年的《E.G.I.S. 项目》（Project E.G.I.S.），安装在《真相实验》中，它只需要在费城花 20 美元购买一台二手电视，然后把它连接到 VHS 录像机上。阿塔曼和苏亚雷斯都采用了一种准纪录片的美学，将他们的作品内容——对伊斯坦布尔棚户区（Ataman）居民的广泛采访或一个退休农业工程师的即兴歌曲的视频文件（《苏亚雷斯》）——与他们对

托尼·奥斯勒（Tony Oursler），《眼（细节）》，1996 年，安装视图。巴黎国立网球场美术馆，2005 年。

老式电视机的使用联系起来。通过使用旧技术，发音的空间被标记为不发达。阿塔曼作品中的电视接收器的不同颜色登记也加强了对记忆的可变性的感觉——在许多情况下，电视机的年龄和受访者一样大，甚至比他们还老。在这里，内容和技术是密不可分的。

在这里讨论一些关于电影和录像展览的问题可能是有用的，因为我所在的策展团队在德国卡塞尔第 11 届文献展的工作中遇到了这些问题。这对我来说是一次形成性的策展经验，使我能够深入探索我对移动影像媒体——电影、美术电影和录像——与更广泛的国际艺术场景之间关系的兴趣。然而，大型的国际展览从来都不容易，在像文献展这样的展览中，我们有幸成为历史建设和分析的一部分。这个特殊展览的成就之一是通过一系列的平台会议、出版物和在卡塞尔举行的最终展览本身，将文献的概念和文献的形式回归到知识和艺术的审查。

我是作为一个媒体纯粹主义者进入这个策展过程的。作品应该在其最初制作和使用的媒介和形式中展示，也就是说，在电影院中播放电影，等等。事实上，我们确实建立了一个电影项目，在巴厘岛电影院播放，这是文化驿站（Kultur Bahnhof）展览空间的一部分。然而，几乎所有在那里展出作品的艺术家［除了约纳斯·梅卡斯（Jonas Mekas）］，也都在展览本身的一个主要展厅中展出。这个专门的电影项目并没有像其他展览空间那样吸引观众，可能是因为决定对电影收取额外费用。更相关的是，我怀疑它提出了一种观众模式，即重映电影，这与主要展览的要求相冲突。那次展览的参观者会记得，一些艺术家，如乌尔丽克·奥廷格（Ulrike Ottinger）和史蒂夫·麦昆（Steve McQueen），都有专门建造的电影院，与展览场地融为一体。奥丁格的要求有一定的逻辑性，因为她 2002 年的《东南通道》（South-East Passage），持续了六个多小时。在我们最初的安装讨论中，她要求有三个平行的电影院，就像教堂的中殿和过道，以同时展示三个组成部分。这被证明是不可行的，但提供一个有看台的电影院空间，鼓励观众按自己的意愿停留，并有效地展示作品。展览设计师，库恩·马尔维兹（Kuhn Malvezzi）建筑事务所的约翰尼斯（Johannes）和维尔弗里德·库恩（Wilfried Kuhn）告诉我，他们最喜欢的视频装置是艾萨克·朱利恩（Isaac Julien）的《奥梅罗斯天堂》（Paradise Omeros），2002 年，因为它不仅与他们在冰顶啤酒厂（Binding Brewery）安装的展览建筑的规模相匹配，而且通过明智地平衡声音水平，成功地展示了作品，不需要用视觉上分散注意力的窗帘来阻挡光线和声音。

2001 年在新德里举行的第 11 届文献展——平台 2 会议，也被称为"真相实验"[89]，关注的是跨国正义的问题和促进这一目标的真相委员会的工具。为了支持这一目标，我们在印度人居中心（India Habitat Centre）的视觉艺术馆里播放了一系列的电影和录像，就在会议大厅附近。两排电视显示器展示了一系列档案记录材料，从 1985 年克劳德·朗兹曼（Claude Lanzmann）的《浩劫》（Shoah）到 1992 年哈伦·法罗茨基（Harun Farocki）和安德烈·乌日克（Andrei Ujica）的《革命的录像》（Videograms of a Revolution）。打断空间的是两个大屏幕，展示二战后战争审判的材料——本特·范祖米伦（Bengt von zurMühlen）1967 年的《纽伦堡审判》（The Nuremburg Trial），和埃亚勒·西维安（Eyal Sivian）1999 年的《专家》（The Specialist）。进入空间后，观众可以看到所有展示的作品的一些内容。换句话说，他们被提供了某种项目的综述。然后，他们可以通过坐在椅子上和安装在每个显示器附近的耳机来决定关注各个屏幕。从所有显示器发出的潜在的嘈杂的低分贝声音，被观众希望关注的特定背景音乐所取代。这种装置方式与电影和电视录像厅有一些相似之处，在那里，个别观众可以从当地的档案中挑选作品。然而，与此同时，大屏幕的展示提醒观众这些试验的象征意义，也加强了这种展览形式的沉浸式潜力。

在卡塞尔第 11 届文献展上，我们采用了这种方法的一个版本，在冰顶啤酒厂展览空间的一条轴线走廊上，将伊格鲁利克（loolik Isuma）小组 1994—1995 年的 12 个系列作品《努纳武特（我们的土地）》，安装在一排 12 个显示器中。参观者沿着走廊慢慢走来，就会看到这个项目的全部内容——在 1945 年现代化的"大变革"之前，因纽特人的一系列当地传统和习俗的展示。人们可以在坐下来之前，对整个项目有一个直观的认识，然后坐在长椅上，面对显示器，参与到各个情节中。耳机和字幕也有助于澄清问题。这种部分与整体的并置再次证明了作为一种装置技术的有效性。

在我看来，不太成功的是，我们在哈雷文献展的门厅里用电视屏幕播放了佩雷·波塔贝拉（Pere Portabella）1975 年[90]的《一般性报告》（Informe generale），以及大城电影集体（Collectivo Cine Ojo）1986 年的《日常战争的回忆》（Memories of an Everyday War）。从展览设计的角度来看，这栋建筑是最难的，它可以俯瞰倾斜到橘园的花园，而且有一面墙完全是玻璃。其结果是，这些已经缩小到电视显示器观看规模的电影变得难以参与，尤其是在那个夏天卡塞尔难得一见的阳光下。与《力场》一样，建筑的变化无常再次战胜了现有的技术。

即使在今天，尽管（观看）DVD 投影盛行，投影机的设计也在逐步改进，但一些艺术家仍然坚持使用投影胶片工作。一个例子是安妮·卡特琳·杜文 2003 年的《2003 年 7 月 22 日凌晨 2 点的 4 分钟》（4 min at 2 am 22 of July 2003）。在这里，一卷 120 英尺的 35 毫米胶片在挪威的北极圈上拍摄，通过一个巨大的水平 35 毫米循环器滚动，该循环器连接到一个 35 毫米投影仪，该投影仪是专门从奥斯陆进口的，用于在柏林的汉堡火车站当代艺术博物馆展出[91]。画面是四个坐着的、显然是裸体的人物，他们被隔离在沐浴午夜太阳的奇异光环下的北方风景中。35 毫米胶片可能是一种越来越不合时宜的媒介，但它仍然比高质量的视频投影产生更好的清晰度，而且模拟电影和摄影提供的索引基础对许多希望与他们的图像内容的来源地建立物质联系的艺术家仍然很重要。

声音穿透是第 11 届文献展展览空间安装的另一个主要问题，我在设计织物工坊和博物馆的《真相实验》的展览空间时从中学到了这一点。在那次展览中，我与开放办公室（open office）的建筑师林恩·赖斯（Lyn Rice）合作，我们能够建立一个类似的轴向走廊设计，但表面用吸音泡沫衬垫，所有的入口都有一个光线和声音的锁，这样我们就不需要用窗帘来隔开各个空间。巧合的是，在同一时间，另一个移动图像展在伦敦展出——《时区》（Time Zones）[92]——为我的展览提供了一些对立面。所有这些作品都以开放式的方式安装在泰特现代美术馆的临时展览空间中，令人印象深刻。考虑到画廊空间的大小，声音的穿透并不是一个问题。菲克雷特·阿塔伊（Fikret Atay）2002 年的《舞蹈的反叛者》（Rebels of the Dance），安装在一个超大的屏幕上，是进入该展览时看到的第一件作品，紧随其后的是菲奥娜·谭（Fiona Tan）2001 年的《圣塞巴斯蒂安》（Saint Sebastian），无可挑剔地安装在一个大屏幕上，填补

艾萨克·朱利恩（Isaac Julien），《弗朗茨·法农，黑色皮肤白色面具》（Frantz Fanon，Black Skin White Mask），1996 年，73 分钟，彩色 35 毫米，声音，安装视图，"真相实验"（Experiments with Truth），织物工坊和博物馆（Fabric Workshop and Museum），费城，2004 年。图片来源：威尔·布朗（Will Brown）/阿龙·伊格莱尔（Aaron Igler）。

了下一个空间的对角线。我们应该在两个在提款机亭子里表演的库尔德男孩和谭的作品中的日本女弓箭手之间建立什么联系？再往前走是沃尔夫冈·施特勒（Wolfgang Staehle）的《康堡》（Comburg），2001 年，一个实时转播的令人印象深刻的中世纪城堡的景色——又是一个完全的断裂和另一种展示方式。泰特的展览关注的是展示一系列的形式和安装策略。每个视频的内容当然不是无关紧要，但显然是次要的。

在费城举行的"真相实验"，重点是处理纪实性问题的作品，需要专门的观看空间，以便观众能够在可能的最佳条件下参与每件作品。我对泰特展览的担心是，在装置方面的出色表现并没有通过个别作品的并列显示出任何重要的意义。

正如我在第 11 届文献展目录[93]的文章中所说，当代国际展览越来越多地面临着观众如何度过他们的时间的选择，特别是在涉及移动影像媒体的时候。通过决定是否提供座位，策展人可以通过提供座位或不提供座位，以缓解或引导观众在展览空间中的移动，来表明不同的参与方式。乌尔丽克·奥廷格（Ulrike Ottinger）2004 年的《图片档案》（Bild Archive），在"真实的实验"中展出，由一组五个幻灯片转盘组成，在 30 分钟左右的时间里，观众几乎接触到了她图像制作的全部范围，所以空间里的长椅是完全合适的。另一方面，由耶尔万特·贾尼基安（Yervant Gianikian）和安杰拉·里奇·卢基（Angela Ricci Lucchi）的《电子碎片》（Electric Fragments）系列[94]组成的四件作品，都是 5 分钟到 10 分钟的单屏短片，重新制作了档案电影。这个作品的安装是为了让观众有可能在不同的屏幕之间移动，并参与一个比较过程，就电影所包含的殖民主义、偷窥和欲望等问题制作自己的电影序列。

电影和视频当然可以为伟大的展览作出重大贡献。然而，我认为创造特定媒体的展览是特别困难的，不是因为它们对观众时间的要求，而是因为一旦你有超过十几件作品，就很难安排一系列沉浸式视听体验，这大概是"真相实验"的极限。当然，这其中也有重要的、专业的

埃塞基耶尔·苏亚雷斯（Ezequiel Suárez），《E.G.I.S. 项目》（Project E.G.I.S.），2000 年，安装视图"真相实验"，织物工坊和博物馆，费城，2004 年。图片来源：威尔·布朗。

例外，例如，在那些展示收藏家与移动图像的全部接触的展览中，如2003—2004 年在卡尔斯鲁厄艺术与媒体中心（ZKM, Karlsruhe）举办的《快进：媒体艺术，萨姆隆·格茨》（Fast Forward: Media Art, Sammlung Goetz），展示了英维尔德·格茨（Ingvild Goetz）的收藏，或 2002—2003 年在纽约 PS1 当代艺术中心（P.S. 1 Contemporary Art Center）举办的《影像行为：单频道作品——来自帕梅拉和理查德·克拉姆里奇与新艺术基金会的收藏》（Video Acts: Single Channel Works from the Collections of Pamela and Richard Kramlich and New Art Trust）。在《快进》中，ZKM 展厅的巨大空间既能使空间上共同呈现的作品之间进行雕塑式的对话，又能在专门的放映空间中进行更多的反思性参与，所有这些都适应了个别艺术作品的要求。另一方面，《影像行为》（Video Acts）决定了不再可能按照早期影像艺术从业者的最初设想来体验它，相反，二十多年的作品被同时呈现在一个名副其实的巴别塔中。虽然在这里也有一个灵感，在一个地下金库里展示了几乎所有维托·阿孔奇的早期录像，它们的共存加强了进入这位艺术家的偏执世界的不可能性，而他引诱观众的策略被证明是更具侵略性而不是诱惑性。虽然这两个展览中艺术家作品的范围之广，使得有必要采取广泛的安装策略，但这些展览的最终力量可能是它们的博物馆学性质——也就是说，它们代表了一个收藏家与历史（克拉姆里奇）或当代（格茨）艺术接触的整体性。这样的展览显然不是为了做一个策展人的论证，而是为了展示收藏家的财富和敏感性，以及在过去半个世纪中产生的惊人的、有趣的、移动图像的艺术品。

从我的评论中可以看出，电影和录像展览面临着各种不同的、持续的问题，要成功地与技术、现有的建筑和艺术作品的个别需求进行谈判。我想说的是，单一媒体展览的挑战已经得到了相当成功的解决，如果继续沿着这个方向走下去，就有可能引发对媒介和形式的新格林贝尔式的关注，而不是适当的艺术关注，因为这些关注不可避免地会越来越

维托·阿孔奇,《索赔摘录》(Claim Excerpts),1971 年,单频道视频装置,62:11 分钟,《影像行为:单渠道作品——来自帕梅拉和理查德·克拉姆里奇与新艺术基金会的收藏》(Video Acts: Single Channel Works from the Collections of Pamela and Richard Kramlich and New Art Trust)中的安装视图。PS1 当代艺术中心,纽约,2002—2003 年。2014 维托·阿孔奇 / 纽约艺术家权利协会版权所有。

多地在各种媒体之间进行探索。在我看来,今天最相关的策展挑战是展示移动图像媒体,使其能够与其他艺术形式并列并建立对话,正如本文开始讨论的《像梦一样的绘画》(Comme le rêve le dessin)展览。

然而,为了成功地实现任何一致性,我们将不得不等待一代博物馆和画廊设计师,他们能够适应当代艺术对黑暗和照明的冲突需求。这是一个技术和策展人等级制度相互交织和重叠的问题。移动图像技术正在迅速发展,我们很快就会有投影仪和屏幕,可以在白立方美术馆的空间里有效运作。然而,现在,你只需看看由谷口吉生设计的纽约现代艺术博物馆在这方面的一些尝试,例如,琼·乔纳斯 1973 年的视频作品《延时》(Songdelay),被投射在一个白墙的空间里,就可以看出我们还没有达到这个水平。投影机无法处理这种对比——这就像试图在正午的阳光下看版画和素描。就纽约现代艺术博物馆而言，将最全面的当代实践展示在一起的意图（除了基于过程的、表演性的作品之外）是很重要的，并在当代画廊中清楚地展示出来。这座新启用的建筑仍然真正最适合展示绘画和素描收藏。我目前的信念是，在这些主要的技术问题得到解决之前，博物馆的受托人、建筑师和首席策展人有很多东西要学习，我们可以充分探索当代艺术表达的概念和表现范围——移动图像及其他。

第十三章

墙面文字

英格丽德·沙夫纳（Ingrid Schaffner）

大全书（The Omnibus）

戴维·希基（David Hickey）策划的大型综合展览《美好世界：走向被救赎的世界主义》（Beau Monde: Toward a Redeemed Cosmopolitanism）为将墙面上的文字驱逐出当代艺术展览提供了一个极佳的论据。在 2001 年举行的圣菲国际双年展上，希基的版本在一个超级定制的装置中展示了 29 位艺术家的作品，这个装置是由嫁接设计事务所（Graft Design）与策展人和一些艺术家密切配合创造的。白色的墙壁围绕着个别作品成型和弯曲——这些作品包括埃尔斯沃思·凯利（Ellsworth Kelly）的经典抽象作品、肯尼思·安格（Kenneth Anger）的有争议的电影、达里尔（穆特·穆特）蒙塔纳［Darryl（Mutt Mutt）Montana］的狂欢节（Mardi Gras）服装和村上隆的动画启发雕塑，因此整个博物馆被转化为一个伟大的建筑框架。恰当的是，这幅画的展签以藤田雅人（Gajin Fujita）在建筑外墙绘制的喧闹的涂鸦画的形式挂在画框外。在展览内部，作品由一本免费的目录小册子来识别，其中有关于每个艺术家的简短信息条目、地图插页，以及策展人关于展览前提的声明。所有通常的说教材料——从介绍性的墙板到解释性的展签——都被卷进了一个手提物品中，为观众提供了一个看艺术的机会，而不会被文字和展签分散注意力。

想象一下参观者在希基的展览中的情景，就像回到了埃德加·德加（Edgar Degas）1879—1880 年的画作，《玛丽·卡萨特（Mary Cassatt）在卢浮宫绘画厅》。她在伞的支撑下摆出了一个对立式平衡的姿势，而她的半身不遂的妹妹莉迪亚则坐着在看画廊的导览手册，她俩既欣赏画

藤田雅人与亚历克斯·基祖（Alex Kizu）（K2S 小组）和杰西·西蒙（Jessie Simon）（KGB 小组 KGB Crew）。《美丽世界涂鸦》（Graffiti Beau Monde），2001 年（右）；和吉姆·伊泽曼（Jim Iserman），《无题（0101）（银）》［Untitled（0101）（Silver）］，2001 年（左），在《美丽世界：走向被救赎的世界主义》的建筑外墙上，第四届国际双年展，圣菲当代艺术空间（SITE Santa Fe）。

作又为画作做模特。这幅 19 世纪末的作品让人想起了夏尔·波德莱尔（Charles Baudelaire）的艺术世界。诗人、艺术评论家和流浪者可能是希基"世界性沙龙"的理想访客。波德莱尔具有深刻的审美和丰富的知识，他很可能已经早就推断出希基想要做一个"非常接近我对'美丽世界'的想法"的展览。他当然不会对策展人的墙面文字有什么用处。

但是，假设像希基本人一样特别的波德莱尔并不是你预期的观众。作为一名评论家和作家，希基因其关于美的价值和视觉愉悦的民粹主义和哲学著作而广受赞誉——这些有影响力的著作就像整个圣菲当代艺术空间的超级文本一样凝聚在一起。人们可以将展览视为这些文本的高潮，即使你没有读过它们，它们也被装置的外形结构和纯粹的华丽所阐述（希基将其选择描述为"设计边缘的艺术"）。事实上，这个展览使所有展览的真实情况变得非常明显：它们是依赖于惯例的结构——为了展

埃德加·德加（Edgar Degas），《玛丽·卡萨特（Mary Cassatt）在卢浮宫绘画厅（Mary Cassatt in the Paintings Gallery at the Louvr）》，1879—1880 年，蚀刻画。软地蚀刻、水印和干点，灰白织纹纸上，12 英寸 x 5 英寸（30.5 厘米×12.6 厘米）（图像 / 版画）；13½ 英寸 x 6 英寸（34 厘米×17.5 厘米）（纸张），沃尔特·S. 布鲁斯特（Walter S. Brewster）赠予，1951年。芝加哥艺术学院（The Art Institute of Chicago）。芝加哥艺术学院版权所有。http://www.artic.edu/aic.

示而在空间中组成的物体的集合体。而在放弃墙上的文字时，希基选择不使用这些惯例之一。

与今天的博物馆中比较典型的情况相比，遇到这种选择是一种罕见的经历。根据评论家彼得·谢尔达尔（Peter Schjeldahl）的说法，现在的展览都是杂乱无章的，"宠幸式的策展人墙面文字，咿咿呀呀的声学向导（Acoustiguides），以及其他营销和教育的证据"[95]。无论多么不友善，谢尔达尔的评论指出了一个真正的问题。展览墙的文字缺乏严谨性和关注度，就像墙纸一样，已经成为一种沉闷的必需品，甚至被撰写这些文字的策展人视为理所当然。更糟的是：评论家罗伯塔·史密斯（Roberta Smith）为《纽约时报》撰文，责备策展人制作的展览"在艺术、展签和目录之间，基本上是空谈"[96]。然而，因此推断，当涉及展示当代艺术时，所有墙上的文字都是不好的，或者是多余的，就是否认了策展人实践的复杂性和创造性。因此，这些评论认为，墙面文字是策展人的责任。它包括介绍展览的大型说教板，以及所有不同大小的小板和展签，在整个装置中标记特定的作品或时刻。[97]这是一个传递见解的机会，激发兴趣，并指出已经作出了选择。当没有墙面文字的时候，其他的假设正在被提出，这也需要被批判性地阅读。无论存在还是不存在，墙面文字都是一种短暂的文学。它为我们的经验增添色彩，但它很容易被遗忘。就像策展人选择插入或不插入一样，观众也有一个选择：阅读或不阅读。因此，矛盾的是，墙上的文字实际上可以根据指令出现或消失。因此，它们可以而且应该被战略性地、创造性地处理，或者根本就不应该被使用。糟糕的墙体文字和糟糕的写作一样，只是糟糕而已。

杂七杂八的人或事的集合（The Omnium Gatherum）

为什么我们一开始就被展签所困？在博物馆的历史中，展签也起源于私人收藏。正如伦敦博物馆协会1957年出版的《博物馆展签》所叙述的那样，最早的收藏包括"个人的不祥之物，每件'奇特'和'稀有'……都有一种特殊的吸引力"，"更有眼光的收藏家的内阁，他通常是……自然历史或考古学的某个分支的学生"，以及"富有的艺术赞助人的收购"[98]。在每一种情况下，都是收藏家自己，他们对自己的财产和它们所赋予的地位感到自豪，向那些有幸被邀请进去参观的人提供了所有的解释。一张识别一组物品的展签可能会出现在一个箱子上。有一张1719年教皇克莱门特的植物学收藏品的印刷品，显示一个标有"岩石和矿物"的盒子。为了跟踪他们的财产，收藏家们保留了清单，有时还制作了优秀的目录，以记录并向志同道合的人传播关于他们所持物品的信息。随着收藏品演变为更多的公共目的，策展人承担了现场解释的工作。例如，阿什莫林博物馆（Ashmolean Museum）的第一位管理员并不领取工资，而是按参观次数收费。这种制度引起了一些有趣的18世纪的抱怨。一个英国私人收藏家的旅行团的接待者抱怨他们的导游"要求每个人都像听神谕一样听他说话"[99]。一位随意观赏意大利立柜的游客说："令人惊讶的是，那些有好奇心和手段把这么多好东西聚集在一起的人，竟然没有注意到……在这些最重要的东西上加上解释性的评论。"[100]

现代博物馆的发明带来了教育大众的任务。早期收藏品的参观者会与他们的主人在社会上平起平坐，而大游客（Grand Tourist）则越来越发现自己与无权无势的阶层分享博物馆。在伦敦技工讲习所（Mechanics Institute）的门票是交错收取的：女士和先生们支付的门票比商人高，而商人支付的门票比工人阶级高。[101]（衣着和谈吐决定了你的票价。）类似于发明的展签曾经满足了这些精英群体成员的需要，他们的探险和狂欢可能首先就为展出的物品提供了出处，但它们提出的问题比回答的更多。1857年，英国下议院通过了一项规则，规定在国家博物馆中，艺术、科学和历史方面的物品今后将附有"简要说明，以便向公众传递有用的信息，并免除他们的目录费用"[102]。在19世纪90年代，为了使整个英国博物馆系统的展签标准化，博物馆协会提出了一系列的报告。一个流行的想法是将基本主题或物品类型的展签印制出来，以便普遍分发。这些"标本展签"的长度通常超过300字，有可能将展览展示变成教科书。他们试图强加的统一性遇到了激烈的抵制和争论，在世纪之交，关于墙面展签的文献大量涌现就说明了这一点。[103]

所谓的展厅折页（The So-called Gallery Leaflet）

我刚刚从中摘录这段历史的宝贵的出版物的作者是 F.J. 诺思。诺思不是艺术策展人，而是威尔士国家博物馆的地质学管理员。当他自信满满地就如何给温克尔和狮子贴展签提供建议时，他劝告说，艺术是完全不同的事情。"事实上，对于艺术馆中展示的东西是否应该有展签，人们有不同的看法"[104]。劳伦斯·韦尔·科尔曼（Laurence Vail Coleman）探讨了这个问题，他于1927年编写的美国小型博物馆手册在1957年对诺思来说就像今天一样有用。[105] 科尔曼从三个方面分析了这个问题：对所见事物只抱有知识性兴趣的观众，很可能会对那些不提供教学展签的装置感到沮丧。相比之下，艺术是一种感官体验，而展签，无论多么有信息量，都不能帮助观众欣赏艺术。它们实际上会阻碍其体验。基本上，这归结为美学与信息的较量，偏向于美学的一方。科尔曼总结说，最好的解决办法是制作不显眼的短展签，并将"真正的展签文本集中到一个所谓的展厅折页（gallery leaflet）中"[106]。稳妥的建议让人联想到19世纪的沙龙，也让人联想到《美好世界》。但是，请花点时间考虑一下科尔曼如果在做这种传单时的背景。

20世纪20年代的小型博物馆是艺术的殿堂——基于古典建筑的现代建筑在科尔曼的手册中随处可见。这是一个可以看到西方文化珍品的地方，包括殖民主义的异国战利品，也许还有一些有用的装饰艺术。所有这些都可以在展示的惯例中舒适地阅读到。但是，如果你的模型不是一个神殿，而是一个实验室、一个休息室、一个论坛、一个珍奇陈列室（Wunderkammer）、一个歌舞厅呢？不要想象沃兹沃思艺术博物馆（Wadsworth Atheneum）的特立独行的馆长小 A. 埃弗里特·奥斯汀（A. Everett, "Chick," Austin Jr），会在他的床旁放一本小型博物馆手册，彼时他正在为 1934 年博物馆的"现代音乐的朋友和敌人"节目中展示先锋派歌剧《三幕四圣》（Four Saints in Three Acts）作准备。也许你的模型根本就不是一个博物馆：它是一个场地，一个视觉背景，一个干预。例如，如何标记一个土方工程？ 一位同事说，他不知道自己正在经历迈克尔·海泽（Michael Heizer）的《双重否定》（Double Negative），直到他走过它所切开的山丘的一半。如果展出的艺术作品是专门为藐视小型博物馆的惯例而创作的呢？我们不应假设瓶装水、一项任务或一个死气沉沉的房间，会拥有或试图获得与 19 世纪绘画一样的自满权威。

在一个小博物馆里，约瑟夫·博伊于斯 1971 年的《硬化黄油中的指甲印象》（Fingernail Impression in Hardened Butter），似乎与阿什莫林博物馆的"在威斯敏斯特的圣詹姆斯教堂染色的鹦鹉或鸬鹚的腿和爪子"，比亚历山大·考尔德的任何一件现代主义摩天大楼更有共同之处。事实上，很多当代艺术都是在好奇心的层面上首次出现，自然而然地提出问题。对于追求纯粹审美体验的观众来说，他们可能会因为某件物品看起来不像艺术而不屑一顾，墙上的展签可以说出小博物馆不会说的话："你不觉得这个东西讨人喜欢也没关系，它不是用来做的。"这并不是说，比如说概念艺术，如果没有说教的支持，就永远不能展出。当然，对将遗迹变成雕塑的做法（和神话）的一般知识，将使利贾·克拉克（Lygia Clark）为观众制作的戴在头上的网袋，即她 1968 年的《深渊面具》（Máscara abismo），被视为一个足够引人注目的艺术品。但如果知道她打算将这种互动作为"自由的实验性练习"，以及同时代的巴西政治和文化的一些东西，就能更充分地体验这个对象。特别是在一个寻求全球化的艺术世界中，这种信息不需要谨慎地藏在一个优雅的小册子或遥远的面板中。它可以是一个直截了当的存在，这样，在不中断目光接触的情况下，人们可以同时阅读面板和物品。要在组织者路易斯·加姆尼则（Luis Camnitzer），简·法弗（Jane Farver）和蕾切尔·魏斯（Rachel Weiss）1999年在皇后区艺术博物馆（Queens Museum）的展览"全球概念主义"（Global Conceptualism）中四处走动，手里拿着展厅的折页，这与物品本身的直接性是不协调的。事实上，人们不禁要问，如果没有丰富、显眼的墙面文字，在那个开创性的展览中，有多少艺术作品会沦为单纯的奇物。

信不信由你（Believe It or Not）

在文本的修辞力量方面，艺术家有很多东西可以教给策展人。把艺术变成艺术品，把艺术品变成机构种族主义的展示，所有这些都是通过展签的转换，这一直是弗雷德·威尔逊艺术的一个主要主题。自20世纪90年代初以来，威尔逊的机构干预和模拟博物馆装置已经显示出展签并不那么善良。在他1992年的《发掘博物馆》（Mining the Museum）项目中，他将马里兰历史学会的永久收藏品与他自己制作的物品和展签并列在一起。威尔逊把一个雪茄店的印第安人宣布为一件种族主义的民间艺术——他把这个匿名的美国原住民命名为《约翰·克莱因的肖像》（A Portrait of John Klein）。在装置的其他地方，威尔逊用聚光灯照射一张18世纪的白人家庭画像，以挑出黑奴的孩子。其最初是作为家庭财富和地位的众多标志之一被包括进画像的，后来成了威尔逊作品中有尊严的主题。在这种事实与虚构之间的崩溃中，出现了通常被巴尔的摩社会的官方记录所删除的图片（和人）。一对奴隶的脚镣被插在一箱银器中，这些银器都被贴上了"1830—1880年金属制品"的展签。还有人对馆长的特殊习惯进行了评论：一个装满箭镞的箱子，上面显示着它们的入库编号，被称为"数字集合"。威尔逊的实践源于他在博物馆内的经历：他曾担任过博物馆警卫、教育家和馆长。事实上，他在1987年开始了他的艺术实践，当时他是南布朗克斯区（South Bronx）的朗伍德艺术项目（Longwood Arts Project）的主任。他利用这个空间创造了三个不同的环境——一个人种学博物馆、一个维多利亚时代的房间和一个当代的白色立方体——他在其中展示了三位新兴艺术家的作品。威尔逊的"有风景的房间"提出了有趣的可能性。毕加索的原始主义在通过地图、短片和其他关于西班牙艺术家的波希米亚部落的信息进行阐释时，将呈现出完全不同的特征。就像非洲姆巴亚（Mbuya）面具在没有任何博物馆修饰物的情况下被展示时，出现了一种新的意义形式的验证。

我想到的另一个例子是1992年约瑟夫·科苏斯（Joseph Kosuth）为布鲁克林博物馆创作的不朽装置作品《不可告人的游戏》（The Play of the Unmentionable），由策展人夏洛塔·科季克（Charlotta Kotik）组织。在文化战争的高峰期，科苏特的装置作品在博物馆的大厅里摆满了从博物馆几乎每个部门挑选出来的"冒犯性"艺术，并伴有大量的说教。这里有来自历史上的名言，像超级文本一样直接印在墙上。墙壁上，这些都被涂成了博物馆陵墓的灰色。这种效果足够吸引人，使博物馆的过渡大厅空间变成了一个层层叠叠的文字和图片的拱顶，像水一样流过装置的墙壁。还有各种形状和大小的策展墙展签。还有许多参观者，静静地沉浸在阅读文字和物品之间的美妙氛围中。这些作品包括"色情"的日本版画，百科全书中对春宫或"春宫图"的定义来自一个传统，在那里，性既不浪漫也不阳刚，而是快乐的。还有罗伯特·马普尔索普（Robert Mapplethorpe）拍摄的男性裸体和花卉照片，他的作品在当时关于国家艺术资金分配不当的争论中被妖魔化。

有一个年轻男性裸体的古典雕塑，据说是披着斗篷的，目的是为了把他像神一样的体格暴露给表示赞许的阿波罗。还有一些偶像崇拜的图像。看上去是埃及雕塑的碎片，被时间的流逝毁坏了，实际上是古代保守派反击的可归罪证据。在法老阿肯那顿倒台后，他的名字和图像被肢解和销毁，以消除他的权力，在他的进步统治期间，艺术发生了根本性的变化。

然而，考虑到科苏斯的装置所传递的信息量，其信息远远不是修辞。它显示了物体的意义如何不仅随着时间和地点的变化而变化，而且这些意义既不是固有的，也不是立即显现的。它们需要时间来学习和构建，也需要时间来传授和挑战。在我们穿越几个世纪的"不可提及"的过程中，作为观众，我们被自己相对的好奇心所驱使，花时间去创造一个关于审查制度的更大的画面，以及它对创造性自由和表达的无休止的威胁，而不是我们到达博物馆的时候。通过表达（和促进）思想的流动，展签对这个过程至关重要——一个解释的过程，与艺术作品、展览、故事、历史、知识的构建并无不同。

在侏罗纪科技博物馆（Museum of Jurassic Technology 简称 MJT），解释就是一切，这个展览的结构仅通过其教学的线索徘徊在事实和梦幻之间。这个洛杉矶的机构是由其创始董事戴维·威尔逊（David Wilson）在1989年创建的，它在精心安装的显示器中展示了一些平凡的文物——茶杯、针垫、一个破旧的土狼头标本。一张瀑布的照片，一张小床。墙面上的木制模子、文字板、地图、技术图表和术语，光线昏暗的画廊，加上戏剧性的聚光灯、学术性的讲义和小目录，以及门外的横幅和标牌，所有这些都使那些不受这种权威影响的物品具有了意义。作为观众，我们夹在理智的不相信和渴望看到远处有动物的佛兰德斯风景之间——象背上的猴子、熊、猞猁、骆驼、雄鹿，等等——更不用说"穿着比雷塔（一种古典风格的长衫）的大胡子"和"异常狰狞的耶稣受难像"了，据说这些都被刻在那个站在我们面前的小果核上，而果核本身也被放在它前面的盆栽的叶子部分地遮挡住。[107]事实上，这个展签的内容几乎与描述大都会艺术博物馆中类似宝物的展签一模一样。但是，由于附近没有关于"臭蚂蚁"的展览，大都会艺术博物馆的果核既不影响我们的眼睛，也不影响我们对知识的信心。我们看到的是别人告诉我们的。不像在侏罗纪科技博物馆，整个机构的身份是一个问号。部分是概念性的艺术品，部分是一角钱博物馆，有一点是肯定的：这个充满了椭圆物体的假机构如果没有墙上的展签就什么都不是。[108]

标签和墓碑（Tags and Tombstones）

> 无论在什么方向上存在意见分歧，大家都会同意，展签必须好看。
>
> ——F.J. 诺思（F. J. North）[109]

理查德·塔特尔（Richard Tuttle）以制作基于轻微的、自谦的姿态的作品而闻名。他是最不可能对墙上的展签表示兴趣的艺术家，除了要确保它们在他的艺术视野之外。然而，在 2001 年在宾夕法尼亚大学当代艺术学院的装置作品中，他特别要求将展签做得很大。他的理由是，如果这将是一个博物馆的展览，通过各种方式，让我们使它成为一个博物馆：让展签作为标志。因此，它们既在那里（有些几乎和一些作品一样大），又不在那里（尽管你知道它们，但它们完全被塔特尔的艺术所掩盖）。这些展签本身是被称为"墓碑"的种类：博物馆的行话是指那些带有艺术品重要数据的展签——艺术家、标题、日期、媒介、收藏。"墓碑"是一个合适的形象，它让人想起布鲁斯·查特温（Bruce Chatwin）的小说中乌尔茨男爵的命令。"在任何博物馆里，物品都会因窒息和公众的注视而死亡。"[110] 在墙上休息的时候，展签作为一种实物存在——一块石头，一些艺术家选择将其视为作品的一部分。例如，费利克斯·冈萨雷斯·托雷斯（Felix Gonzalez-Torres）指定他的叠纸作品的展签要印成胶印，以便在展签的制作和艺术作品之间创造一个整体的一致性。同样，路易丝·劳勒和杉本博司（Hiroshi Sugimoto）都因在垫子上给他们镶框的照片贴展签而广为人知。理查德·米斯拉赫（Richard Misrach）的照片的标题是由他刻在镜框上的。对于那些看重作品名称的艺术家来说，这种措施可以确保策展人不会把你的作品埋在错误的墓碑下。它还允许艺术家们收回在镀金框架上的贴金展签的传统，这是策展人和收藏家们曾经引以为傲的做法，现在这构成了一种博物馆批评的形式。

对于当代艺术的策展人来说，展签的事情是比较有局限性的。根据展览的性质，展签尽可能地与墙面融为一体，可能效果更好。丝网印刷是最理想的，但价格昂贵；然而，计算机使得几乎任何人都可以制作一个干净的展签，如果时间和金钱允许，安装在一块斜面切割的垫板上显得更加优雅（不那么分散注意力）。通常情况下，当看到它们与它们

《理查德·塔特尔，部分，1998—2001 年》（Richard Tuttle, In Parts, 1998—2001）。宾夕法尼亚大学当代艺术学院，费城，2001 年，安装视图。

《理查德·塔特尔，部分，1998—2001 年》。宾夕法尼亚大学当代艺术学院，费城，2001 年，安装视图。

所标示的东西相关时，它们既不能显得太大，也不能太小。是选择一些统一的尺寸还是单独切割每个展签也是一个品味问题。独立策展人凯瑟琳·莫里斯（Catherine Morris）回忆起惠斯勒印刷标记的学术展览的可笑场面，其中微小的邮票被墙上浩繁的展签所淹没。从墓碑的角度讲，这是用战争纪念碑纪念死去的蝴蝶。

在冷静地摒弃了今天的机构智慧之后，有趣的是展签曾经是更加特立独行的存在。诺思在 1957 年写道，值得庆幸的是，在更好的博物馆中，黑色展签的流行已经失效，因为它们过于显眼，而且"容易让人沮丧"[111]。虽然，我必须说，我不仅被瓦格纳自由科学研究所（Wagner Free Institute）的那些作品的美感所震撼，也被它们的诗意所震撼。作为费城博物馆的瑰宝之一，瓦格纳是一座保存完好（和未保存）的 19 世纪自然历史博物馆。一个展示海洋生物形式的箱子上贴着白色印刷品的黑色标签，其中一些已经褪色，只剩下海百合（SEA LILLIES）、珊瑚（CORALS）和灯贝（LAMP SHELLS），变成了海百合、珊瑚和灯贝的新标本。诺思在他的书中建议，虽然白色通常是美术馆的首选墙面颜色，但白纸展签容易变色并显示出灰尘。他写道，纹理和着色的纸张，从水蓝色到丁香色到深棕色。由于其不透明性，他建议使用"为清洁帆布鞋而出售的白色液体制剂"，而不是白色墨水。"蓝色墨水放在浅黄色的背景上，有很好的可读性"，并能"使一个原本沉闷的展览变得有吸引力"。而且他个人更喜欢手写字的而不是印刷的展签，因为它们看起来不那么机械，更有个性。他说，如果你必须使用打字机，请确保色带是"不褪色的"，对位良好，而且所附的小字不会被挡住[112]（博物馆展签不应该看起来像索要赎金的信）。从 1927 年的《小型博物馆手册》中，有这样的提示："习惯上，每个标展要印四份：一份印在木板上供立即使用，两份印在木板上供保留，一份印在白纸上供粘贴在记录本上。"[113] 如果不在记录本上，墙面展签应保存在计算机文件中，以记录展览的这一短暂特征。

展签的标准位置遵循这个简单的规则：因为我们从左到右阅读，所以展签应该出现在物品的右边，与眼睛平齐，在那里它就像艺术作品的一个脚注。为了使艺术的"阅读"看起来更少注释，当罗伯特·斯托尔（Robert Storr）作为策展人加入现代艺术博物馆的工作人员时，他引入了一种新的方法，决心进一步提高观众对藏品的审美体验。他把"墓碑"标签从艺术品之间拿出来，把它们排成一排，或一簇，放在各自墙的尽头。关于一组作品或一个相关主题的较长的说明性展签被单独设置，最好是在一个短墙或柱子上，在视觉上与艺术完全没有联系。为了抑制印刷品的视觉裂纹，斯托尔更喜欢用有点灰暗的黑色墨水。释放文字墙的愿望导致了一些更有趣的解决方案。耶鲁大学美术馆（Yale University Art Gallery）的策展人珍妮弗·格罗斯（Jennifer Gross）说，在一个关于颜色的展览中，她对墙壁的部分进行了颜色编码，并向观众提供了一张地图。她发现这不是最成功的实验，因为"人们对地图有意见"。地图看起来确实比它们的价值更麻烦。墙上没有展签，但那又怎样：你忙着低头看一张纸，远离艺术，挣扎于房间的朝向。[114]格罗斯的现代青铜器小型展览的计划要好得多。除非是在基座上，否则雕塑总是有一个问题，那就是坐在空间里，没有明显的展签位置。在耶鲁大学，观众随身携带着展签，就像戒指上的钥匙；每张卡片上的复制品使他们可以很容易地识别作品，阅读"墓碑"，并找到一些解释性的文字。这些只是关于墙上展签的内容和地点的一些变化。当墙上的展签被当作物品时，它们可以更多（或更少）地与展出的艺术相联系。

展签应该讲什么？(What Should a Label Say?)

展签不应该有固定的标准。每个展览都需要策展人决定是否以及在多大程度上使用展签，它们将有多长，以及它们将采用什么声音。当决定让展签成为装置的一部分时，这里有一些一般准则。展签应该同时与观众和艺术对话。他们应该知道艺术就在观众面前，而观众已经被他们看到的东西吸引，不仅想知道更多，而且想看到更多。想象一下，展签是一个三向开关的一部分：从观看艺术，到阅读展签，展签又指向艺术。在这种理想的交流中，展签促成了对展览本身的更大的理解。观众不被要求仅仅是一个读者，而是一个解释者，欢迎他们把自己不可预知的和无法解释的意义带到展览中来。在一个更实际的方面，还有一个三角形的主题。现任纽约新博物馆（New Museum in New York）的策展人劳拉·霍普特曼（Laura Hoptman）回忆说，他曾被教导过一个古老的博物馆标准，将墙面展签的形式设定为内容上的三角形。因此，文本从具体到一般，仿佛是对艺术作品或展览提出的一个明显问题的回答。这个问题一旦得到回答，可能会导致对历史或背景的更广泛的讨论，读者可以自由地跟随她或他喜欢的讨论。无论作为策展人是否决定遵守这个三角形，它的形式确实有助于强调我们实践的一个基本前提：观察是要加强的主要经验，而不是被解释所取代（或者更糟糕的是，被混淆）。

展签是为策展人说话的，策展人的工作是阐明展览的原因。当策展人不使用标签，或者展签写得很差时，可能表明展览从一开始就只是模糊的构想。科尔曼在他的博物馆手册中警告说："许多装置的展签写得很差，因为它们没有目的，所以不能贴展签。"科尔曼，顺便也提供了这个具体的建议："如果展签的结尾句子是为了说服参观者对他所学到的东西做些什么，比如看看展览中的另一幅画，或者思考它与日常生活的关系，那么展签就会达到最大的效用。"[115] 因此，贴展签的理由可能就是理由本身。在群展的情况下尤其如此，在群展中，显然正在基于一组特定的作品构建一个提案或前提，这些作品除了策展人的心血来潮之外，没有其他理由在一起。这就是说，我想重申，所有的展览，包括个人展览，本质上都是文章。策展人的视野和思维的主线始终存在，这是一个展签可以说明的因素。事实上，作为最有特权的观众之一，策展人不应该把他们的信息视为理所当然，特别是在当代艺术领域。称之为新的鉴赏力——毕竟，鉴赏家的意思是"了解"。今天似乎很清楚，认识质量就是知道艺术家和整个文化的问题、政治、理论、历史和图像的利害关系。展览应该使这些利害关系可视化，而这些利害关系又可以由策展人通过墙上的文字加以解释。即使一个群展的前提是像蓝色这样明显的东西，考虑一下这可以很容易被归纳。如果没有一个展签，对伊夫·克莱因（Yves Klein）来说，"国际克莱因蓝"只是其他不可见的宇宙能量的物理表现，他的蓝色颜料很容易被视为与展览中其他的蓝色东西是一样的颜色。

在如此衷心地赞美了墙面文字的优点之后，人们可能会认为这篇文章的主张是，任何值得去做的策展人都不应该在没有大量说教的情况下举办展览。没有什么比这更重要的了。正如一开始所概述的，有效的墙面文字可以很短（或不存在）。更重要的是，墙面文字的写作应该作为一项事业来对待，与撰写目录、散文或新闻稿绝对不同。永远不要忘记，观众往往是站着的——一个不太理想的阅读姿势。除非像玛丽·卡萨特一样，你有一把伞可以靠着。由于这个原因，展签的语言也应该适应观众的耳朵。积极的语气和简短的句子是避免在画廊地板上诱发精神崩溃的一种方法。要像你自己希望得到的那样去写。在他关于写展签的建议中，诺思讲述了一个关于展签的轶事："在一个大型的英国博物馆里，有一个装着狮子的展签：狮子，数位级食肉的哺乳动物属于费利达家族（Lion, a digitigrade carnivorous mammal belonging to the family Felidae）。一位参观者问这个展签是什么意思，被告知狮子是一种用脚趾尖行走的大猫，食肉。那么，他回答说，究竟为什么写展签的人不这么说呢？"[116]这个故事让我想起了阿卡迪亚大学（Arcadia University）艺术馆馆长理查德·托奇亚（Richard Torchia）的故事，他讲述了他对博物馆展签的恼怒，该展签将安德烈·塞拉诺（Andres Serrano）的照片与抽象表现主义绘画相提并论，却巧妙地没有提及该照片是一张精液的照片。

尽可能地，这个展签应该吸引那些和你一样知道更多或更少的人。艺术界的流行语（挪用、波德莱尔、后概念）只有在通过作品本身分享和阐释其意义时才能使用。为什么不给观众配备与我们策展人相同的重型火炮？语言可以是严谨的，也可以是口语化的，只要整体语气是慷慨的。很容易就能听出什么时候一个展签听起来很自命不凡（"我知道的比你多"），或者更糟（"亲爱的无知者"）。不幸的是，艺术往往会受到观众的鄙视。墙上的展签也不应该像未消化的履历一样——一个艺术家曾获得特纳奖并将参加下一届文献展，这有什么关系？你真的只是想让你面前的这个物体有意义吗？为什么要浪费文字——花费那么多时间来列举许多人认为毫无意义的证书？通过一切手段，避免神秘化。古根海姆博物馆马修·巴尼（Matthew Barney）展览的展签是值得称赞的，因为它们省去了"混合媒体"这个完全可有可无的术语，并充满爱意地详述了每一种石油产品和羽毛的使用。然而，它们作为解释是极其无效的，只是在文字上代表了艺术家的神话——其复杂性在作品中是不言而喻的。正如一位同事所指出的，这是一个博物馆错失的、向广大观众介绍当代艺术中关键问题的机会。就像现在这样，创纪录的参观者在离开时并不知道为什么一个艺术家制作的雕塑在视觉上具有电影道具的功能是重要的，或者说是可能的。

在研究这篇文章的过程中，我试图从不同的机构了解对墙面展签存在哪些政策。在我工作的地方，在宾夕法尼亚大学当代艺术学院（它组织了带有攻击性展签的塞拉诺展览），例如，只有策展人决定什么会出现在墙上。在与较大的收藏机构交谈时，似乎策展部门主要负责墙面文字的创作。这些通常是通过教育和编辑部门审核的。我从来没有和一个实际上是教育工作者真正写了墙上文字的博物馆谈过话。但也有传言，这种做法（如果它存在的话）似乎令人反感，并不是担心教育工作者不能写艺术，而是策展人将他们作为展览创造者的权力交给那些以指导为己任的人。是的，通过观察艺术可以学到很多东西，但一个展签应该旨在激发人们的热情和对视觉经验本身的敏锐感。这为什么是令人兴奋或深刻的？而不是这能教会我什么？应该是展签的表达方式。

当被问及他们的展签是为谁而写时，大多数博物馆将他们的目标读者描述为"受过大学教育，但不一定是艺术方面的"。同样，任何关于策展人必须为二年级学生写作的传言——没有三个音节的单词——都是没有根据的。所有的主要机构都有打印的展签写作指南。这些准则规定了博物馆的"内部风格"（清晰是主要的关注点）；并定义了各种类型的展签（不同类型或不同层次的信息可能有适当的长度）。指南可能包括一些规则，如不使用外来词（contrapposto）或看起来很专业的术语（triptych）；不提及其他艺术作品或艺术家。从编辑角度讲，这些规则不是硬性规定，而是可以协商的。它们主要是在有意义或含义的问题上发挥作用。我最有趣的一次谈话是与纽约大都会艺术博物馆的帕梅拉·巴尔（Pamela Barr）的谈话，这个博物馆在给艺术品贴展签时，不吝于使用中国风这样的词汇。巴尔承担着编辑博物馆所有墙面文字的百科全书式的任务。她与策展人密切合作，确保他们不仅为艺术史学家写作，也为博物馆参观者写作。产生积极的声音和短句子是她的编辑目标之一。她还与展览设计师合作。要考虑现场参观或展出秩序问题，使信息（和观众）真正地在画廊中流动。一个巨大的说教被推到一个大动脉上是要避免的，就像一群小的说教被推到一个角落一样。当我问她与理查德·马丁合作的情况时，帕梅拉·巴尔说，能与一位似乎打破了机构展签写作的所有规则的策展人合作，是她最大的快乐和荣幸。

理查德·马丁（Richard Martin，1945—1999）因其为与合作者哈罗德·科达（Harold Koda）共同创建的展览创作的墙面文字而受到赞誉。多年来，马丁是《艺术》杂志的编辑，然后是纽约时装学院（Fashion Institute of Technology）的院长，最后是大都会艺术博物馆服装学院的策展人，他是一个具有最高智慧和眼光的人。马丁与科达一起工作，他继承了团队在大都会艺术博物馆的辉煌工作，策划了从《运动员和书呆子到时尚和超现实主义》（Jocks and Nerds to Fashion and Surrealism）展到一个关于内衣的展览《基础设施》（Infrastructure）。这些展览因混合了时尚、艺术和偶发事件而闻名，也因其装置设计——设计中的文字发挥了惊人的作用。以适合特定主题的风格的脚本印刷，从象征主义诗歌到流行文化再到哲学的各种来源的引文点缀了整个空间。[想想科苏斯的《不可告人》（Unmentionable）展览，但在概念上是粉红色而不是灰色。] 展签，有长有短，传达了一种热情的兴趣，不仅是对展出物品的特殊性的描述，而且是对它们在世界中可能的意义的展现。马丁的写作风格博大精深，充满了他自己对知识、对文字、对解释行为的乐趣。以"绽放"中的话为例。1995 年展览的开幕说教开始了。"'绽放'调查了时尚界对植物学和花卉的粗犷画风的处理，揭示了制度和沉默、美丽和青春、新生活和道德、自然主义和寓言的表达。"[117]它继续描绘花的香味，谈论它们的语言和脆弱性，引用埃德娜·圣文森特·米莱（Edna St. Vincent Millay）的话，将 20 世纪 50 年代的舞会礼服比作"一种乡土的、弧形的理想"，并看到伯比种子公司（Burpee Seed）包装对 80 年代服装的影响。所有这些都在 300 字以内。这可能是墙体文字的力量。当作为作家的文本，而不仅仅是描述或信息的模式时，写在墙上的东西可以激起一种接受和联想的心理状态。展签具有成为艺术的潜力，它可以是感性的、聪明的和体验性的。

我感谢花时间分享想法，为这篇文章提供了信息的朋友和同事，特别是杰弗里·巴特钦（Geoffrey Batchen）和克里斯·泰勒（Chris Taylor）的有益解读。

后 记

这本书讨论了是什么让一个视觉艺术展览变得伟大。这对皮尤慈善信托基金来说是一个重要的问题，因为我们相信，最成功的展览是为艺术家、物品和他们要阐明的思想服务的，同时吸引观众与作品进行满意的，甚至是变革性的个人接触。此外，伟大的展览为地区、国家和国际艺术讨论作出了贡献，同时也为举办展览的机构带来了知名度和地位。

费城在艺术和文化材料的收藏方面具有非凡的广度和深度，同时也有大量不同的收藏和展览机构。1997 年"费城展览计划（PEI）"成立时，该地区缺少的是足够的资源，以鼓励和支持这些机构通过具有挑战性、创造性和创新性的展览，使他们所管理的物品和思想充满活力。许多已经举办的展览都没有被记录下来；即使是大型展览也没有目录，这使得围绕艺术问题的知识讨论变得贫乏，也使得教育和丰富观众和公众对视觉艺术的理解的潜力没有得到发挥。

信托基金会通过研究和采访视觉艺术领域的地方和国家领导人来了解这一困境，这也是费城展览计划发展过程的一部分。我们的目标是在视觉艺术上采用以前制定的支持舞蹈、戏剧和音乐的计划中已经行之有效的方法。也就是说，首先我们试图确定每个艺术学科的优先问题，以便正确指导拨款计划。然后，我们确定了一个聪明的、有思想的、有企业家精神的领导人来指导每一个项目（在这个案例中是葆拉·马林科拉）。我们开始与项目主任和我们的机构伙伴（艺术大学）合作，设计一个战略，将项目支持与规划拨款和社区艺术领袖的专业发展机会相结合。

我们的假设是，要取得持续的艺术成功，需要时间、智力和财政支持、同行学习的机会，以及通常的规划拨款和实施拨款的结合。由杰出的国内翘楚——艺术家、策展人和机构负责人——一起组成的资助小组确保项目通过严格和客观的程序被选中获得资助。同时，这些小组对费城在更大的视觉艺术世界中的地位提供了宝贵的反馈。以及通过我们的其他倡议，在舞蹈、音乐、戏剧和历史遗产领域的地位提供了宝贵的反馈，并指导我们不断完善项目设计。反过来，小组成员看到了费城地区艺术活动不断增长的质量、能量和创新，并成为我们在整个社区的宣传大使。

皮尤慈善信托基金不能使伟大的展览发生。但是，通过我刚才描述的方式，我们努力在费城创造条件，使有才华的艺术家、策展人和机构领导人能够创造这些展览。

我们也不断地寻找方法来回应新的艺术和计划的想法和冲动。随着信托基金的艺术计划——舞蹈推进计划、费城遗产计划、皮尤艺术奖学金、费城展览计划、费城音乐项目和费城剧院计划——的成熟。我们对扩大这些项目的具体工作范围感兴趣，并正在寻找方法来鼓励和支持更多的合作、跨学科的专业发展和拨款活动。我们的目的是更新信托基金对当地艺术和文化社区的投资，因为我们认识到一些正在产生的最重要的新作品是跨越边界的，并挑战传统的形式和期望。同时，我们将保持我们举措的灵活性，以发现和支持任何地方的卓越和创造性。

作为实现这一目标的手段之一，信托基金在 2005 年创建了皮尤艺术与遗产中心，以容纳我们所有的六个艺术项目和费城文化管理计划。我们希望该中心能成为这样一个地方，在这里可以激发和培养关于艺术的生动而广泛的讨论，并以新的想法来指导信托基金对该地区文化的支持，使艺术家、机构、观众和整个社区受益。

本书就是这种希望的体现。我代表皮尤慈善信托基金，感谢葆拉·马林科拉对这本出版物和它所体现的思想的热情和坚持，以及她对费城展览计划的可靠领导，这本书就是从她那里产生的。

玛丽安·A. 戈弗雷（Marian A. Godfrey）
皮尤慈善信托基金会文化和公民倡议部主任

致 谢

　　这本小书在实现过程中大大受益于许多人的工作。这并不完全需要一个村庄^①，但也差不多。

　　在皮尤慈善信托基金，文化和公民倡议主任、皮尤文化项目的首席设计师玛丽安·戈弗雷（Marian Godfrey）和文化副主任格雷格·罗（Greg Rowe）鼓励我们这些负责指导具体学科的人在文化方面的工作。他们鼓励我们这些指导具体学科的艺术活动的人，在关注扩大社区能力和丰富地区文化生活的同时，考虑如何为我们的领域作出更大的贡献。我非常感谢他们两位的领导，以及他们对 PEI 的专业发展活动，特别是对这本书的持续、热情的支持。玛丽安的后记也提供了一个重要的背景，让我们了解现在我们一起在皮尤艺术与遗产中心的工作将如何进行下去。

　　在 PEI，我的前任助理，在我身边七年的戈登·王（Gordon Wong）在从本书开始到 2005 年 8 月他为新的职业机会而离开之前，他能干而愉快地完成了许多不同的、有时令人沮丧的任务。宾夕法尼亚大学当代艺

---

　　① 译者注：英语谚语有"养育一个小孩需要一个村庄"之说。此处指本书的实现凝聚了众多人的付出。

术学院的前副馆长本内特·辛普森（Bennett Simpson）最初担任了我在这个项目上的编辑助理，也熟练地主持了本集的一个采访，直到他离开费城，成为波士顿 ICA 的副馆长。我感谢戈登和班耐特对《实操问题：什么成就了优秀展览》的宝贵贡献。

作为出版协调人，杰里迈亚·米斯菲尔德（Jeremiah Misfeldt）勇敢地接过了这面旗帜，致力于文集的方方面面，并帮助指导这份出版物的完成。他的工作很辛苦，需要耐心和勤奋，我非常感谢他的努力。蒂芙尼·塔瓦雷斯（Tiffany Tavarez），PEI 的项目助理，在管理她的许多其他 PEI 职责的同时，还以令人敬畏的组织能力，谈判图像权利并协助我进行研究。康尼·珀蒂尔（Conny Purtill），艺术出版物的卓越设计师，为本书创造了优雅而前卫的图形处理。

约瑟夫·N. 纽兰（Joseph N. Newland）骑着他的编辑部的白色马车[1]前来救援，他一直是这本书所等待的人，如果没有他和沙里安·迈克尔（Shariann Michael）的协助，《实操问题：什么成就了优秀展览》可能永远不会见天日。我对他作为我们的编辑所做的专业工作，以及他的正能量和巨大的幽默感感激不尽。事实上，我很高兴能与上述所有才华横溢、兢兢业业的人在这个项目上紧密合作。

在资助示范性的视觉艺术展览方面，PEI 从根本上支持卓越的策展人和创造力。去年，视觉艺术界失去了一位最杰出、最有魅力的策展人，我们谨以此文集来纪念沃尔特·霍普斯（Walter Hopps）。我很感谢玛丽·斯威夫特慷慨地允许我们在我们的献词页上使用她富有表现力的肖像。

最重要的是，我对每一位贡献者表示最深切的感谢，感谢他们同意接受这个大问题，并以如此深刻的洞察力和说服力对其作出不同的回

---

① 译者注：典出童话《白马王子》，比喻解救公主的王子骑白马而来。

应。不仅是"费城展览计划",而且整个领域都因他们的慷慨和工作而得到了极大的丰富。

葆拉·马林科拉

费城展览计划主任

皮尤艺术与遗产中心执行主任

撰稿人

格伦·亚当森（Glenn Adamson）是伦敦维多利亚与艾伯特博物馆研究部门的研究生主管。他曾是威斯康星州奇普斯通（Chipstone）基金会的策展人。他的出版物包括《工业强度设计：布鲁克斯·史蒂文斯如何塑造你的世界》。

保拉·安东内利（Paola Antonelli）于 1994 年 2 月加入现代艺术博物馆（MoMA），是建筑和设计部门的策展人。她为 MoMA 举办的第一个展览是"当代设计中的变异材料"。她最近的展览，《SAFE: 设计承担风险（SAFE: Design Takes on Risk）》，是关于设计和安全。她目前正在写一本关于世界各地的食物的书，作为杰出设计的例子。

卡洛斯·巴苏阿尔多（Carlos Basualdo）是费城艺术博物馆的当代艺术策展人，也是威尼斯建筑大学（Instituto Universitario di Architettura di Venezia）的兼职教授。他是卡塞尔"第十一届文献展"的联合策展人，2003 年威尼斯双年展"生存的结构"的策展人，以及最近的芝加哥当代艺术博物馆（MCA）和纽约布朗克斯博物馆《热带风潮：巴西文化的一场革命》的客座策展人。

伊沃娜·布莱茨维克（Iwona Blazwick）是伦敦白教堂美术馆的馆长，也是一位评论家和广播员。在 2001 年之前，她是泰特现代美术馆的展览和陈列主管，之前是伦敦当代艺术学院的展览主任和费顿出版社的委托编辑。最近的展览包括拉乌尔·德凯泽（Raoul de Keyser）和托拜厄斯·雷贝格尔（Tobias Rehberger）的个展，以及《人群中的面孔：现代人物和前卫现实主义》。

琳内·库克（Lynne Cooke）自 1991 年以来一直是迪亚艺术基金会的策展人。她是 1991 年卡内基国际艺术展的联合策展人，也是 1996 年悉尼双年展的艺术总监。她最近策划了莉莉·杜茹里（Lili Dujourie）的作品回顾展，目前的项目包括为迪亚比肯（Dia:Beacon）策划的五期阿格尼丝·马丁（Agnes Martin）展览以及与纽约现代艺术博物馆合作的理查德·塞拉回顾展。

特尔玛·戈尔登（Thelma Golden）是哈勒姆工作室博物馆的馆长和首席策展人。她最近的展览是 2005—2006 年的《频率》。

玛丽·简·雅各布（Mary Jane Jacob）是芝加哥艺术学院雕塑系的教授和主任。她也是一位专门从事公共艺术的独立策展人，包括为南卡罗来纳州查尔斯顿的年度美国斯波莱托艺术节的艺术家项目策展。她最近合编了《当代艺术中的佛陀思想》（加利福尼亚大学出版社）。

杰弗里·基普尼斯（Jeffrey Kipnis）是俄亥俄州立大学诺尔顿建筑学院的建筑设计和理论教授。作为韦克斯纳艺术中心的前建筑和设计策展人，他策划了《梦幻套房》（Suite Fantastique）（2001 年）和《情绪之河》（Mood River）〔2002 年，与安妮塔·马西（Annetta Massie）联合策展〕等展览。

葆拉·马林科拉（Paula Marincola）是皮尤艺术与遗产中心的执行主任，自1997年费城展览计划成立以来一直担任该计划的主任。她曾任比弗学院美术馆（现为阿卡迪亚大学）的画廊总监和宾夕法尼亚大学当代艺术学院的助理主任/策展人。

德特勒夫·默廷斯（Detlef Mertins）是宾夕法尼亚大学建筑系的教授和系主任，在建筑现代主义方面有大量的著作。他目前正在完成一本名为《米斯：在世界和反对世界》（*In and Against the World*）的专著，并共同编辑1920年代先锋派杂志《G：元素设计的材料》的译本。

马克·纳什（Mark Nash），电影理论家和策展人，是皇家艺术学院当代艺术策展系主任和伦敦艺术大学国际美术研究中心的主任。作为"第11届文献展"的联合策展人，他为费城织物工坊和博物馆策划了《真相实验》。

拉尔夫·鲁戈夫（Ralph Rugoff）是一位作家和评论家，是伦敦海沃德美术馆的馆长。在担任旧金山加利福尼亚艺术学院沃蒂斯当代艺术学院（CCA Wattis Institute for Contemporary Arts）院长期间，他是加利福尼亚艺术学院策展实践项目的创始主席，也是《隐形艺术简史》等展览的策划人。

英格丽德·沙夫纳（Ingrid Schaffner）是费城当代艺术学院的高级策展人，她最近策划了《累积的视觉，巴里·勒瓦》和《大无》展览。之前的展览包括共同策划的《朱利恩·利维：一个美术馆的画像》和《深层存储》。她的《萨尔瓦多·达利的〈维纳斯之梦〉：1939年世界博览会上的超现实主义游乐场》（*Salvador Dali's Dream of Venus: The Surrealist Funhouse from the 1939 World's Fair*）于2002年出版。

罗伯特·斯托尔（Robert Storr）是一位艺术家和评论家，担任耶鲁大学美术学院院长和费城艺术博物馆的现代和当代艺术顾问策展人。他曾是现代艺术博物馆的绘画和雕塑高级策展人，最近策划了马克斯·贝克曼（Max Beckmann）的回顾展和圣菲当代艺术空间（SITE Santa Fe）第五届国际双年展；他是 2007 年威尼斯双年展的委员。

费城展览计划

费城展览计划（PEI）成立于1997年，通过支持公共视觉艺术展览和具有高度艺术水准和文化意义的配套出版物，促进该地区视觉艺术界的艺术发展和进步。PEI为展览的实施提供高达25万美元的资助，为展览的策划提供高达2.5万美元的资助。

授予符合该计划资格要求的独立策展人和组织高达25 000美元的展览策划费。费城展览计划的赠款每年以竞争方式颁发，由国际公认的视觉艺术专业人员组成的小组进行评选。

费城展览计划还通过策展人圆桌会议和专题讨论会提供专业发展机会，解决该领域的重要问题，为策展人的研究和发展提供差旅费，并提供其研究图书馆的2 000多册资料。PEI还委托并出版关于策展实践的批评性文章，包括研讨会"现在策展"的会议记录。"想象力的实践／公共责任"研讨会的记录，以及一本名为《实操问题：什么成就了优秀展览》的文集。

在1997年至2009年期间，费城展览计划资助了93个项目，投资近1 000万美元，为该地区的观众和该领域带来了优秀的视觉艺术展览。PEI还向其成员颁发了120多笔专业发展补助金。

皮尤艺术与遗产中心（Pew Center for Arts & Heritage）

皮尤艺术与遗产中心致力于激发宾夕法尼亚州东南部五县地区的文化社区的活力。该中心成立于 2005 年，拥有皮尤慈善信托基金的七个资助项目。通过这些倡议，中心支持该地区的艺术家和艺术及遗产组织，他们的工作以卓越、想象力和勇气而著称。每年，该中心的资助使 800 多场舞蹈、音乐和戏剧表演以及历史和视觉艺术展览成为可能，并为费城及其周边县市的观众提供其他公共项目。除了提供资助，皮尤艺术与遗产中心还发挥了以下作用。

作为一个围绕艺术表达和文化解释进行思想交流的纽带。该中心还举办讲座、座谈会、研讨会和出版物，以解决我们所服务领域的关键问题。

在我们所服务的领域中的关键问题。皮尤艺术与遗产中心由皮尤慈善信托基金资助，由费城艺术大学管理。

皮尤慈善信托基金（The Pew Charitable Trusts）

皮尤慈善信托基金（www.pewtrusts.org）以知识的力量为动力，解决当今最具挑战性的问题。皮尤运用严格的分析方法来改善公共政策，为公众提供信息并刺激公民生活。它与不同的捐助者、公共和私人组织以及关心的公民合作，他们共同致力于基于事实的解决方案和目标驱动的投资，以改善社会。

艺术大学（The University of the Arts）

艺术大学是美国第一所也是唯一一所致力于视觉、表演和交流艺术的大学。它的 2 300 名学生在位于费城艺术大道中心的校园内就读本科和研究生课程。它作为教育创造性人才的领导者的历史超过了 130 年。

费城展览计划
皮尤艺术与遗产中心
1998—2009 年展览资助获得者

阿宾顿艺术中心（ABINGTON ART CENTER）

2004 年，J. 摩根·普伊特（J. Morgan Puett）：失去的会议（The Lost Meeting）

公共艺术项目

阿卡迪亚大学艺术馆（ARCADIA UNIVERSITY ART GALLERY）（原比弗学院美术馆 formerly BEAVER COLLEGE ART GALLERY）

2009 年，艾未未（Ai Weiwei）：丢弃骨灰盒（Dropping the Urn）

个展

2002 年，奥拉维尔·埃利亚松（Olafur Eliasson）：你的色彩记忆（Your colour memory）

特定场地装置

1999 年，海与天（The Sea and the Sky）

专题展览

1998 年，时期房间：艾米·豪夫特的一个项目（Period Room: A

Project by Amy Hauft）

特定场地装置

亚洲艺术倡议（ASIAN ARTS INITIATIVE）

2004 年，中国城内 / 外 Chinatown In/Flux

社区艺术项目

基地营（BASEKAMP）

2009 年，合理的艺术世界（Plausible Artworlds）

社会媒体项目

布兰迪万河博物馆（BRANDYWINE RIVER MUSEUM）

1999 年，牛奶和鸡蛋：美国钢笔画的复兴，1930—1950（Milk and Eggs: The Revival of Tempera Painting in America, 1930–1950）

专题展览

切斯特斯普林斯工作室（CHESTER SPRINGS STUDIO）

1998 年，重演 / 和解（Reenactment/Rapprochement）

主题展览和表演

费城壁画艺术计划（CITY OF PHILADELPHIA MURAL ARTSPRO-GRAM）

2008 年，情书（Love Letter）

公共艺术项目

黏土工作室（THE CLAY STUDIO）

1999 年，河流（River）

特定场地装置

东部州立监狱（EASTERN STATE PENITENTIARY）

2009 年，比尔·莫里森 / 维杰·艾耶尔：释放（Bill Morrison/Vijay Iyer: Release）

特定场地电影 / 音频装置

2002 年，珍妮特·卡迪夫和乔治·布雷斯·米勒：骚动（Janet Cardiff and George Bures Miller：Pandemonium）

特定场地装置

织物工坊和博物馆（THE FABRIC WORKSHOP AND MUSEUM）

2005 年，埃德·鲁沙（Ed Ruscha）

驻场和展览

2003 年，真相实验（Experiments with Truth）

主题电影 / 影像展

2000 年，道格·艾特肯：室内（Doug Aitken: Interiors）

新影像装置

1998 年，豪尔赫·帕尔多：新作品（Jorge Pardo: New Work）

特定场地装置

费尔蒙特公园艺术协会（FAIRMOUNT PARK ART ASSOCIATION）

1999 年 新地标：公共艺术，社区，和地方的意义（New Land Marks: public art，community, and the meaning of place）

公共艺术项目

戈尔迪·佩利画廊，摩尔艺术和设计学院（GOLDIE PALEY GALLERY, MOORE COLLEGEOF ART & DESIGN）

2005 年，阿图尔·巴里奥：行动后的行动（Artur Barrio: Actions after Actions）

展览和装置

2003 年，约尔格·伊门多尔夫：我想成为艺术家（Jörg Immendorff: I Wanted to Become an Artist）

回顾展

2002 年，雷蒙德·海恩斯：艺术投机者（1947—2002）[Raymond Hains: Art Speculator（1947-2002）]

回顾展

1999 年，瓦利·出口：创作/设计+建造[Valie Export: Ob/De+Con（Struction）]

回顾展

1998 年，未来主义者：贝内德塔·卡帕·马里内蒂（1917—1944）[La Futurista: Benedetta Cappa Marinetti（1917-1944）]

回顾展

宾夕法尼亚大学当代艺术学院（INSTITUTE OF CONTEMPORARY ART, UNIVERSITY OF PENNSYLVANIA）

2009 年，希拉·希克斯：五十年（Sheila Hicks: Fifty Years）

回顾展

2008 年，欢乐的泥土：形成黏土的冲动（Dirt on Delight: Impulses That Form Clay）

专题展览

2005 年，建筑+设计系列：本·范贝克尔和卡罗琳·博斯（联合国工作室）和彼得·艾森曼/劳里·奥林[Architecture + Design Series: Ben van Berkel and Caroline Bos（UN Studio）and Peter Eisenman/Laurie Olin]

特定场地装置

2003 年，累积的视觉：巴里·勒瓦（Accumulated Vision: Barry LeVa）

回顾展

2001 年，建筑 + 设计系列。#3 地层景观：哈尼·拉希德 + 莉斯·安妮·库蒂尔和卡里姆·拉希德；#4 复杂：格雷格·林恩，装置（Architecture + Design Series: #3　stratascape: Hani Rashid + Lise Anne Couture and Karim Rashid; #4 Intricacy: Greg Lynn, installation）

专题展览

1999 年，墙的力量（Wall Power）

主题展览 / 公共艺术项目

格什曼 Y，博罗夫斯基画廊（GERSHMAN Y, BOROWSKY GALLERY）

2002 年，一个时髦的地方（A Happening Place）

主题展览

约翰·巴特拉姆协会（JOHN BARTRAM ASSOCIATION）

2007 年，威廉·巴特拉姆的旅行——再思考（Travelsof William Bartram—Reconsidered）

特定场所装置

费城地区特藏图书馆联盟之费城图书馆公司（THE LIBRARY COMPANY OF PHILADELPHIA for PACSCL）

2000 年，黄金之叶（Leaves of Gold）

泥金装饰手抄本（illuminated manuscript）展

主线艺术中心（MAIN LINE ART CENTER）

2003年，过去的存在：当代对主线的反思（Past Presence: Contemporary Reflections on the Main Line）

特定场地装置

1998年，出发点：线路上的艺术（Points of Departure: Art on the Line）

公共艺术项目

麦加沃兹（MEGAWORDS）

2008年，麦加沃兹店面（Megawords Storefront）

有装置和表演的展览空间

詹姆斯·A. 米切纳艺术博物馆（JAMES A. MICHENER ART MUSEUM）

2000年，中岛乔治和现代主义瞬间（George Nakashima and the Modernist Moment）

设计展

NEXU 今日艺术基金会 NEXUS/FOUNDATION FOR TODAY'S ART

1998年，语境（Context）

特定地点的装置

费城大学设计中心（THE DESIGN CENTER, PHILADELPHIA UNIVERSITY）

2007年，翻译中的花边（Lace in Translation）

主题展览

2001年，什么是今天的设计？（What is Design Today?）

主题设计展

宾夕法尼亚美术学院（THE PENNSYLVANIA ACADEMY OF THE FINE ARTS）

2009年，巴克利·L.亨德里克斯：酷的诞生（Barkley L. Hendricks: Birth of the Cool）

回顾展

2008年，彼得·索尔：回顾展（Peter Saul: A Retrospective）

2004年，埃伦·哈维：镜子（Ellen Harvey: Mirror）

特定场地装置

费城民俗项目（PHILADELPHIA FOLKLORE PROJECT）

1998年，社会变革的民间艺术（Folk Arts of Social Change）

主题展览

费城艺术博物馆（PHILADELPHIA MUSEUM OF ART）

2009年，阿希尔·高尔基：回顾展（Arshile Gorky: A Retrospective）

2008年，詹姆斯·卡斯尔：回顾展（James Castle: A Retrospective）

2007年，威廉·肯特里奇：挂毯（William Kentridge: Tapestries）

主题展览

2006年，汤姆·柴姆兹（Tom Chimes）

回顾展

2004年，蓬托尔莫、布龙齐诺和美第奇：文艺复兴肖像画的转变（Pontormo, Bronzino, and the Medici: The Transformation of the Renaissance Portrait）

主题展览

2002年，博物馆研究7：克里斯蒂安·马克莱，钟与玻璃（Museum Studies 7: Christian Marclay, The Bell and the Glass）

装置和表演

2001 年，巴尼特·纽曼（Barnett Newman）

回顾展

2000 年，超越常规：罗伯特·文图里和丹尼丝·斯科特·布朗建筑师事务所的建筑和设计（Out of the Ordinary: The Architecture and Design of Robert Venturi, Denise Scott Brown and Associates）

回顾展

1998 年，博物馆研究 4：里尔克里特·提拉瓦尼（Museum Studies 4: Rirkrit Tiravanija）；博物馆研究 5：加布里埃尔·奥罗斯科（Museum Studies 5: Gabriel Orozco）

PHILAGRAFIKA（前身为费城印刷合作组织，PHILADELPHIA PRINT COLLABORATIVE）

2009 年，平面无意识（The Graphic Unconscious）

主题展览

2006 年，（重新）印刷［（Re）print］

驻留和公共艺术项目

大费城保护联盟（PRESERVATION ALLIANCE FOR GREATER PHILADELPHIA）

2006 年，隐藏的城市（Hidden City）

特定场地装置

印刷中心（THE PRINT CENTER）

2005 年，与时俱进：安·汉密尔顿，维拉·鲁特，阿贝拉多·莫雷尔（Taken with Time: Ann Hamilton, Vera Lutter, Abelardo Morell）

特定场地装置

2001 年，印记（Imprint）

公共艺术项目

罗森巴赫博物馆和图书馆（ROSENBACH MUSEUM & LIBRARY）

2002 年，与……调情，艺术家在罗森巴赫的项目：本·卡奇尔
（Flirting With ... Artists Projects at the Rosenbach: Ben Katchor）

书籍和滑稽歌剧

1999 年，漂移：中浜万次郎的探索故事（Drifting: Nakahama Manjiro's
Tale of Discovery）

泥金装饰手抄本展

罗森瓦尔德·沃尔夫画廊，艺术大学（ROSENWALD–WOLF GALLERY,
THEUNIVERSITY OF THE ARTS）

2007 年，诱人的颠覆：女性波普艺术家 1958—1968 年（Seductive
Subversion: Women Pop Artists 1958–1968）

专题展览

2000 年，伊冯娜·雷纳：激进的并置 1960—2002（Yvonne Rainer:
Radical Juxtapositions, 1960–2002）

回顾展

宾夕法尼亚大学设计学院，建筑档案（UNIVERSITY OF PENNSYLVANIA
SCHOOL OF DESIGN, ARCHITECTURAL ARCHIVES）

2004 年，塑造一个现代世界：安东尼·雷蒙德和诺埃米·雷蒙德
的建筑和设计（Crafting a Modern World: The Architecture and Design of
Antonin Raymond and Noemi Raymond）

回顾展

艺术与人文村（THE VILLAGE OF ARTS AND HUMANITIES）

2006 年，见证：唤起精神 / 拥抱记忆（Bearing Witness: Evoking Spirit / Embracing Memory）

20 周年展览

大众之声（VOX POPULI）

2009 年，死亡之花（Dead Flowers）

主题展览

译者注

¹ Bruce Ferguson, "Exhibition Rhetoric," in *Thinking About Exhibitions*, ed. Reesa Greenberg, Bruce W. Ferguson, Sandy Nairne（London: Routledge, 1996）, p. 176.

布鲁斯·弗格森（Bruce Ferguson），《策展思考》中的"展览修辞"，编辑：里萨·格林伯格（Reesa Greenberg）、布鲁斯·W. 弗格森（Bruce W. Ferguson）、桑迪·奈恩（Sandy Nairne）（伦敦：劳特利奇出版社，1996年），第176页。

² 德特勒夫·默廷斯（Detlef Mertins）是个例外。德特勒夫·默廷斯的文章最初被构思为历史学家对建筑展览的分析，但后来变为一种元文本，使用米斯（Mies）标志性的作品新国家美术馆作为主要例子，我们可以了解富有预见性的博物馆建筑如何主导它所容纳的艺术展览。博物馆建筑往往迫使艺术家与策展人提出新的安装方案来适应它。

³ 当然，还有更多的策展人，他们的工作是我所欣赏的且认为是相当重要的，他们的工作不是本选集中所能代表的。我清楚地意识到，尽管我已经尽力尝试，有一些潜在撰稿人，他们的声音仍未收录在本选集中。因为每一篇文章均指向很多本可以大大充实此选集的其他文章，我本来几乎可以连续无限地（而且几乎是这样做的）邀请同行来供稿。我

不止一次地延迟出版，等待和/或希望吸引另一位策展人为我们撰稿（他们知道我指的是谁）。只是在我的编辑的干预下，我不得不接受在费城展览计划的十周年纪念日来临之前，完成此书或许是明智之举。本选集中三篇费城展览计划委托的文章已经发表：费城展览计划委托的拉尔夫·鲁戈夫的文章，将作为本书的介绍；以及卡洛斯·巴苏阿尔多与德特勒夫·默廷斯分别在期刊《宣言》（*Manifesta*）与《灰色房间》（*Grey Room*）中的文章。

　　⁴ 除了在 http://pcah.us/ exhibitions/publications-research 可获取费城展览计划的座谈会（2000）记录《当下策展：想象实践，公共责任》（*Curating Now: Imaginative Practice, Public Responsibility*）之外，举例来说还可参见班夫国际策展研究所的两份出版物，凯瑟琳·托马斯任编辑的《万事边缘：策展实践反思》（*The Edge of Everything: Reflections of Curatorial Practice*）［艾伯塔班夫：班夫中心出版社，2002（Banff, Alberta: Banff Centre Press, 2002）］，及梅拉妮·汤森任编辑的《打破常规：分化策展实践》（*Beyond the Box: Diverging Curatorial Practices*）（2003）；《当下策展》系列，由加利福尼亚艺术学院策展实践方面的文学硕士项目在 2002 年发起，目前已经推出了三本（http://sites.cca.edu/curatingarchive/publications.html）；以及《曲直之道：策展经验》（*The Straight or Crooked Way: Curating Experience*）［伦敦：皇家艺术学院，2003（London : Royal College of Art, 2003）］；及《黑衣人：策展实践手册》（*Men in Black: Handbook of Curatorial Practice*）［柏林：贝哈尼恩美术馆（Berlin: Künstlerhaus Bethanien）；法兰克福：左轮手枪（Revolver），2004］。

　　⁵ 在反对使用，或至少是过度使用语音导览的过程中，我并不幻想这种做法会停止。在所有的可能性中，它将增长。我也没有因为制作了这样的指南而感到无辜。正如对组织大型展览的策展人所期望的那样，我已经编写和录制了几个导览，而且我更高兴的是，我有尽我所能决定

内容并设定节奏的选项，而不是把工作交给媒体专家或教育专家。我也不想贬低主要负责将这些声音包放在一起的专业人士的技能。事实上，我与那些专门从事这一领域的人（打交道）的个人体验非常好，我尊重他们对艺术的认真态度和对公众需求的理解。然而，在急于以这种方式向公众提供"事实"和"解释"的过程中，博物馆和他们的合作者剥夺了观众个体对自己独立的艺术体验至关重要的东西，即惊讶、好奇、（感到）困难，以及认识到他们可以理解他们所看到的大部分东西，并对那些仍然困惑他们的东西产生积极的、未经训练的兴趣。

6 值得称赞的是，柯克·瓦恩多（Kirk Varnedoe）组织的最新波洛克（Pollock）作品回顾展，确实讲述了第二个故事。

7 由琼·西蒙（Joan Simon）编辑，布鲁斯·瑙曼（Bruce Nauman）的作品全集来自其1994—1995年由美国沃克艺术中心组织的作品回顾展。布鲁斯·瑙曼的作品全集是一个典型的例子，说明了如何以经济的方式和高的学术标准来实现这一目标，而且其格式也是普通大众可以接受的。

8 最近关于我为伊丽莎白·史密斯（Elizabeth Smith）和安·菲尔宾（Ann Philbin）组织的李·邦特科（Lee Bontecou）回顾展写的一篇文章的争议突出了策展人在出版前向艺术家及其支持者展示目录文章的问题。在这个例子中，邦特科和她的丈夫指责我在将她的作品与其他同时代艺术家的作品进行比较之前没有对艺术家进行采访。邦特科关心的是避免这种联系，以强调她对自然的依赖，以及她对几个朋友和她丈夫的亏欠。她丈夫对这篇作品的攻击似乎是出于对艺术界的长期敌意，以及希望将她的作品视为基本上是自成一体的，但以他自己和同样的几个朋友为例子。作为一个批评家和历史学家，我的目的是要表明，无论她可能感觉到或对其他人施加了什么影响，她的作品之所以重要，正是因为它与我们之前对其创作背景的理解有关联，并改变了我们之前的理解。如果不是策展人坚持他们的原则，即这样的展览不仅仅是艺术家提出他们对作品的解释的场合，也是听取其他补充性甚至竞争性意见的时刻，这篇文章就会被邦特科和她丈夫从目录中删除。

⁹ 我直接与赖曼合作，在其展出的所有三个美国场馆都安装了他1992年的回顾展，我知道一些同事也有类似的合作经历。

¹⁰ 引言，"曲直之道：策展经验"，《当代艺术策划硕士》（*MA in Curating Contemporary Art*），皇家艺术学院，2003，11。此目录文字的作者弗朗切斯科·马纳科尔达（Francesco Manacorda），为2003年该课程的学生之一，这些学生共同策划了同名展览，因此弗朗切斯科·马纳科尔达可以认为是可以代表这些学生发言的。

¹¹ 欲获取詹姆斯·迈耶（James Meyer）、弗朗切斯科·博纳米（Francesco Bonami）、玛莎·罗斯勒（Martha Rosler）、奥奎·恩佐（Okwui Enwezor）、印卡·修尼巴尔（Yinka Shonibare）、卡特琳·达维德（Catherine David）与汉斯-乌尔里希·奥布里斯特（Hans-Ulrich Obrist）对这些问题更完整的讨论，参见蒂姆·格里芬（Tim Griffin），"全球趋势：全球性与大型展览"，《艺术论坛》42，第3号（2003年11月）：第152—163页。迄今为止，这种情况最复杂的例子是第11届德国卡塞尔文献展，其有五个平台专门针对民主政治这类主题。在2002年夏季卡塞尔的第五平台随附的出版物中，董事奥奎·恩佐名为《黑盒子》的文章对现代主义轨迹进行了另类解读，这种解读传达了随附展览（《第11届德国卡塞尔文献展目录》，奥斯特菲尔登-鲁伊特：哈特耶坎茨出版社，第42—55页）中所示作品的选择与展示。一个更具代表性的案例是第八届伊斯坦布尔国际双年展——"诗意的正义"。在展览目录中，策展人丹·卡梅伦（Dan Cameron）详细讨论了支撑本展览的主题，指出了当代艺术家在构建全球社区中的关键作用。丹·卡梅伦充满热情的叙述没有提及选择过程、作品范围，以及展览使用的场地；也没有提及任何单个艺术家的实践，显示出这些作品主要对思考更大的问题起到催化剂的作用。因此，第八届双年展分为两支：展览，可以作为活动体验但没有解

释；目录，起到补充与备忘录的作用。

12 B. 约瑟夫·派因二世（B.Joseph Pine II）、詹姆斯·H. 吉尔摩（James H.Gilmore）在他们广受争议的书——《体验经济：工作是剧场，每项业务都是舞台》（*The Experience Economy: Work is Theatre and Every Business a Stage*）（波士顿：哈佛商学院出版社，1999 年）提出了有广泛影响的概念"体验经济"。业务顾问与营销专家认为，这种快速增长的体验行业将取代更为传统的服务与商品出售。而对于体验行业而言，难忘的体验与活动的编排与上演成为主要任务。在这种趋势影响下，艺术机构在休闲、旅游与零售服务方面不断作出回应。

13 克劳斯·巴斯曼（Klaus Bussmann）与卡斯珀·柯尼格（Kasper Konig），《巡回/指南》（*Rundgang/Guide*）的"前言"部分（科隆：明斯特雕塑展，1987 年），第 7 页。

14 在她最近出版的《连续的场所：场所艺术及其所在地身份》（*One Place After Another: Site-Specific Art and Locational Identity*）（马萨诸塞州剑桥镇：麻省理工学院出版社，2002 年）一书中，权美媛（Miwon Kwon）精彩地绘制了特定场所艺术的演变，从明斯特雕塑展及有关风险项目中体现的模型，到被构思为文学与物理地点的场所到散漫地域的转变。此外，权美媛在副标题"神话般统一体的社区"（参见权美媛，《连续的场所》，第 4 章，第 100—137 页）下，详细地追溯了策展人玛丽·珍·雅各布（Mary Jane Jacob）在仔细确定 1992 年芝加哥举办的"文化在行动"艺术提案的选择与实施中扮演的复杂监护角色。

15 收藏家罗伯特·斯卡尔（Robert Scull）充当若干海泽项目的赞助人。《纽约土壤之屋》最初计划为临时装置。尽管并非所有的迪亚早期委托是针对乡村地区的，所有这些委托都要求独立的环境，而且可以在狭隘的美学框架之外被理解，因此在很大程度上缺少了制度调解的痕迹。对比起来，如今在"场外"工作，创造临时场所有关作品的组织，例如纽约市公共艺术基金会（Public Art Fund）或者伦敦艺术机构艺术天使（Artangle），与博物馆和美术馆的运作方式相似，原因是围绕这些机构委托的工作存在着隐含的框架，类似于更正式的机构不可避免而产生的。

16 这项临时委托的两种例外情况分别是：丹·格雷厄姆（Dan Graham）的《城市屋顶亭阁》（*Urban-Rooftop Pavilion*），最初为临时设施，但是随后被购得用作收藏；罗伯特·欧文（Robert Irwin）的《补论：向立方致敬 3》（*Excursus: Homage to the Square 3*），只有在展览关闭之后才被购得，将来会被再次设置。

17 有关于热的项目的更详细介绍，请参见我在迪亚即将发行的出版物中关于该项目的文章。

18 科尔曼在加入此项目时仔细阅读了保罗·瓦莱里（Paul Valéry）的文章，"列奥纳多方法介绍"〔《保罗·瓦莱里选集》（*Paul Valéry, An Anthology*）（普林斯顿：普林斯顿大学出版社，1977 年），33—93〕。瓦莱里对自己的项目进行概念化，所使用的关键方式似乎传达着科尔曼的方法："我提议想象这样一个人，其活动异常多样化，以至于如果我在所有这些活动之后假设一种主导思想，就不可能存在着比这更为普遍的思想了。"〔在我对此项目的分析方面，我对劳伦·谢多夫斯基（Lauren Sedofsky）表示感谢。〕科尔曼在"莱奥纳尔多·达·芬奇的图纸与手稿"中的参与，延续了卢浮宫博物馆版画和素描部，向哲学家、艺术家和其他人，从彼得·格里纳韦（Peter Greenaway）到让·斯塔罗宾斯基（Jean Starobinski），进行高度激发性和富有想象力的委托的传统，它也被证明近年来最引人注目的系列展览之一。

19 关于更全面的描述，请参阅我在迪亚即将出版的关于这个项目的文章。

20 需要注意的是，撰写本文的动力之一源于我以各种身份参加了提到的三个展览：在 1997 年的第十届卡塞尔文献展中，我担任"百天—百客"的专门小组成员，在第十一届德国卡塞尔文献展（2002）与第 50 届威尼斯双年展（2003）中，担任策展团队成员。尤其在最后两次展览中，我的工作使我能够与它们的组织和概念方面密切互动。大众与专业媒体对这些展会有各种反应，而这种反应存在着巨大差异而且分析缺乏严谨性。这篇文章在很大程度上就源于我的尴尬与悲痛。

21 关于这种报道的一个典型的历史例子，见布鲁斯·库尔茨（Bruce Kurtz），《卡塞尔文献展：关键预演》（"Documenta: A Critical Preview"），《艺术杂志》46，第8期（1972年夏）：第30页，简单概括了对这些活动常见的误解。

22 虽然现在有大量关于博物馆的书目，但似乎还没有一本专门讨论大型国际展览的出版物。最近一些关于展览和策展实践的出版物有：Bruce Altshuler, *The Avant-Garde in Exhibition: New Art in the 20th Century* (New York: Harry N. Abrams, 1994); Emma Barker, ed., *Contemporary Cultures of Display* (New Haven, Conn.: Yale University Press, 1999); Reesa Greenberg, Bruce W. Ferguson, and Sandy Nairne, eds., *Thinking about Exhibitions* (London: Routledge, 1996); Bernard Guelton, *L'Exposition: Interprétation et réinterprétation* (Paris: L'Harmattan, 1997); Anna Harding, ed., *Curating: The Contemporary Art Museum and Beyond* (London: Academy Editions: 1997); Susan Hiller and Sarah Martin, eds., *The Producers: Contemporary Curators in Conversation*, vols. 1-4 (Gateshead, U.K.: Baltic, 2000-2003); Bern Klüser and Katharina Hegewisch, eds., *L'Art de l'exposition: Une documentation sur trente expositions exemplaires du XXe siècle* (Paris: Editions du Regard, 1998); Carin Kuoni, ed., *Words of Wisdom: A Curator's Vade Mecum on ontemporary Art* (New York: Independent Curators International, 2001); Paula Marincola, ed., *Curating Now: Imaginative Practice/Public Responsibility* (Philadelphia: Philadelphia Exhibitions Initiative, 2001); Dorothee Richter and Eva Schmidt, eds., *Curating Degree Zero: An International Curating Symposium* (Bonn: VG Bild-Kunst, 1999). （译者注：如需要，这些书目的译文如下，其余尾注

中涉及书籍／文章的引用时保留了中英文书籍信息，便于出版社编辑）布鲁斯·阿特舒勒（Bruce Altshuler）《展览中的先锋派：20世纪新艺术》（纽约：哈里·N.艾布拉姆斯出版社，1994年）；埃玛·巴克（Emma Barker）主编《当代文化展示》（康涅狄格州纽黑文市：耶鲁大学出版社，1999年）；里萨·格林伯格（Reesa Greenberg）、布鲁斯·W.弗格森（Bruce W. Ferguson）、桑迪·奈恩（Sandy Nairne）《展览思考》（伦敦：劳特利奇出版社，1996年）；伯纳德·盖尔东（Bernard Guelton）《展览：解释与重新解释》（巴黎：拉马丹出版社，1997年）；安娜·哈丁（Anna Harding）编辑《策展：当代艺术博物馆及其他》（伦敦：学会出版社：1997年）；苏珊·希勒（Susan Hiller）与萨拉·马丁（Sarah Martin）编辑《制作者：当代策展人对话，1—4卷》（英国盖茨黑德：波罗的海，2000—2003年）；贝恩·克吕泽（Bern Klüser）与卡塔琳娜·黑格维施（Katharina Hegewisch）编辑《展览的艺术：20世纪30个示范性展览的记录》（巴黎：Editions du Regard 出版社，1998年）；卡林·库尼（Carin Kuoni）编辑《智慧的话语：策展人的当代艺术手册》（纽约：国际独立策展人协会，2001年）；葆拉·马林科拉（Paula Marincola）编辑《当下策展：想象实践，公共责任》（费城：费城展览计划，2001年）；多萝特·里希特（Dorothee Richter）与伊娃·施密特（Eva Schmidt）编辑《策展零度：国际策展研讨会》（波恩：VG T 图片库，1999年）。

23 塞思·科文（Seth Koven）对观众与致力于公共教育和艺术推广的机构之间的紧张关系（关于品位和价值等问题）进行了补充说明，"白教堂画展与观看的政治"，见 Seth Koven, "The Whitechapel Picture Exhibitions and the Politics of Seeing," in *Museum Culture: Histories, Discourses, Spectacles*, ed. Daniel J. Sherman and Irit Rogoff（Minneapolis: University of Minnesota Press, 1994），pp.22-48。【译文】《博物馆文化：历史、话语、视觉》，丹尼尔·J.舍曼（Daniel J. Sherman）和伊里特·罗戈夫（Irit Rogoff）编著（明尼阿波利斯：明尼苏达大学出版社，1994

年），第 22—48 页。

24 参见特奥多·阿多尔诺（Theodor Adorno），其《棱镜》中"瓦莱里普鲁斯特博物馆"（Valéry Proust Museum）译文［塞缪尔与希埃里·韦伯（Samuel and Shierry Weber）：《棱镜》（Prisms），马萨诸塞州剑桥市：麻省理工学院出版社，1981 年，第 173—185 页］。

25 参见葆拉·拉托斯-瓦利埃（Paula Latos-Valier），"大小双年展"，《信息》（第 25 届卢布尔雅那平面艺术双年展时事通讯）。

26 关于第一届卡塞尔文献展与纳粹"堕落艺术"展览之间联系的讨论，见瓦尔特·格拉斯坎普（Walter Grasskamp），"'堕落的艺术'"和第一届文献展：被排斥和征服的现代主义，参见谢尔曼 Sherman 与罗吉特 Rogit《博物馆文化》，163—194。在格拉斯坎普看来，作为二战后德国模范性艺术机构，文献展与纳粹对现代艺术提出的问题之间的紧张关系，最终在 1972 年，由第五届卡塞尔文献展的策展小组仅通过含蓄的方式得以确认。

27 理查德·汤姆金斯（Richard Tomkins）《金融时报》中《生日快乐，全球化》，2003 年 5 月 6 日。

28 我们只需要提到第十届文献展的"百天—百客"（100 Days-100 Guests）、第 11 届德国卡塞尔文献展的四个"平台"，以及第 50 届威尼斯双年展上围绕《同时代档案》所展开的活动。

29 参见卡斯滕·舒伯特（Karsten Schubert）《馆长的蛋：从法国革命至今博物馆概念的演变》（伦敦：One-Off 出版社，2000 年）［*The Curator's Egg: The Evolution of the Museum Concept from the French Revolution to the Present Day*（London: One-Off Press, 2000）］。在这本关于西方博物馆历史翔实概述的最后部分，舒伯特利用几个章节来介绍馆长角色在过去 30 年里的变化。尽管他的观察主要涉及博物馆馆长，但他的观察可能受到在大型国际展览方面，策展角色的转变的启发。

30 将艺术视为一种自主活动当然会导致将高度专业化的实践纳入历

史叙述。当这一框架作为主要的智力动机消失时，探索扩大的文化生产领域就成为可能，而且在很大程度上成为必须，因为这将是一个理解艺术实践与支持这类展览的权力系统（经济、政治和社会）的可能的关系问题。在某种程度上，我们可以说第十届文献展的主题正是这种修订经典的过程。

[31] 威廉·J. 鲍斯玛（William J. Bousma），《文艺复兴的衰落：1550—1640》（*The Waning of the Renaissance: 1550-1640*）（纽黑文，康涅狄格州：耶鲁大学出版社，2000年），131。在文艺复兴时期戏剧作为一种文化实践的出现与大型国际展览在今天的文化景观中所占据的地位之间，可以得出一个有趣的平行。这两种现象最初都因为与奇观和商业的联系而不被信任，但它们都经历了艺术的演变，部分原因是它们越来越受欢迎；体现了文化和视觉景观（spectacle）之间的复杂关系，而现代性的机构历来都拒绝这种关系。

[32] 一些在战后成立的致力于展览现代与当代艺术的机构曾经与我们之前讨论的大型活动没有太大区别，至少在我们考虑其最初目标的情况下是这样的。一个特别显著的例子就是蓬皮杜中心，它是作为一个研究现代与当代文化创作的跨学科实验室而建立的。尽管在蓬图斯·胡尔腾（Pontus Hulten）的领导下，蓬皮杜中心的活动似乎朝着实现这一目标的方向发展，后来开始逐渐变为一个或多或少的传统的现代艺术博物馆。在极少数情况下，一些展览仍然展示某些跨学科与修正主义的元素，但是即便如此，这些元素并没有主导整个项目。

[33] 路德维希·米斯·范德罗采访，《米斯》，迈克尔·布莱克伍德执导，迈克尔·布莱克伍德制作公司，1986年。（*Mies*, dir. Michael Blackwood, Michael Blackwood Productions, 1986.）

[34] 柏林国家新美术馆的成立汇集了普鲁士文化遗产基金会的国家美术馆（Nationalgalerie of the Stiftung Preussischer Kulturbesitz）和柏林市的20世纪收藏。国家美术馆建立于1861年，（其馆藏）成为后19世纪

艺术的最伟大收藏之一。1937年，纳粹摧毁或出售了近500件作品。第二次世界大战期间，更多艺术品消失，其他的则被带到苏联，很久以后才回到德国。

35 汉斯·里希特，《新的建筑大师》（Der neue Baumeister），《质量》（Qualität）4（1925年1月—2月）：第3—9页。

36 特奥·范杜斯堡（Theo van Doesburg），《"住宅"：著名的德意志工匠联盟展（Werkbund）》（1927年），译文。夏洛特·洛布（Charlotte I. Loeb）和阿瑟·C.洛布（Arthur C. Loeb），《论欧洲建筑：建造公司（Het Bouwebedrijf）的完整论文》，1924—1931年［波士顿：伯克豪斯出版社（Birkhaüser），1990年］，第164页。［Theo van Doesburg, " 'The Dwelling'; The Famous Werkbund Exhibition" (1927), trans. Charlotte I. Loeb and Arthur C. Loeb, in *On European Architecture: Complete Essays from Het Bouwebedrijf, 1924–1931* (Boston: Birkhaüser, 1990), 164.］

37 路德维希·米斯·范德罗，《建筑工作的前提》（1928年），出自弗里茨·诺伊迈耶（Fritz Neumeyer）著《朴实的话：米斯·范德罗论建筑艺术》，马克·贾佐贝克（Mark Jarzombek）译（马萨诸塞州剑桥，麻省理工学院出版社，1991年），第300页。［Ludwig Mies van der Rohe, "The Preconditions of Architectural Work" (1928), in Fritz Neumeyer, *The Artless Word: Mies van der Rohe on the Building Art*, trans. Mark Jarzombek (Cambridge, Mass.: MIT Press, 1991), 300.］

38 露丝·兰登·英格利斯（Ruth Langdon Inglis），《建筑：快乐宫》，《美国艺术》54，第1期（1966年1月至2月）：第69—72页。［ "Architecture: The Fun Palace," *Art in America* 54, No. 1 (January–February 1966): 69–72.］

39 玛丽·凯利（Mary Kelly），《重新审视现代主义批评》，《屏幕》22，第3期（1981）：第41—62页。（ "Re-Viewing Modernist Criticism," *Screen* 22.）

40 布赖恩·奥多尔蒂，《白立方美术馆内部：关于美术馆空间的注释，第一部分》，艺术论坛 14，第 7 期（1976 年 3 月）：第 24—30 页；奥多尔蒂，《白立方美术馆内部，第二部分：眼睛和旁观者》，艺术论坛 14，第 8 期（1976 年 4 月），第 26—33 页；或参见《白立方美术馆内部：美术馆空间的思想》一书（旧金山：Lapis 出版社，1986 年）；和玛丽·安妮·斯坦尼谢夫斯基，《展示的力量：纽约现代艺术博物馆的布展历史》（马萨诸塞州剑桥，麻省理工学院出版社，1998 年）。[Brian O'Doherty, "Inside the White Cube: Notes on the Gallery Space, Part I," Artforum 14, no. 7 (March 1976): 24–30; O'Doherty, "Inside the White Cube, Part II: The Eye and the Spectator," *Artforum* 14, No. 8 (April 1976): 26–33; or see the book version, *Inside the White Cube: The Ideology of the Gallery Space* (San Francisco: Lapis Press, 1986); and Mary Anne Staniszewski, *The Power of Display: A History of Exhibition Installation at the Museum of Modern Art in New York* (Cambridge, Mass.: MIT Press, 1998.)]

41 艾伦·帕尔默（Alan Palmer），《东区：四个世纪的伦敦生活》（伦敦：约翰·默里出版社，1989 年），卷首插画。[*The East End: Four Centuries of London Life* (London: John Murray Publishers, 1989), frontispiece.]

42 塞斯·科文（Seth Koven），《白教堂的画展和观看的政治》，载于《博物馆文化：历史，话语，视觉》，丹尼尔·舍曼（Daniel J.Sherman）和伊里特·罗格夫（Irit Rogoff）编辑（明尼阿波利斯：明尼苏达大学出版社，1994 年），第 22—23 页。["The Whitechapel Picture Exhibitions and the Politics of Seeing," in *Museum Culture: Histories, Discourses, Spectacles*, ed. Daniel J. Sherman and Irit Rogoff(Minneapolis: University of Minnesota Press, 1994), 22–23.]

43 《笨拙周刊》（*Punch*）杂志，1897 年 4 月 24 日，引自科文，"白

教堂图片展览"，第22页。

44 科文，"白教堂图片展览"，第23页。

45 布赖恩·奥多尔蒂，《白立方美术馆内部》，艺术论坛（Artforum）（1976年3月）：第25页；或奥多尔蒂，《白色立方体内部》，第16页。

46 科文，"白教堂图片展"，第39—40页。

47 安妮·库姆斯（Annie Coombes），《民族志与民族和文化身份》，载《原始主义的神话，艺术的视角》，苏珊·希勒（Susan Hiller）编辑（伦敦：劳特利奇出版社，1991年），第190页。["Ethnography and National and Cultural Identities," *The Myth of Primitivism, Perspectives on Art*, ed. Susan Hiller（London: Routledge, 1991），190.]

48 同上，第204页。

49 《博物馆期刊》8（1908年7月）：第12页，引自库姆斯（Coombes），《民族志与民族和文化身份》，第204页。[*Museums Journal* 8（July 1908）: 12, quoted in Coombes, "Ethnography and National and Cultural Identities," 204.]

50 朱丽叶·斯坦（Juliet Steyn），《犹太人：身份的假设》（伦敦：卡塞尔，1999年），第84、95页。[Juliet Steyn, *The Jew: Assumptions of Identity*（London: Cassell, 1999），84, 95.]

51 斯坦尼谢夫斯基，《展示的力量》，第124页。

52 玛格丽特·加莱克（Margaret Garlake），《新艺术新世界：战后社会中的英国艺术》（康涅狄格州纽黑文：耶鲁大学出版社，1998年）。[Margaret Garlake, *New Art New World: British Art in Postwar Society*（New Haven, Conn.: Yale University Press, 1998）.]

53 杰克逊·波洛克（Jackson Pollock），《我的绘画》，《可能性》（纽约）1（1947—1948年冬季）：第79页。[Jackson Pollock, "My Painting," *Possibilities*（New York）1（Winter 1947−1948）: 79.]

54 巴里·柯蒂斯（Barry Curtis），《从象牙塔到控制塔》，《独立小组：战后英国与丰盛美学》(*The Independent Group: Postwar Britain and the Aesthetics of Plenty*)（马萨诸塞州剑桥，麻省理工学院出版社，1990年），第23、26页。[Barry Curtis, "From Ivory Tower to Control Tower," in *The Independent Group: Postwar Britain and the Aesthetics of Plenty* (Cambridge, Mass.: MIT Press, 1990), 23, 26.]

55　格雷厄姆·惠瑟姆（Graham Whitham），《展览：这就是明天》，《独立小组：战后英国与丰盛美学》，戴维·罗宾斯（David Robbins）编辑（马萨诸塞州剑桥：麻省理工学院出版社，1990年），第135页。[Graham Whitham, "Exhibitions: This is Tomorrow," in *The Independent Group: Postwar Britain and the Aesthetics of Plenty*, ed. David Robbins (Cambridge, Mass.: MIT Press, 1990), 135.]

56　改编自同上。

57　斯坦尼谢夫斯基，《展示的力量》，第176页。

58　奥多尔蒂，《白立方美术馆内部》，《艺术论坛》（1976年3月）：第25页；或奥多尔蒂，《白立方美术馆内部》，第15页。[O'Doherty, "Inside the White Cube," *Artforum* (March 1976): 25; or O'Doherty, *Inside the White Cube*, 15.]

59　让-克里斯托夫·罗尤，载于《综合》（巴黎），第十届文献展特别版，1997年10月，由盖伊·布雷特引用，《埃利奥·奥蒂塞卡的白教堂实验》，《白教堂美术馆百年回顾》（伦敦：白教堂艺术馆，2001），第77页。[Jean-Christophe Royoux, in *Omnibus* (Paris), special edition on Documenta X, October 1997, quoted by Guy Brett, "Helio Oiticica's Whitechapel Experiment," *The Whitechapel Art Gallery Centenary Review* (London: Whitechapel Art Gallery, 2001), 77.]

60　盖伊·布雷特，同上，第77页。

61　《启示录（Apocalipópotese）》（1969），《我向往大迷宫（Aspiro ao Grande Labirinto）》[里约热内卢：罗科（Rocco）编辑，1986年]，

第 130 页，引自盖伊·布雷特，"埃利奥·奥伊蒂奇卡：自由的实验性行使"，载于《感知的狂欢：艺术文选》（伦敦：国际视觉艺术学院，2004年），第 63 页。[*Apocalipópotese*（1969），Aspiro ao Grande Labirinto（Rio de Janeiro: Ed. Rocco, 1986），130, quoted in Guy Brett, "Hélio Oiticica: The Experimental Exercise of Liberty," in *Carnival of Perception: Selected Writings on Art*（London: Institute of International Visual Arts, 2004），63.]

⁶² 《行为简史，白教堂美术馆》。第一部分，2002 年 4 月；第二部分，2002 年 11 月。（*A Short History of Performance, Whitechapel Art Gallery*, Part 1, April 2002; Part 2, November 2002.）

⁶³ 菲利波·马里纳蒂（Filippo Marinetti），《未来主义的基础和宣言》，《1900 年至 1990 年理论中的艺术》，查尔斯·哈里森（Charles Harrison）和保罗·伍德（Paul Wood）编辑（牛津：布莱克威尔，1992年），第 148 页。[Filippo Marinetti, "The Foundation and Manifesto of Futurism," in *Art in Theory, 1900–1990*, ed. Charles Harrison and Paul Wood（Oxford: Blackwell, 1992），148.]

⁶⁴ 约瑟夫·博伊于斯，《格奥尔格·雅佩（Georg Jappe）访谈》，约翰·惠尔赖特（John Wheelwright）译，《国际工作室》（*Studio International*），第 950 页（1972 年 12 月），摘自《1900—1990 年理论中的艺术：变化的思想选集》，查尔斯·哈里森（Charles Harrison）和保罗·伍德（Paul Wood）编辑（牛津：布莱克威尔，1992 年），第 890页。[Joseph Beuys, "Interview with Georg Jappe," trans. John Wheelwright, Studio International 184, no. 950（December 1972），extracted in *Art in Theory 1900–1990 an Anthology of Changing Ideas*, ed. Charles Harrison and Paul Wood（Oxford: Blackwell, 1992），890.]

⁶⁵ 马尔科·利文斯通（Marco Livingstone），《重塑白教堂：从明天到今天的装置》，《白教堂艺术百年纪念》，第 35 页。（Marco Livingstone, "Reshaping the Whitechapel: Installations from Tomorrow to Today," in The

Whitechapel Art Gallery Centenary Review, 35.）

66 玛丽亚·林德（Maria Lind），2003 年 10 月 25—26 日慕尼黑艺术协会举办的"用轻质行李箱进行策展"专题讨论会公告。

67 约翰·杜威（John Dewey），《艺术与经验》，《哲学家手册》（The Philosopher's Handbook），斯坦利·罗森（Stanley Rosen）编辑（兰登书屋：纽约，2000），第 274 页。[John Dewey, "Art and Experience," in *The Philosopher's Handbook*, ed. Stanley Rosen（Random House: New York, 2000）, 274.]

68 艺术作为一种没有规定性准则和说教结果的经验，是约翰·杜威的批判性哲学著作《艺术与经验》的一个主要主题，这一点从以下陈述中可以看出。"正是通过交流的方式，艺术成为无可比拟的教学器官……（这种方式）与通常与教育理念相关的方式相去甚远……它所采用的方法太过直白，以至于排除了想象力，而且没有触及欲望和情感"；以及"艺术是一种在图表和统计中找不到的预测模式，它暗示了在规则和戒律、训诫和管理中找不到的人类关系的可能性"（杜威，《艺术与经验》，第 286、288 页）。

69 伊冯娜·兰德（Yvonne Rand）在 2002 年 10 月 5 日的"清醒"会议上。

70 里尔克里特·提拉瓦尼在《当代艺术中的佛陀思想》，杰奎琳·巴斯（Jacquelynn Baas）和玛丽·简·雅各布（Mary Jane Jacob）编辑（伯克利和洛杉矶：加利福尼亚大学出版社，2004 年），第 173 页。[Rirkrit Tiravanija in *Buddha Mind in Contemporary Art*, ed. Jacquelynn Baas and Mary Jane Jacob（Berkeley and Los Angeles: University of California Press, 2004）, 173.]

71 迈克尔·罗通迪（Michael Rotondi），《当代艺术中的佛陀思想》，杰奎琳·巴斯（Jacquelynn Baas）和玛丽·简·雅各布（Mary Jane Jacob）编辑，第 221 页。（ Michael Rotondi, in Baas and Jacob, *Buddha Mind in*

Contemporary Art, 221.)

72 安·汉密尔顿,《当代艺术中的佛陀思想》,杰奎琳·巴斯（Jacquelynn Baas）和玛丽·简·雅各布（Mary Jane Jacob）编辑,第 183 页。(Ann Hamilton, in Baas and Jacob, Buddha Mind in Contemporary Art, 183.)

73 玛丽娜·阿布拉莫维奇,《当代艺术中的佛陀思想》,杰奎琳·巴斯（Jacquelynn Baas）和玛丽·简·雅各布（Mary Jane Jacob）编辑,第 191 页。(Marina Abramovic, in Baasand Jacob, Buddha Mind in Contemporary Art, 191.)

74 玛丽娜·阿布拉莫维奇,《当代艺术中的佛陀思想》,杰奎琳·巴斯（Jacquelynn Baas）和玛丽·简·雅各布（Mary Jane Jacob）编辑,第 194 页。(Marina Abramovic, in Baasand Jacob, Buddha Mind in Contemporary Art, 194.)

75 比尔·维奥拉,《当代艺术中的佛陀思想》,杰奎琳·巴斯（Jacquelynn Baas）和玛丽·简·雅各布（Mary Jane Jacob）编辑,第 254 页。(Bill Viola, in Baas and Jacob, Buddha Mind in Contemporary Art, 254.)

76 引用杜威的相关的话:"但经验是艺术产品与自我……的互动问题。它在同一个人的不同时期发生变化,因为他给作品带来了不同的东西。但没有理由为了审美,这些经验应该是相同的。"杜威,《艺术与经验》,第 271 页。

77 比尔·维奥拉,《当代艺术中的佛陀思想》,杰奎琳·巴斯（Jacquelynn Baas）和玛丽·简·雅各布（Mary Jane Jacob）编辑,第 256 页。(Bill Viola, in Baas and Jacob, Buddha Mind in Contemporary Art, 256.)

78 "艺术作品是我们通过想象力和它们唤起的情感进入其他形式的关系和参与的手段,然后是我们自己的。"杜威,《艺术与经验》,第 273 页。

79 "像梦一样的绘画"展览,卢浮宫博物馆和蓬皮杜艺术中心,

2005 年。

⁸⁰ 展厅说明。

⁸¹ 《准备拍摄：格里·舒姆电视美术馆》（Ready to Shoot: FernsehgalerieGerry chum/videogalerie Schum），巴黎市现代艺术博物馆（Musée d'Art moderne de la Ville de Paris/ ARC）；葡萄牙波尔图塞拉尔维斯当代艺术博物馆（Museu de Arte Contemporânea de Serralves, Porto, Portugal）；杜塞尔多夫美术馆（Kunsthalle Düsseldorf）；卡西诺卢森堡当代艺术论坛（展览中心）2004—2005。（Casino Luxembourg—Forum d'art contemporain, Luxembourg, 2004–2005.）

⁸² "事实背后：1968—1975 年的相互作用"（"Behind the facts: interfunktionen 1968—1975"），霍安·米罗基金会（Joan Miró Foundation），巴塞罗那；塞拉维斯当代艺术博物馆，波尔图；卡塞尔弗里德里希博物馆（Museum Fridericianum），2004—2005。

⁸³ 前两个是我为伦敦国家电影院（National Film Theatre in London）组织的电影节目的标题［卡尔·特奥多尔·德赖尔（Carl Th. Dreyer），1978 年；最近的葡萄牙电影，1989 年］，最后一个是 1983 年为大不列颠艺术委员会（Arts Council of Great Britain）举办的巡回展（1996 年在伦敦新蛇形美术馆书店重新展出）。

⁸⁴ "力场：动态的阶段"展览，巴塞罗那当代艺术博物馆（MACBA）；海沃德美术馆（Hayward Gallery），伦敦；2000 年。

⁸⁵ 贾科莫·巴拉（Giacomo Balla）的《抽象速度 + 声音》（Velocità astratta+rumore），1913—1914，有一个典型的直截了当的标题。注："力场"没有展示任何未来派的作品。

⁸⁶ 有趣的是，此时此刻，海沃德美术馆（Hayward Gallery）不再雇用专职影音技术人员！仅在最近的五到十年中，国际画廊和博物馆才开始解决有关动态图像呈现和保存方面的专业技术知识的需求。

⁸⁷ "短暂的世纪：1945—1994 年非洲的独立和解放运动"，维拉·斯

塔克（Villa Stuck），慕尼黑；柏林马丁·格罗皮乌斯博物馆（Martin Gropius Bau）的世界文化之家；芝加哥当代艺术博物馆；PS1 当代艺术中心，纽约；2001—2002。

88　事实上，谢尔盖·爱森斯坦（Sergei Eisenstein）从对早期苏维埃艺术非常重要的游乐场和马戏团中获得了他的"吸引的蒙太奇"概念。

89　见奥奎·恩佐等编辑的《真相实验：过渡时期的正义及真相与和解的过程》。［See Okwui Enwezor et al., eds., *Experiments with Truth: Transitional Justice and the Processes of Truth and Reconciliation* (Ostfildern-Ruit: Hatje Cantz, 2002).］

90　全文标题为《关于公众关注的一些问题的一般性报告》，*Informe general sobre algunas cuestiones de interés para una proyección pública*。

91　"柏林北部"，汉堡火车站当代艺术博物馆，2004 年。

92　"时区"，泰特现代美术馆，伦敦，2004 年。

93　马克·纳什（Mark Nash），《艺术与电影：一些批判性思考》，第 11 届文献展目录（Ostfildern-Ruit：Hatje Cantz，2002），第 129—136 页。［Mark Nash, "Art and Cinema: Some Critical Reflections," in *Documenta 11 Exhibition Catalogue* (Ostfildern-Ruit: Hatje Cantz, 2002), 129–136.］

94　"越南"（*Vietnam*），2001 年；罗姆人（男性）［*Rom*（uomini）］，2002 年；机构，2003 年。新喀里多尼亚（*New Caledonia*），2004 年。

95　彼得·谢尔达尔，《艺术之家》，《纽约人》，2003 年 1 月 13 日，第 87 页。（Peter Schjeldahl, "Art Houses," *New Yorker*, January 13, 2003, 87.）

96　罗伯塔·史密斯，《当展览说的比展示的多》，《纽约时报》，2003 年 4 月 13 日。（Roberta Smith, "When Exhibitions Have More to Say than to Show," *New York Times*, April 13, 2003.）

97　表面上看，音频导览也是教学法对话的一部分。它们是我们这个时代的技术手册，它们本身也是一个话题。本文将继续讨论展览墙上的实际内容。

98　F.J. 诺思（F.J. North），《博物馆展签：博物馆策展人手册》。B 部分，第 3 节（伦敦：博物馆协会，1957 年），第 4 页。[F.J. North, *Museum Labels: Handbook for Museum Curators*, Part B, Section 3（London: Museums Association, 1957），4.]

99　同上，第 5 页。

100　同上。

101　同上，第 8 页。

102　同上。

103　见诺思《博物馆展签》参考书目。

104　同上，第 31 页。

105　劳伦斯·韦尔·科尔曼（Laurence Vail Coleman），《小型博物馆手册》（纽约：G.P. Putnam's Sons，1927 年出版）；有关标签的章节，参见第 223—231 页。[Laurence Vail Coleman, *Manual for Small Museums*（New York: G.P. Putnam's Sons, 1927）; see 223–231 for the chapter on labeling.]

106　同上，第 224 页。

107　引自墙上的标签和手册讲义。有趣的是，MJT 的印记，即实用信息传播协会（Society for the Diffusion of Useful Information），其名称来自 19 世纪英国流行的科学杂志。信息传播协会，其名称来自 19 世纪英国的一本流行的科学杂志。

108　一角钱博物馆（Dime museums），按照"里普利信不信由你（Ripley's Believe it or Not）"（译者注：Ripley's 源自人名，现在已经成为一个品牌。*Believe it or Not* 是他写的一本书，后来演变成了一系列的娱乐项目，包括以博物馆为名的娱乐性质的场所。）和 P.T. 巴纳姆（P.T. Barnum）的传统，是怪诞的奇珍异宝的展览。巴纳姆是著名的叫卖者，也是他的博物馆的馆长，他通过在博物馆外敲打上述乐器来吸引顾客。顺便提一下，戴维·威尔逊也曾在 MJT 外面演奏手风琴。

109　诺思《博物馆标签》，第 12 页。

110 布鲁斯·查特温，乌尔茨（Urtz）〔纽约：企鹅出版社（Penguin Books），1988 年〕，第 20 页。〔Bruce Chatwin, *Utz* (New York: Penguin Books, 1988), 20. 〕

111 诺思，《博物馆展签》，见《织物与风格》一章，第 12—21 页。(North, *Museum Labels*, see the chapter "Fabric and Style," 12-21.)

112 同上，第 19 页。

113 科尔曼，《手册》，第 230 页。(Coleman, Manual, 230.)

114 数字按空间顺序排序且清单是按字母顺序排列的（有时会发生这种情况）会导致翻页过多，除此之外，带有数字的清单是可行的。

115 科尔曼，《小型博物馆》，第 227 页。(Coleman, *Small Museums*, 227.)

116 诺思，《博物馆标签》，第 34 页。

117 经纽约大都会艺术博物馆服装研究所策展人哈罗德·科达（Harold Koda）的许可引用。

译名表

Archive of Contemporaneity	《同时代档案》
Archivio Storico delle Arti Contemporanee	（威尼斯）双年展当代艺术历史档案馆
ARC in Paris	巴黎市现代艺术博物馆
Aristide Maillol	阿里斯蒂德·马约尔
Art and Architecture Building, Yale	耶鲁大学艺术与建筑学院大楼
Artangel	艺术天使
art criticism	艺术批评
Artforum	《艺术论坛》
Arthur C. Loeb	阿瑟·C. 洛布
Artiglierie	火药库（威尼斯双年展展厅之一）
Art in America 54	《美国艺术 54》
Art Institute of Chicago	芝加哥艺术博物馆
Art in Theory 1900 – 1990 an Anthology of Changing Ideas	《1900 年至 1990 年理论中的艺术：变化的思想选集》
Artists Rights Society (ARS), New York	艺术家权利协会（ARS），纽约
Art Resource, NY.	艺术资源库，纽约
Arts Council of Great Britain	大不列颠艺术委员会
Arts Magazine	《艺术杂志》
Art Spaces—Visiting the National Gallery	《艺术空间——参观国家美术馆》展览
Ashmolean Museum, Oxford	阿什莫林博物馆，牛津
A Short History of Performance, Whitechapel Art Gallery	《行为简史，白教堂美术馆》
Aspiro ao Grande Labirinto	《我向往大迷宫》
Atelier van Lieshout	范利斯豪特工作室
Atom Egoyan	阿托姆·伊戈扬
avant-garde art	先锋艺术

B

B.Joseph Pine II B.	约瑟夫·派因二世
Baltic	波罗的
Banff Centre Press	班夫中心出版社
Banners	《旗帜》展览
Barcelona Pavilion	巴塞罗那国际博览会德国馆
Barcelona	巴塞罗那
Barnett Newman	巴尼特·纽曼
Barry Curtis	巴里·柯蒂斯
Barry Le Va	巴里·勒瓦
Baudelaire Charles	夏尔·波德莱尔
Beauford Delaney: The Color Yellow	《博福德·德莱尼：黄颜色》展览
Beau Monde: Towarda Redeemed Cosmopolitanism	《美好世界：走向被救赎的世界主义》展览
Beaver College Art Gallery	比弗学院美术馆
Behind the facts: interfunk-tionen 1968‐1975	《事实背后：1968—1975年的相互作用》展览
Bengt von zur Mühlen	本特·范祖米伦
Bennett Simpson	本内特·辛普森
Berkeley	伯克利
Berlin Biennale	柏林双年展
Berlin North	《柏林北部》展览
Bernard Guelton	伯纳德·盖尔东
Bern Klüser	贝恩·克吕泽
Betsky Aaron	阿龙·别茨基
Beuys Joseph	约瑟夫·博伊于斯
Beyer Herbert	赫伯特·拜尔
Beyond the Box:Diverging Curatorial Practices	《打破常规：分化策展实践》

Biennial of Graphic Art	平面艺术双年展
Bild Archive	《图片档案》
Bildung	教育、形成、培养和学习（德语）
Bill Viola	比尔·维奥拉
Birkhaüser	伯克豪斯出版社
Black Square	《黑色方形》
Blackwell	布莱克韦尔出版社
Blinky Palermo	布林奇·帕勒莫
blockbuster shows	轰动的展览
Blue Poles	《蓝色柱子》
Bob Stocksdale	鲍勃·斯托克斯代尔
Boijmans van Beuningen in Rotterdam	博伊曼斯·范伯宁恩美术馆，鹿特丹
Boijmans van Beuningen Museum Rotterdam	鹿特丹博伊曼斯·范伯宁恩美术馆
Bollingen	波林根
Boltanski Christian	克里斯蒂安·博尔坦斯基
Bonami Francesco	弗朗切斯科·博纳米
Bonn	波恩
BONO, Oslo	挪威视觉艺术家版权协会，奥斯陆
Bontecou Lee	李·邦特科
Bootleg [Empire] (Gordon)	《非法制作［帝国］》（戈登）
Bourgeois Louise	路易丝·布儒瓦
bpk, Berlin	柏林 bpk 图片社
Braque Georges	乔治·布拉克
Brenson Michael	迈克尔·布伦森
Brett Guy	盖伊·布雷特
Brian O'Doherty	布赖恩·奥多尔蒂
Bridget Riley	布里奇特·赖利
Bridge	《桥》

Broken Circle	《残缺的圆圈》
Broken Obelisk	《残破的方尖碑》
Bronx Museum, New York	布朗克斯博物馆，纽约
Brooklyn Museum	布鲁克林博物馆
Bruce Altshuler	布鲁斯·阿特舒勒
Bruce Chatwin	布鲁斯·查特温
Bruce Ferguson	布鲁斯·弗格森
Bruce Kurtz	布鲁斯·库尔茨
Bruce Nauman	布鲁斯·瑙曼
Bruno Taut	布鲁诺·陶特
Brussels	布鲁塞尔
Bryan Robertson	布赖恩·罗伯逊
Buddha Mind in Contemporary Art	《当代艺术中的佛陀思想》
Burden Chris	克里斯·伯登
Burton Scott	斯科特·伯顿
Burton Tremaine	伯顿·特里梅因
Bussman Klaus	克劳斯·巴斯曼

C

Cage John	约翰·凯奇
California College of the Arts	加利福尼亚艺术学院
Cambridge	剑桥
Camnitzer Luis	路易斯·加姆尼则
Carey Young	凯里·扬
Carin Kuoni	卡林·库尼
Carl Andre	卡尔·安德烈
Carlos Basualdo	卡洛斯·巴苏阿尔多
Carl Th. Dreyer	卡尔·特奥多尔·德赖尔
Carnegie International	卡内基国际艺术展

Carnival of Perception: Selected Writingson Art	《感知的狂欢：艺术文选》
Caro Anthony	安东尼·卡罗
Carolee Schneemann	卡罗莉·施内曼
Casino Luxembourg—Forum d'art contemporain	卡西诺卢森堡当代艺术论坛（展览中心）
Cassatt Mary	玛丽·卡萨特
Catherine David	凯瑟琳·达维德
Catherine Morris	凯瑟琳·莫里斯
Catherine Thomas	凯瑟琳·托马斯
CCA Wattis Institute for Contemporary Arts	加利福尼亚艺术学院沃蒂斯当代艺术学院
Cedric Price	锡德里克·普赖斯
Central Intelligence Agency	（美国）中央情报局
Centre Pompidou	蓬皮杜艺术中心
Chantal Ackerman	尚塔尔·阿克曼
Chant d'amour (Genet)	《一首情歌》（热内）
Charles Baudelaire	夏尔·波德莱尔
Charles Harrison	查尔斯·哈里森
Charles Townsend Harrison	查尔斯·汤森·哈里森
Charlotta Kotik	夏洛塔·科季克
Charlotte I. Loeb	夏洛特·I. 洛布
Chatwin Bruce	布鲁斯·查特温
Chelsea foyer renovation project (Pardo)	切尔西门厅翻新项目（帕尔多）
Chihuly Dale	戴尔·奇休利
Chipstone Foundation	奇普斯通基金会
Chris Burden	克里斯·伯登
Christian Boltanski	克里斯蒂安·博尔坦斯基
Claire Zeisler	克莱尔·蔡斯勒
Clark Lygia	利贾·克拉克

Curating Now: Imaginative Practice, Public Responsibility	《当下策展：想象实践，公共责任》
curator	策展人
Curtis Barry	巴里·柯蒂斯

D

Dale Chihuly	戴尔·奇休利
Dan Cameron	丹·卡梅伦
Dan Graham	丹·格雷厄姆
Daniele Lombardi	达尼埃莱·隆巴尔迪
Daniel J. Sherman	丹尼尔·J. 舍曼
Dannatt Trevor	特雷弗·丹纳特
Darryl (Mutt Mutt) Montana	达里尔（穆特·穆特）·蒙塔纳
Darryl Montana	达里尔·蒙塔纳
David Driskell	戴维·德里斯凯尔
David Hammons	戴维·哈蒙斯
David Hickey	戴维·希基
David Medalla	戴维·迈达拉
David Robbins	戴维·罗宾斯
David Whitney	戴维·惠特尼
David Wilson	戴维·威尔逊
decorative arts	装饰艺术
Deep Storage	《深层存储》展览
Deleuze Gilles	吉勒·德勒兹
De Maria Walter	沃尔特·德马里亚
DePatta Margaret	玛格丽特·德帕塔
Der neue Baumeister	《新的建筑大师》
Derrida Jacques	雅克·德里达
Design: Mirror of the Century	《设计：世纪之镜》展览

Driskell David	戴维·德里斯凯尔
Drop of Water (Igloo)	《水滴（冰屋）》
Duchamp Marcel	马塞尔·杜尚
Dwan Gallery, New York	纽约德文画廊
Dwan Virginia	弗吉尼亚·德文

E

Earthworks	《大地之作》展览
Edgar Degas	埃德加·德加
Editions du Regard	勒加尔出版社
Edna St. Vincent Millay	埃德娜·圣文森特·米莱
Efraim Lev-er	埃弗拉伊姆·列夫－埃尔
Egoyan Atom	阿托姆·伊戈扬
Eisenman Peter	彼得·艾森曼
Elbert Hubbard	埃尔伯特·哈伯德
Electric Fragments	《电子碎片》
Elizabeth Smith	伊丽莎白·史密斯
Ellen Maher	埃伦·马厄
El Lissitzky	艾尔·利西茨基
Ellsworth Kelly	埃尔斯沃思·凯利
Emma Barker	埃玛·巴克
Emmen, Holland	埃门，荷兰
Enwezor Okwui	奥奎·恩佐
Eric Wesley	埃里克·韦斯利
Erno Goldfinger	艾尔诺·戈德芬格
Errant Behaviors (Wilson)	《行为举止》（威尔逊）
Ethan Acres	伊桑·阿克斯
ethnic exhibitions	特定种族的展览
Eurasia	欧亚集团

Ferguson Bruce	布鲁斯·弗格森
Fikret Atay	菲克雷特·阿塔伊
Filippo Marinetti	菲利波·马里内蒂
film and video	影视
film director	电影导演
Financial Times	《金融时报》
Fingernail Impression in Hardened Butter	《硬化黄油中的指甲印象》
Fiona Tan	菲奥娜·谭
Fire Paintings (Klein)	火画（克莱因）
Fischli and Weiss	菲施利与魏斯
Flavin	弗拉万
Flight (Hassan)	《飞行》（哈桑）
Fluxus	激浪派
Fontana Lucio	卢乔·丰塔纳
Forbidden Planet	《禁忌星球》
Force Fields: Phases of the Kinetic	《力场：动态的阶段》
Four Saints in Three Acts	《三幕四圣》
Francesco Bonami	弗朗切斯科·博纳米
Francesco Manacorda	弗朗切斯科·马纳科尔达
Frank Lloyd Wright	弗兰克·劳埃德·赖特
Frank O. Gehry	弗兰克·O.格里
François Morrellet	弗朗索瓦·莫雷莱
Frantz Fanon (Julien)	《弗朗茨·法农》
Franz Roh	弗朗茨·罗
Frederick Kiesler	弗雷德里克·基斯勒
Fred Wilson	弗雷德·威尔逊
Frequency	《频率》展览
Frick Collection, New York	弗里克收藏馆，纽约

Gilbert and George	吉尔伯特和乔治
Gilberto Zorio	吉尔贝托·佐里奥
Gilles Deleuze	吉勒·德勒兹
Gilmore James H.	詹姆斯·H.吉尔摩
Giovanni Battista Naldini	乔瓦尼·巴蒂斯塔·纳尔迪尼
Glenn Adamson	格伦·亚当森
Glenn Ligon	格伦·利根
Global Conceptualism	全球概念主义
globalization	全球化
Global Tendencies: Globalism and the Large-Scale Exhibition	《全球趋势：全球性与大型展览》
Gluckman Richard	理查德·格卢克曼
Goetz Ingvild	英维尔德·格茨
Goldfinger Erno	艾尔诺·戈德芬格
Goldin Nan	娜恩·戈尔丁
Gonzalez-Torres Felix	费利克斯·冈萨雷斯－托雷斯
Goode Joe	乔·古德
Gordon Douglas	道格拉斯·戈登
Gord Peteran	戈德·彼德安
Graeff Werner	维尔纳·格雷夫
Graft Design	嫁接设计事务所
Graham Dan	丹·格雷厄姆
Graham Whitham	格雷厄姆·惠瑟姆
Grand Palais, Paris	大皇宫展览馆，巴黎
Grayson Richard	理查德·格雷森
Greenaway Peter	彼得·格里纳韦
Greg Lynn	格雷格·林恩
Grey Room	《灰色房间》期刊
Griffin Tim	蒂姆·格里芬

Groninger Museum	格罗宁根博物馆
Gross Jennifer	珍妮弗·格罗斯
group exhibitions	群体展览
Guernica	《格尔尼卡》
guest curators	客座策展人
Guggenheim Museum, Bilbao	古根海姆博物馆，毕尔巴鄂
Guggenheim Museum, New York	古根海姆博物馆，纽约
Guy Brett	盖伊·布雷特
Gwangju Biennale	光州双年展

H

Hadid Zaha	扎哈·哈迪德
Hamburger Bahnhof	汉堡火车站当代艺术博物馆
Hamilton Ann	安·汉密尔顿
Hamilton Richard	理查德·汉密尔顿
Hammons David	戴维·哈蒙斯
Hans-Ulrich Obrist	汉斯-乌尔里希·奥布里斯特
Hans Haacke	汉斯·哈克
Hans Richter	汉斯·里希特
Harald Szeemann	哈拉尔德·塞曼
Harold Koda	哈罗德·科达
Harrison Charles Townsend	查尔斯·汤森·哈里森
Harry N. Abrams	哈里·N. 艾布拉姆斯出版社
Hartford	哈特福德
Harun Farocki	哈伦·法罗茨基
Harvard Business Review	《哈佛商业评论》
Harvard Business School Press	哈佛商学院出版社
Hasson Kay	凯·哈桑
Hastings Banda	黑斯廷斯·班达

I

Interfunktionen	《交汇点》
Interior Scroll	《内在卷轴》
international biennials	国际双年展
International Centre for Fine Art Research, University of the Arts, London	伦敦艺术大学国际美术研究中心
International Council of the Museum of Modern Art	现代艺术博物馆国际理事会
Intricacy	《错综复杂》
Irit Rogoff	伊里特·罗戈夫
Irwin Robert	罗伯特·欧文
Isaac Julien	艾萨克·朱利恩
Istanbul Biennale	伊斯坦布尔双年展
Iwona Blazwick	伊沃娜·布莱茨维克

J

Jack Kerouac	杰克·凯鲁亚克
Jackson Pollock	杰克逊·波洛克
Jacob Lawrence	雅各布·劳伦斯
Jacob Mary Jane	玛丽·简·雅各布
Jacobs Ken	肯·雅各布斯
Jacopo Vignali	雅各布·维尼亚利
Jacquelynn Baas	杰奎琳·巴斯
Jacques Derrida	雅克·德里达
James Coleman	詹姆斯·科尔曼
James H. Gilmore	詹姆斯·H. 吉尔摩
James Johnson Sweeney	詹姆斯·约翰逊·斯威尼
James Meyer	詹姆斯·迈耶
James Weldon Johnson	詹姆斯·韦尔登·约翰逊
James Whitney	詹姆斯·惠特尼

John McHale	约翰·麦克黑尔
John Murray Publishers	约翰·默里出版社
John Ruskin	约翰·罗斯金
Johnson Philip	菲利普·约翰逊
John Thackara	约翰·撒克拉
John Voelcker	约翰·沃尔克
John Wheelwright	约翰·惠尔赖特
Jonas Mekas	约纳斯·梅卡斯
Jorge Pardo	豪尔赫·帕尔多
Joseph Beuys	约瑟夫·博伊于斯
Joseph Kosuth	约瑟夫·科苏斯
Joseph Moxon	约瑟夫·莫克森
Joseph N. Newland	约瑟夫·N. 纽兰
Joshua Reynolds	乔舒亚·雷诺兹
José Oubrerie	若泽·乌贝里
Judd Donald	唐纳德·贾德
Julien Isaac	艾萨克·朱利恩
Julien Levy: Portrait of an Art Gallery	《朱利恩·利维：一个美术馆的画像》
Juliet Steyn	朱丽叶·斯泰恩
Julius Nyerere	朱利叶斯·尼雷尔

K

Kadir Nelson	卡迪尔·纳尔逊
Kandinsky Wassily	瓦西里·康定斯基
Karl Marx	卡尔·马克思
Karsten Schubert	卡斯滕·舒伯特
Kasimir Malevich	卡西米尔·马列维奇
Kasper Konig	卡斯珀·柯尼格
Kassel Documenta	卡塞尔文献展

Katharina Hegewisch	卡塔琳娜·黑格维施
Kay Hassan	凯·哈桑
Kelley Mike	迈克·凯利
Kelly Ellsworth	埃尔斯沃思·凯利
Kelly Mary	玛丽·凯利
Ken Jacobs	肯·雅各布斯
Kenneth Anger	肯尼思·安格
Kenneth Martin	肯尼思·马丁
Kent State University, Ohio	肯特州立大学，俄亥俄
Kiarostami Abbass	阿巴斯·基亚罗斯塔米
Kicking Ass (Wesley)	《正在踢的驴》（韦斯利）
Kiesler Frederick	弗雷德里克·基斯勒
Kiki Smith	奇奇·史密斯
Kirk Varnedoe	柯克·瓦恩多
Klaus Bussmann	克劳斯·巴斯曼
Klee Paul	保罗·克莱
Klein Yves	伊夫·克莱因
Knoebel Imi	伊米·克内贝尔
Knowlton School of Architecture at The Ohio State University	俄亥俄州立大学诺尔顿建筑学院
Künstlerhaus Bethanien	贝哈尼恩美术馆
Koda Harold	哈罗德·科达
Konig Kasper	卡斯珀·柯尼格
Koolhaas Rem	雷姆·库哈斯
Koons Jeff	杰夫·昆斯
Kosaka Hirokazu	小坂裕一
Kosuth Joseph	约瑟夫·科苏斯
Kotik Charlotta	夏洛塔·科季克
Kounellis Jannis	雅尼斯·库奈里斯

Koven Seth	塞思·科文
Kramlich Richard	理查德·克拉姆里奇
Kuhn Johannes	约翰尼斯·库恩
Kuhn Walter	沃尔特·库恩
Kuhn Wilfried	维尔弗里德·库恩
Kultur Bahnhof	文化驿站
Kum Ba Ya	库姆巴亚
Kunsthalle Düsseldorf	杜塞尔多夫美术馆
Kunsthalles	艺术馆
Kunsthal Rotterdam	鹿特丹艺术馆
Kunstverein München	慕尼黑艺术协会
Kurt Schwitters	库尔特·施维特斯
Kutlug Ataman	库特卢格·阿塔曼

L

labels	展签
LaMonte Young	拉蒙特·扬
Lanzmann Claude	克劳德·朗兹曼
Lapis Press	拉皮斯出版社
Large Cloud Scene [Coop Himmelb(l)au]	《大型云景》（蓝天组）
L'Art de l'exposition: Une documentation sur trente expositions exemplaires du XXe siècle	《展览的艺术：20世纪30个示范性展览的记录》
László Moholy-Nagy	拉斯洛·莫霍伊-纳吉
Laura Hoptman	劳拉·霍普特曼
Laurence Vail Coleman	劳伦斯·韦尔·科尔曼
Lauren Sedofsky	劳伦·谢多夫斯基
Lawler Louise	路易丝·劳勒
Le Corbusier	勒柯布西耶

Louise Lawler	路易丝·劳勒
Lou Reed	卢·里德
Lucchi Angela Ricci	安杰拉·里奇·卢基
Lucio Fontana	卢乔·丰塔纳
Luc Tuymans	吕克·图伊曼斯
Ludwig Mies van der Rohe	路德维希·米斯·范德罗
Luis Camnitzer	路易斯·加姆尼则
Luxembourg	卢森堡
Lygia Clark	利贾·克拉克
Lynne Cooke	琳内·库克
Lynn Greg	格雷格·林恩
Lyn Rice	林恩·赖斯
Lyon Biennale	里昂双年展

M

MACBA (Meier) Barcelona	巴塞罗那当代艺术博物馆
Machine Art	《机器艺术》展览
MAD, Museum of Arts and Design, New York	艺术与设计博物馆（MAD），纽约
Maillol Aristide	阿里斯蒂德·马约尔
Malevich Kasimir	卡西米尔·马列维奇
Manacorda Francesco	弗朗切斯科·马纳科尔达
Manifesta Journal	《宣言期刊》
Man Ray	曼·雷
Manual for Small Museums	《小型博物馆手册》
Mapplethorpe Robert	罗伯特·马普尔索普
Marcel Duchamp	马塞尔·杜尚
Marco Livingstone	马尔科·利文斯通
Margaret DePatta	玛格丽特·德帕塔

Margaret Garlake	玛格丽特·加莱克
Maria Lind	玛丽亚·林德
Marian A. Godfrey	玛丽安·A. 戈弗雷
Marian Zazeela	玛丽安·扎泽拉
Marina Abramovic	玛丽娜·阿布拉莫维奇
Marinetti Filippo	菲利波·马里内蒂
Mario Merz	马里奥·梅兹
Mark Jarzombek	马克·贾佐贝克
Mark Nash	马克·纳什
Mark Rothko	马克·罗思科
Martha Rosler	玛莎·罗斯勒
Martha Stewart	玛莎·斯图尔特
Martin Agnes	阿格尼丝·马丁
Martin Gropius Bau	马丁·格罗皮乌斯博物馆
Martin Kenneth	肯尼思·马丁
Martin Mary	玛丽·马丁
Martin Richard	理查德·马丁
Marx Karl	卡尔·马克思
Mary Cassatt in the Paintings Gallery at the Louvre	《玛丽·卡萨特在卢浮宫绘画厅》
Mary Cassatt	玛丽·卡萨特
Mary Jane Jacob	玛丽·简·雅各布
Mary Kelly	玛丽·凯利
Maryland Historical Society	马里兰州历史学会
Mary Martin	玛丽·马丁
Mary Quant	玛丽·匡特
Mary Swift	玛丽·斯威夫特
mass culture	大众文化
Matta Roberto	罗伯托·马塔

Matthew Barney	马修·巴尼
Matthew Higgs	马修·希格斯
Matt Mullican Banners	《马特·马利坎旗帜》
Matt Mullican	马特·马利坎
Mauer Ingo	英戈·毛雷尔
Max Beckmann	马克斯·贝克曼
MCA Chicago	芝加哥当代艺术博物馆
McHale John	约翰·麦克黑尔
McQueen Steve	史蒂夫·麦奎因
Meat Joy	《肉的快乐》
Mechanick Exercises	《手工练习》
Mechanics Institute, London	技工讲习所，伦敦
Medalla David	戴维·迈达拉
Meier Richard	理查德·迈耶
Mekas Jonas	约纳斯·梅卡斯
Melanie Townsend	梅拉妮·汤森
Mel Schacher	梅尔·沙赫尔
Men in Black: Handbook of Curatorial Practice	《黑衣人：策展实践手册》
Merz Mario	马里奥·梅兹
Metamusik Festival	元音乐音乐节
metatexts	元文本
Metro Pictures	大都会美术馆
Metropolitan Museum of Art，MMA	大都会艺术博物馆
Meyer James	詹姆斯·迈耶
Mühlen Bengt von zur	本特·范祖米伦
Michael Blackwood	迈克尔·布莱克伍德
Michael Brenson	迈克尔·布伦森
Michael Heizer	迈克尔·海泽

Morris Robert	罗伯特·莫里斯
Moxon Joseph	约瑟夫·莫克森
Máscara abismo (Clark)	《深渊面具》（克拉克）
Mud Machine	《泥浆机》
Mullican Matt	马特·马利坎
multiculturalism	多元文化主义
Munich	慕尼黑
Murakami Takashi	村上隆
Muschamp Herbert	赫伯特·马斯卡姆
Musée d'Art moderne de la Ville de Paris	巴黎市现代艺术博物馆
Musée du Louvre Paris	巴黎卢浮宫博物馆
Museu d'Art Contemporani de Barcelona(MACBA)	巴塞罗那当代艺术博物馆
Museu de Arte Contemporânea de Serralves	塞拉尔维斯现代艺术博物馆
museum architecture	博物馆建筑
Museum Culture: Histories, Discourses, Spectacles	《博物馆文化：历史、话语、视觉》
Museum for a Small City	小城博物馆
Museum Fridericianum	弗里德里希博物馆
Museum Labels: Handbook for Museum Curators	《博物馆展签：博物馆策展人手册》
Museum of Arts and Design New York	纽约艺术与设计博物馆
Museum of Contemporary Art, Chicago, MCA	芝加哥当代艺术博物馆
Museum of Contemporary Art, Los Angeles	洛杉矶当代艺术博物馆
Museum of Fine Arts, Boston	波士顿美术馆
Museum of Fine Arts, Houston	休斯敦美术馆

Museum of Jurassic Technology (MJT), Los Angeles	侏罗纪科技博物馆（MJT），洛杉矶
Museum of Jurassic Technology Los Angeles	洛杉矶侏罗纪科技博物馆
Museum of Modern Art，MoMA	现代艺术博物馆
Museum of Modern Art New York	纽约现代艺术博物馆
Museums for a New Millennium	《新千年的博物馆》
Museums Journal	《博物馆期刊》
Mutant Materials in Contemporary Design	《当代设计中的变异材料》展览

N

Naldini Giovanni Battista	乔瓦尼·巴蒂斯塔·纳尔迪尼
Nan Goldin	娜恩·戈尔丁
NASA	美国国家航空航天局
National Film Theatre	国家电影剧院
National Gallery, London	国家美术馆，伦敦
Nauman Bruce	布鲁斯·瑙曼
Nazism	纳粹主义
Neue Nationalgalerie Berlin/ New National Gallery, Berlin	柏林新国家美术馆
New Art New World: British Art in Postwar Society	《新艺术新世界：战后社会中的英国艺术》
New Caldedonia	《新喀里多尼亚》
New Haven	纽黑文
Newman Barnett	巴尼特·纽曼
New Museum in New York	纽约新博物馆
New Painting in Germany	《德国的新绘画》
New Serpentine Gallery	新蛇形美术馆
New York Earth Room	《纽约土壤之屋》

New Yorker	《纽约人》
Nicholas Pevsner	尼古拉斯·佩夫斯纳
Nigel Henderson	奈杰尔·亨德森
Nitsch Hermann	赫尔曼·尼奇
Noble Paul	保罗·诺布尔
non-site art	非场所艺术
North F. J.	F. J. 诺思
Nude	《裸体》
Nunavut	《努纳武特》
Nuremburg Trial	《纽伦堡审判》
Nyerere Julius	朱利叶斯·尼雷尔

O

Obrist Hans-Ulrich	汉斯-乌尔里希·奥布里斯特
O'Doherty Brian	布赖恩·奥多尔蒂
Oiticica Hélio	埃利奥·奥蒂塞卡
Okwui Enwezor	奥奎·恩佐
Olaf Nicolai	奥拉夫·尼古拉
Omnibus	《大全书》
One-Off Press	"一次性"出版社
One Place After Another: Site-Specific Art and Locational Identity	《连续的场所：场所艺术及其所在地身份》
On European Architecture: Complete Essays from Het Bouwebedrijf, 1924-1931	《论欧洲建筑：建造公司的完整论文（1924—1931）》
Opening of the Great Exhibition (Selous)	《维多利亚女王于1851年5月1日为万国工业博览会揭幕》（塞卢斯）
Ostfildern-Ruit: Hatje Cantz	奥斯特菲尔登-鲁伊特：哈特耶·坎茨出版社
Ottinger Ulrike	乌尔丽克·奥廷格
Oubrerie José	若泽·乌贝里

perception of art	对艺术的感知
Pere Portabella	佩雷·波塔贝拉
performance art	行为艺术
Peter Eisenman	彼得·艾森曼
Peter Greenaway	彼得·格里纳韦
Peter Schjeldahl	彼得·谢尔达尔
Peter Voulkos	彼得·沃尔克斯
Pevsner Nicholas	尼古拉斯·佩夫斯纳
Pew Center for Arts & Heritage	皮尤艺术与遗产中心
Pew Charitable Trusts	皮尤慈善信托基金会
Phaidon Press	费顿出版社
Philadelphia Exhibitions Initiative (PEI)	费城展览计划
Philadelphia Museum of Art	费城艺术博物馆
Philbin Ann	安·菲尔宾
Philip Johnson	菲利普·约翰逊
Philip Morris GmbH.	菲利普·莫里斯公司
Philippe-Alain Michaud	菲利普-阿兰·米肖
Philippe Vergne	菲利普·韦尔涅
photography	摄影
Piano Renzo	伦佐·皮亚诺
Picasso Pablo	巴勃罗·毕加索
Pictoright	荷兰视觉创作者作者权利组织
Pierre Huyghe	皮埃尔·于热
Piet Mondrian	皮特·蒙德里安
Pine B. Joseph II	约瑟夫·派因二世
Play of the Unmentionable	《不可告人的游戏》
politics of exhibition	展览的政治
Pollock Jackson	杰克逊·波洛克
Pompidou Center, Paris	蓬皮杜中心，巴黎

Pontus Hulten	蓬图斯·胡尔腾
pop art	波普艺术
Portabella Pere	佩雷·波塔贝拉
Porto	波尔图
Portrait of the Artist (Nicolai)	《艺术家的肖像》（尼古拉）
Portrait of the Artist as a Weeping Narcissus	《像哭泣水仙一样的艺术家的肖像》
Portugal	葡萄牙
Possibilities	《可能性》
postmodernism	后现代主义
Powell Rick	里克·鲍威尔
Power of Display (Staniszewski)	《展示的力量》（斯坦尼谢夫斯基）
Praying Clown (Vallance)	《祈祷的小丑》（瓦兰斯）
Praying Clown	《祈祷的小丑》
Price Cedric	锡德里克·普赖斯
Princeton University Press	普林斯顿大学出版社
Prisms	《棱镜》
Project (Pardo)	《项目》（帕尔多）
Project 66: Campana/Ingo Maurer	《项目66：坎帕纳/英戈·毛雷尔》
Project E.G.I.S. (Suárez)	《项目E.G.I.S.》（苏亚雷斯）
Prosthetic (Peteran)	《修复体》（彼德安）
Protest and Survive	《抗议和生存》展览
Public Art Fund in New York City	纽约市公共艺术基金会
Punch	《笨拙周刊》
Purtill Family Business	珀蒂尔家族企业

Q

Qualität	《质量》
Quant Mary	玛丽·匡特

Queens Museum of Art	皇后区艺术博物馆

R

Rachel Weiss	蕾切尔·魏斯
Rafael Moneo	拉斐尔·莫内奥
Ralph Rugoff	拉尔夫·鲁戈夫
Random House	兰登书屋
Rand Yvonne	伊冯娜·兰德
Raoul de Keyser	拉乌尔·德凯泽
Rauschenberg Robert	罗伯特·劳申贝格
Ray Man	曼·雷
Rückriem Ulrich	乌尔里希·吕克里姆
Ready to Shoot: Fernsehgalerie Gerry Schum/videogalerie Schum	《准备拍摄：格里·舒姆电视画廊》展览
Rebels of the Dance	《舞蹈的反叛者》
Reesa Greenberg	里萨·格林伯格
Reich Lilly	莉莉·赖希
Reinhard Friedrich	赖因哈特·弗里德里希
relational aesthetics	关系美学
Rem Koolhaas	雷姆·库哈斯
Remy Zaugg	雷米·佐格
Renger-Patzsch Albert	阿尔贝特·伦格尔-帕茨奇
Renzo Piano	伦佐·皮亚诺
Resor House	《雷索尔之家》
Reynolds Joshua	乔舒亚·雷诺兹
Rhode Island School of Design	罗德岛设计学院
Rice Lyn	林恩·赖斯
Richard Gluckman	理查德·格卢克曼
Richard Grayson	理查德·格雷森

Richard Hamilton	理查德·汉密尔顿
Richard Kramlich	理查德·克拉姆里奇
Richard Long	理查德·朗
Richard Martin	理查德·马丁
Richard Meier	理查德·迈耶
Richard Rogers	理查德·罗杰斯
Richard Serra	理查德·塞拉
Richard Tomkins	理查德·汤姆金斯
Richard Torchia	理查德·托尔基亚
Richard Tuttle	理查德·塔特尔
Richter Gerhard	格哈德·里希特
Richter Hans	汉斯·里希特
Rick Powell	里克·鲍威尔
Riley Bridget	布里奇特·赖利
Riley Terence (Terry)	特伦斯（特里）·赖利
Rio de Janeiro	里约热内卢
Ripley's Believe it or Not	"里普利信不信由你"
Rirkrit Tiravanija	里尔克里特·提拉瓦尼
Robert Arneson	罗伯特·阿尼森
Roberta Smith	罗伯塔·史密斯
Robert Irwin	罗伯特·欧文
Robert Mapplethorpe	罗伯特·马普尔索普
Robert Morris	罗伯特·莫里斯
Roberto Matta	《罗伯托·马塔》
Roberto Matta	罗伯托·马塔
Robert Rauschenberg	罗伯特·劳申贝格
Robert Ryman	罗伯特·赖曼
Robert Scull	罗伯特·斯卡尔
Robert Smithson	罗伯特·史密森

Robertson Bryan	布赖恩·罗伯逊
Robert Storr	罗伯特·斯托尔
Roh Franz	弗朗茨·罗
Rom (uomini)	《罗姆人（男性）》
Ron Lee	罗恩·李
Rosler Martha	玛莎·罗斯勒
Rotary Glass Plates (Precision Optics)	《旋转玻璃板（精密光学）》
Rothko Mark	马克·罗思科
Rotondi Michael	迈克尔·罗通迪
Routledge	劳特利奇出版社
Royal College of Art	皇家艺术学院
Royoux Jean-Christophe	让–克里斯托夫·罗尤
Rube Goldberg	鲁布·戈德堡
Rudolph Paul	保罗·鲁道夫
Rudyard Kipling	拉迪亚德·吉卜林
Rundgang/Guide	《巡回/指南》
Ruskin John	约翰·罗斯金
Ruth Langdon Inglis	露丝·兰登·英格利斯
Ryman Robert	罗伯特·赖曼

S

SABAM, Brussels	比利时作家、作曲家和出版商协会
SAFE: Design Takes on Risk	《SAFE：设计承担风险》展览
Saint Sebastian	《圣塞巴斯蒂安》
Salvador Dali's Dream of Venus: The Surrealist Funhouse from the 1939 World's Fair	《萨尔瓦多·达利的〈维纳斯之梦〉：1939年世界博览会上的超现实主义游乐场》
Sammlung Goetz	萨姆隆·格茨
Samuel and Shierry Weber	塞缪尔与希埃里·韦伯

Short Century: Independence and Liberation Movements	《短暂的世纪：独立和解放运动》
signage	标识
Simon Joan	琼·西蒙
site-specific art	特定场所艺术
SITE Santa Fe International Biennal	圣菲国际双年展
SITE Santa Fe	圣菲当代艺术空间
Sivian Eyal	埃亚勒·西维安
Skulptur Projekte Münster	明斯特雕塑展
Sleep	《睡眠》
Smith Elizabeth	伊丽莎白·史密斯
Smith Kiki	奇奇·史密斯
Smith Roberta	罗伯塔·史密斯
Smithson Alison	艾莉森·史密森
Smithson Peter	彼得·史密森
Smithson Robert	罗伯特·史密森
SMPK (Holzer)	《SMPK》（霍尔泽）
Society for the Diffusion of Useful Information	实用信息传播学会
Sol LeWitt	索尔·莱维特
Songdelay	《延时》
South-East Passage (Ottinger)	《东南通道》（奥廷格）
South-East Passage	《东南通道》
Soviet	苏维埃
spectator experience	观众体验
Spiral Jetty	《螺旋防波堤》
Spoleto Festival USA in Charleston	查尔斯顿的美国斯波莱托艺术节
Spring Exhibition	春季展
St. Vincent Millay Edna	埃德娜·圣文森特·米莱

Symphony in Grey and Green	《灰绿交响曲》
Szeemann Harald	哈拉尔德·塞曼

T

Tadao Ando	安藤忠雄
Takashi Murakami	村上隆
Tan Fiona	菲奥娜·谭
Taniguchi Yoshio	谷口吉生
Tate Britain	泰特不列颠美术馆
Tate Modern	泰特现代美术馆
Taut Bruno	布鲁诺·陶特
Terence (Terry) Riley	特伦斯（特里）·赖利
Terry Allen	特里·艾伦
Thackara John	约翰·撒克拉
The Artist's Eye	《艺术家的眼睛》
The Artless Word: Mies van der Rohe on the Building Art	《朴实的话：米斯·范德罗论建筑艺术》
The Avant-Garde in Exhibition: New Art in the 20th Century	《展览中的先锋派：20 世纪新艺术》
The Big Nothing	《大无》展览
The Curator's Egg: The Evolution of the Museum Concept from the French Revolution to the Present Day	《馆长的蛋：从法国革命至今博物馆概念的演变》
The East End: Four Centuries of London Life	《东区：四个世纪的伦敦生活》
The Edge of Everything:Reflections of Curatorial Practice	《万事边缘：策展实践反思》
The Experience Economy: Work is Theatre and Every Business a Stage	《体验经济：工作是剧场，每项业务都是舞台》
The Independent Group: Postwar Britain and the Aesthetics of Plenty	《独立小组：战后英国与丰盛美学》

The Jew: Assumptions of Identity	《犹太人：身份的假设》
Thelma Golden	特尔玛·戈尔登
The Myth of Primitivism, Perspectives on Art	《原始主义的神话，艺术的视角》
The New York Times	《纽约时报》
(The World May Be) Fantastic	《（世界可能是）奇异的》
Theo Crosby	特奥·克罗斯比
Theodor Adorno	特奥多尔·阿多尔诺
Theodore Levitt	西奥多·莱维特
The Opening of the Great Exhibition by Queen Victoria on 1 May 1851	《维多利亚女王于 1851 年 5 月 1 日为万国工业博览会揭幕》
Theo van Doesburg	特奥·范杜斯堡
The Philosopher's Handbook	《哲学家手册》
The Power of Display: A History of Exhibition Installation at the Museum of Modern Art in New York	《展示的力量：纽约现代艺术博物馆的布展历史》
The Producers: Contemporary Curators in Conversation	《制作者：当代策展人对话》
The Short Century: Independence and Liberation Movements in Africa 1945–1994	《短暂的世纪：1945—1994 年非洲的独立和解放运动》展览
The Specialist (Sivian)	《专家》（西维安）
The Straight or Crooked Way: Curating Experience	《曲直之道：策展经验》
The Structure of Survival	《生存的结构》展览
The Waning of the Renaissance: 1550–1640	《文艺复兴的衰落：1550—1640》
The Whitechapel Art Gallery Centenary Review	《白教堂美术馆百年回顾》
Thinking about Exhibitions	《展览思考》

Vietnam	《越南》
Viewing Matters: Upstairs	《观察事项：楼上》
Vignali Jacopo	雅各布·维尼亚利
Villa d'Alava (Koolhaas)	阿拉瓦别墅（库哈斯）
Villa Stuck	维拉·斯塔克
Viola Bill	比尔·维奥拉
Virgil Thomson	弗吉尔·汤姆森
Virginia Dwan	弗吉尼亚·德文
Vito Acconci	维托·阿孔奇
Voelcker John	约翰·沃尔克
Voulkos Peter	彼得·沃尔克斯

W

Wadsworth Atheneum	沃兹沃思艺术博物馆
Wagner Free Institute	瓦格纳自由科学研究所
Walker Art Center	沃克艺术中心
Walk on the Wild Side	《走在狂野的一边》
wall text	墙上文字
Walter De Maria	沃尔特·德马里亚
Walter Grasskamp	瓦尔特·格拉斯坎普
Walter Hopps	沃尔特·霍普斯
Walter Kuhn	沃尔特·库恩
Walter S. Brewster	沃尔特·S. 布鲁斯特
Warhol Andy	安迪·沃霍尔
Warren de la Rue	沃伦·德拉鲁
Wassily Kandinsky	瓦西里·康定斯基
Weiss David	戴维·魏斯
Weiss Rachel	蕾切尔·魏斯
Werkbund	德意志工匠联盟

Werner Graeff	维尔纳·格雷夫
Western canon	西方经典
Wexner Center for the Arts	韦克斯纳艺术中心
Whitechapel Art Gallery	白教堂美术馆
White Cube	白立方美术馆
Whitney Biennial (2004)	惠特尼双年展（2004）
Whitney James	詹姆斯·惠特尼
Whitney Museum of American Art	惠特尼美国艺术博物馆
Wilfried Kuhn	维尔弗里德·库恩
William J. Bousma	威廉·J. 鲍斯玛
Wilson David	戴维·威尔逊
Wilson Fred	弗雷德·威尔逊
Winner Michael	迈克尔·温纳
Witness	《见证》
Wolfgang Staehle	沃尔夫冈·施特勒
Woody Allen	伍迪·艾伦
Words of Wisdom: A Curator's Vade Mecum on Contemporary Art	《智慧的话语：策展人的当代艺术手册》
Workspheres	《工作范围》展览
world fairs	世界博览会
World of Clowns Nevada	小丑世界，内华达
Wright Frank Lloyd	弗兰克·劳埃德·赖特

Y

Yale University Art Gallery	耶鲁大学美术馆
Yale University Press	耶鲁大学出版社
Yantra	曼陀罗图形
Yervant Gianikian	耶尔万特·贾尼基安
Yinka Shonibare	印卡·修尼巴尔
Yoshio Taniguchi	谷口吉生

You Could Hear a Rat Piss on Cotton—Charlie Parker	《你可以听到老鼠在棉花上小便——查利·帕克》
Young Carey	凯里·扬
Young LaMonte	拉蒙特·扬
Yves Klein	伊夫·克莱因
Yvonne Rand	伊冯娜·兰德

Z

Zaha Hadid	扎哈·哈迪德
Zaug Remy	雷米·佐格
Zazeela Marian	玛丽安·扎泽拉
Zeisler Claire	克莱尔·蔡斯勒
ZKM, Karlsruhe	艺术与媒体中心，卡尔斯鲁厄
Zorio Gilberto	吉尔贝托·佐里奥

100 Days—100 Guests	百天—百客
21 Pianos	《21架钢琴》
4 min at 2 am 22 of July 2003	《2003年7月22日凌晨2点的4分钟》
5 Year Drive (Gordon)	《5年行驶过》（戈登）
5 Year Drive By	《五年行驶过》

译后记

　　《实操问题：什么成就了优秀展览》是一本集腋成裘、继往开来的文集。本书在形式上不是策展的学术史，实际上却有学术史的价值，可以从中了解到这几十年中此领域的研究者、研究对象、批评方法、研究结论等。

　　书中涉及艺术史和展览史上一些转折性、颠覆性、开启并推动了新风潮、或一时之选的典型事件和展览，作者大多是其深度经历者和近距离观察者：他们或被公认为百年间最具影响力的策展人，开辟了传统策展概念以外的全新探索，通过所策划的展览重新定义艺术策展实践并将其延伸到其他领域，其策展实践在若干年后升级为特定名词/概念；或为国际重要双年展、文献展等的总策展人或艺术总监；或为重量级或专业领域博物馆和美术馆的馆长、副馆长；或为著名美术学院院长；或为世界知名艺术学院设计系、雕塑系、建筑系的教授，有的甚至身兼上述两个甚至多个身份。此种专业背景无论深度和广度都是罕见和宝贵的，他们的思考和观察，无论是对耳熟能详的专业术语进行阐释抑或引进新的概念，或者对业界惯例的挑战和争议，都给今天的策展实践带来参考和启示。

　　编辑葆拉·马林科拉（费城展览计划主任、皮尤艺术与遗产中心执行主任）在本书致谢中提道："每一篇文章均指向很多本可以大大充实此选集的其他文章，我本来几乎可以连续无限地邀请同行来供稿。"的确，每一篇论文都旁征博引，串起堪称"闪烁群星"般的名字和专业论著，读者尽可扩展阅读。

在翻译本书的过程中，力求译文精准，具有可读性。有的词句曾让我绞尽脑汁，多方检索比对，颇有严复所谓"一名之立，旬月踟蹰"之感。衷心感谢北京大学艺术学院院长彭锋教授百忙之中审校本书，给予宝贵意见。译者水平有限，如有误译漏译之处，敬请读者不吝指正。

李楠

2022 年 10 月于北京